KiWi
PAPERBACK
1035

Das Buch:

Die hier versammelten Texte sind Stichproben. Zwischenergebnis eines Großprojekts, das mir in guten Momenten kühn als Lebensaufgabe, als hilfreiche Arbeitshypothese für unterschiedlichste Textformen und als unerschöpfliche Themenfundgrube erschien und mich in schlechten Momenten erschlug mit seiner Vielteiligkeit.

Je mehr ich zusammentrug, desto mehr schien mir darüber hinaus noch machbar, noch dies, noch der, noch von dort aus, noch jener Termin und so weiter. Je genauer sich im Verlauf der Arbeit an diesem Projekt der Suchbegriff und damit die Erzählperspektive durch eben die Arbeit selbst ergab, desto endloser wurde die Liste der noch fehlenden Texte. Hinzu kam, dass die Fotografie, zunächst gedacht als zusätzliche Notizmöglichkeit, sich bald schon als weitere, unendlich sich verästelnde Darstellungsform erwies. So geriet die Arbeit außer Kontrolle. Alles sollte (musste unbedingt!) hinein, ich plante elftausend Seiten. Als erste Ladung. Nur kaum mehr sanfte Gewalt verschiedener Personen, denen ich herzlich danke, brachte mich irgendwann dazu, zumindest dieses Buch als vollendet anzusehen. Dabei hätte ich so gerne noch –

DEUTSCHES THEATER ALSO:

Die Inszenierung des öffentlichen Lebens, das Rollenspiel auch im Privaten, die Kostümierung, die permanente Bühnensituation; Rituale als Stabilitätsfaktoren; der vorgefertigte Text, den eine Rolle, ein Handlungsort, eine Figurenkonstellation mitliefert; Mediengetröte, Ersatzhandlungen, Choreographie der Demokratie; die Ausschmückung der Kulisse, die unterschiedliche Bühneneinsicht aus Parkett und Loge; das Statistendasein, die Hauptrollenneurosen; Wirkung, Funktion und Entstehung verschiedener Publikumsreaktionen – kurz gesagt also: die Unmöglichkeit, sich rauszuhalten, keine Rolle zu übernehmen.

Natürlich fehlt das meiste. Überhaupt nur ermöglicht wurde dieses Buch durch Zeitungen und Zeitschriften, in denen ich einen Großteil der Texte zuerst veröffentlicht habe. Dadurch war zum einen, ganz profan, die Finanzierung gewährleistet, zum anderen, weit wichtiger, erwies sich die Diskussion um jeden einzelnen Text, von Recherchebeginn bis zur Druckfassung, als sehr bereichernd.

Besonders danken möchte ich dafür Hans-Peter Junker. Auch Florian Illies, Lucas Koch, Matthias Matussek, Walter Mayer, Philipp Oehmke, Markus Peichl, Ulf Poschardt, Alexander von Schönburg und Moritz von Uslar. Außerdem Olaf Petersenn für das umsichtige Lektorat, 4000 für seine Kunst und Walter Schönauer für die herrliche Gestaltung. Kerstin Gleba, Helge Malchow und Harm Wörner für einiges. Gewidmet sei dieses Buch natürlich: der Bevölkerung.

Amen. BvS-B

Der Autor: Benjamin von Stuckrad-Barre, 1975 in Bremen geboren, ist Autor von »Soloalbum« (1998), »Livealbum« (1999), »Remix« (1999), »Blackbox« (2000), »Transkript« (2001), »Deutsches Theater« (2001), »Festwertspeicher der Kontrollgesellschaft – Remix 2« (2004), »was.wir.wissen« (2005), »Auch Deutsche unter den Opfern« (2010), »Panikherz« (2016), »Udo Fröhliche« (2016), »Nüchtern am Weltnichtrauchertag« (2016), »Ich glaub, mir geht's nicht so gut, ich muss mich mal hinlegen – Remix 3« (2018) und »Alle sind so ernst geworden« (mit Martin Suter, 2020).

www.stuckradbarre.de

Benjamin v. Stuckrad-Barre

Deutsches Theater

KIEPENHEUER & WITSCH

Der ganze Apparat der Selbstinszenierung ist natürlich umständlich; er bricht manchmal zusammen und enthüllt dann seine einzelnen Bestandteile: Kontrolle über die Hinterbühne, Ensembleverschwörung, Publikumstakt usw. Wenn es aber gut geölt ist, dann bringt er die Eindrücke schnell genug hervor, um uns in einem unserer Realitätstypen gefangen zu nehmen – die Vorstellung gelingt, und das fixierte Selbst, das jeder dargestellten Rolle zugeschrieben wird, scheint seinem Darsteller selbst zu entströmen.
Erving Goffman

Ganz natürlich hatte ich hier den Eindruck von Marionetten haben müssen, nicht von Menschen, und gedacht, dass alle Menschen eines Tages zu Marionetten werden müssen und auf den Mist geworfen und eingescharrt oder verbrannt werden, ihre Existenz mag davor wo und wann und wie lang auch immer auf diesem Marionettentheater, das die Welt ist, verlaufen sein.
Thomas Bernhard, Der Atem

Tendenziell befindet sich der Mensch ja immer in einem Jammertal, aber wir sind doch schon 'ne Ecke weitergekommen, in Deutschland zumal.
Gerhard Schröder

DER BEVÖLKERUNG

ZUGABE

Claus Peymann kauft sich keine Hose, geht aber mit essen

Zehn Minuten später als verabredet erreicht Claus Peymann das Kleidungsgeschäft Selbach am Kurfürstendamm, schon von Weitem ruft er, dass ihm die Verspätung leidtut, dass er, natürlich, von der Probe kommt, „Probieren" sagt er dazu, dann betritt er das Geschäft.

PEYMANN Eigentlich kaufe ich ja hier gar nicht mehr. Nur noch in Hamburg, bei i-Punkt, Thomas i-Punkt. So, da hinten gibt's die Hosen. Ich habe früher sehr viel hier gekauft, ein Vermögen habe ich hier gelassen. (Zum Verkäufer) Habt Ihr Zegna-Hosen? Aus Sentimentalität möchte ich gerne mal eine Zegna-Hose anprobieren. Normalerweise trage ich was anderes. In die Japaner passe ich nicht mehr rein, das ist ja das Tragische. Was tragen denn Sie?
STUCKRAD Die Marke weiß ich nicht.
PEYMANN Bremisch, wollte ich schon sagen. Sie sind ja auch aus Bremen, wie ich. Wo genau kommen Sie da her?
STUCKRAD Geboren bin ich in Brinkum.
PEYMANN Brinkum kenne ich gut, da haben wir früher Kartoffeln geklaut, mit meinem Vater, 46/47. Insofern kenne ich Brinkum gut. (Verkäufer bringt schwarze und dunkelblaue Zegna-Hose)
Aha, na ja. Wie sind die an der Taille oben? Ich trage ja sowieso nicht mehr Zegna. Habt ihr ja eh nicht, was, nur die zwei. Die war übrigens braun, die ich damals mit Bernhard gekauft habe, und aus Schnürlsamt war sie. Der Bernhard wollte unbedingt mit mir eine

Hose kaufen, und da habe ich diese Hose gekauft unter seinem Druck. Die habe ich dann von dem Fahrer des Burgtheaters, der dann später auch mein Fahrer wurde, das ist ja schon viel, viel länger her, bevor ich Burgtheaterdirektor wurde, die hat der Fahrer mir dann auf die Probe gebracht, die musste noch geändert werden, dann habe ich sie jahrelang sentimental im Schrank verwahrt – oder Kasten, wie man in Österreich sagt. Dann habe ich sie später, als ich Direktor wurde, dem Fundus des Burgtheaters einverleibt, was ich mit meinen abgelegten Klamotten immer tue. Ich gebe das weg, die Schränke werden sonst zu voll, ich kann das nicht alles speichern. Und dann habe ich viele Jahre später mal gesagt, Mensch, ich habe da vor Jahren mal eine Hose in den Fundus gegeben, die wäre jetzt doch ideal für das Stück, ich weiß nicht mehr, welches das war, und dann haben wir angefangen, diese Hose zu suchen, die war aber nicht mehr da. Jetzt gibt es einen Unbekannten, der seit Jahren mit meiner Bernhardhose rumläuft, ohne zu ahnen, welches Kunstwerk er da auf seinen Arschbacken hat.
(Er öffnet die Hose, sucht innen nach dem Etikett)
Ich kann das nicht lesen hier, ich kaufe ja nur noch in Hamburg. Seitdem ich in Berlin wohne, kaufe ich nur noch in Hamburg, vollkommen idiotisch eigentlich. So ein grünes Schild ist da hinten drin, ich kann das ja nicht lesen. Wie heißt der?

VERKÄUFER (liest aus der offenen Hose) Omen.

PEYMANN Ja, Omen, ja. Das ist ein sehr gutes Geschäft. Aber habt ihr nicht.

VERKÄUFER Nein, haben wir leider nicht. Aber wir haben sehr schöne von Donna Karan.

PEYMANN Ich habe Größe 52/54. Ich nehme an, das wird nichts. Also, es gefällt mir im Grunde nicht, ich mag gern, wenn die etwas weiter sind.

VERKÄUFER Das hier ist ein Anzug, aber Sie können die Hose auch mal so nehmen. Das ist klassisch, das ist Ihr Stil. Die wird Ihnen gefallen.

PEYMANN Das ist in Berlin praktisch bekannt, dass ich einen Stil habe. Das ist mir selber gar nicht bekannt. Haha. Die probiere ich mal eben an. Na ja, nee. Ich habe ja zu Hause ein Dutzend von diesen i-Punkt-Anzügen. Darum bin ich ja Selbach untreu geworden. Läuft denn der Laden noch gut?

VERKÄUFER (der Laden ist kundenleer): Sehr gut, wir sind sehr zufrieden. Ich arbeite seit Januar hier.

PEYMANN Seit Januar, verstehe, verstehe. Wirklich, Thomas-i-Punkt: Die Jelinek kauft da, Kirsten Dene kauft da, und ich bin eigentlich per Zufall reingeraten, und als ich dort war, erfuhr ich, wer da alles kauft. Eben vor allem Jelinek, die ja bekanntermaßen die elegantest angezogene Autorin der Weltliteratur ist, vermutlich. Der hat 'ne tolle Segelyacht, dieser Typ, dieser i-Punkt, ein steinreicher Mann, und es gibt nur zwei oder drei kleine Läden. Das Problem bei Selbach ist die Beleuchtung. Man kann sich nie richtig sehen von oben bis unten. Ich bin sehr verwöhnt durch den i-Punkt.
(Tritt aus der Umkleidekabine heraus, vor einen großen Spiegel)
Ja, so was würde ich nicht tragen. Schief. Ich bin schief. Ich habe die ersten vierzig Jahre gedacht, ich wäre rechts schief, jetzt bin ich links schief. Ich habe immer rechts eine Einlegesohle getragen, jetzt links. Man muss aber doch sagen, dass die Kabinen hier relativ komfortabel sind. Die waren früher kleiner. Diese Hose ist es nicht, nein.

STUCKRAD Thomas-i-Punkt findet man in Hamburg ja, wenn man den Hauptbahnhof eben nicht zur Schauspielhausseite verlässt.

PEYMANN Ja, der einzige Grund eigentlich, nach Hamburg zu fahren. Hahaha. Geht ja niemand mehr ins Schauspielhaus.
(Der Verkäufer reicht eine beige Leinenhose)

PEYMANN Nein, nicht mehr. Ich gehöre ja an sich zur Leinen-Avantgarde, ich habe Leinen getragen, als das noch kein Mensch tat, und ich habe die mit durchgesetzt, aber ich konnte dann irgendwann dieses Zerknäulte, Zerbeulte nicht mehr ertragen. Das ist an sich ein sehr schöner Anzug hier. So ein Tschechow-Sakko, natürlich unten zu eng. Sie, Sie können das tragen. Sie haben eine absolut ideale Konfektionsgröße. Ich hoffe, das gilt nicht für Ihr Schreiben. Hahaha. Eine gute Hose muss vor allen Dingen hier am Gurt relativ leger sein, wie das die Italiener und die Japaner machen, also mit so Buntfalten. Nicht, weil ich zu fett bin, ich bin im Moment sogar ganz gut im Gewicht, sondern ich fühle mich dann einfach wohler. Ich mag nicht so Hosen, wie Sie sie zum Beispiel tragen, so scharf dran, so beinbetont, konturenscharf sozusagen, das habe ich mir irgendwie abgewöhnt, mit dem Abtun der Jeans, die ja eng geschnitten sein soll. Der Bernhard hat sich aufgeregt, dass ich im Winter immer Jeans getragen habe, der hat gesagt, ich hole mir eine Nierenkolik. Ich bin ja auch im tiefsten Winter mit durchsichtigen, dünnen, wie soll man sagen, also durchgescheuerten Jeans rumgelaufen, und das fand der immer wahnsinnig gefährlich und gesundheitsschädlich, war sehr fürsorglich. Er war ja so Modell Landlord. Er hat, glaube ich, in einem Geschäft gekauft in Wien, das hieß „Zur Englischen Flotte", solche Geschäfte gibt es ja auch nur in Wien, und Bernhards Kleidung, die er von dort bezog, war die eines etwas ländlichen Gentlemans. In der Stadt sogar mit so einem kleinen Tüchelchen, wie man es in Österreich eben macht. Aber dann auch kräftigen, bäuerlichen Cord oder hin und wieder sogar ganz kurios mit Lederhosen, das kam also absolut vor. Als wir uns kennenlernten, hat er ja sehr viel an seinem Haus gearbeitet, auf dem Hof, könnte man sagen. Er war tageszeitbewusst gekleidet, wie man das früher eben machte. Wir laufen ja heute von morgens bis abends in den gleichen Klamotten rum, in diesen Mehrzweckdingern. In den Theatern wird nur Trauer getragen, unabhängig von den Premierenfeiern: alle schwarz. Wir sind eigentlich unsichtbar im Zuschauerraum, da wollen wir nicht grell sein – nur auf der Bühne sind wir grell und farbig und lustig und leuchtend. Und so sehen also diese ganzen Dramaturgen, Regisseure, Bühnenbildner aus wie eine große Trauergemeinde. Im Grunde müssten alle Theaterdirektoren rote Hosen tragen. Damit man sie besser erkennen kann, wie beim Generalstab, sollte man tun, dann kann man sagen: Da kommt die rote Hose. Ich betreibe einen gewissen T-Shirt-Kult, im Moment trage ich zu den Proben nur zwei T-Shirts, eins mit so einem kleinen Spitzenausschnitt, eins mit einem gesäumten. Das muss sein. Anders kann ich nicht probieren. Ich habe ja jetzt auch schon fünf Stunden Probe hinter mir. Dass ich überhaupt noch lebe.

STUCKRAD Vor Ihrem Amtsantritt in Berlin posierten Sie für die *BZ* ebenfalls im T-Shirt, da haben Sie die Ärmel aufgerollt und den Bizeps angespannt.

PEYMANN Ja, das war damals die Zeit, das Muskelrollen. Das ist auch vorbei. Nein, Muskeln zeigen für die *BZ*, das war provoziert durch eine besonders lustige türkischdeutsche Reporterin, und auch das tropische Klima im Central Park hat mich dann zu dieser etwas kessen Pose hingerissen, und vielleicht auch die Nähe von der Bronx und so weiter, nein, aber ich habe über Theaterarbeit den Leuten etwas zu sagen, auch über die Aufführungen hinaus, und ich möchte auch einen Anspruch an die Regierenden formulieren mit meiner Arbeit? Widerspruch, Widerstand. Da bin ich ein Prediger. Vielleicht habe ich mich in dem Punkt zu wenig verändert, vielleicht macht das einen Teil meines Anachronismus aus, auch meiner Lächerlichkeit, dass ich immer noch als Wanderprediger durch die Gegend ziehe mit meinen Aufführungen, obwohl ich Menschen kennengelernt habe, wie Thomas Bernhard etwa, die das für völlig lächerlich hielten, dieses Weltverbesserungsgerede. Oder Peter Handke, der sich aufregte, wenn ich stets der Überzeugung war, in seinen Stücken gäbe es Weltmodelle, Utopien, auch staatliche Utopien – das hat er immer für lächerliches Gequatsche gehalten. Ich habe nicht so viel Vertrauen in unsere Gesellschaft, ich habe das Gefühl, subkutan brutzelt, schimmelt hier einiges vor sich hin, und dem Theater kommen neue Aufgaben zu. Aber ich weiß es nicht. Ist auch scheißegal, verstehen Sie? Was soll sein? Ich wünsche mir diese Rolle des Theaters halt. Ich weiß, dass ein Leben ohne Kunst nicht möglich ist. Gibt es denn hier keine schönen T-Shirts? Wo liegen die? Ach hier. Schwarz, ja, schwarz. Von wem sind die?

VERKÄUFER Donna Karan New York.

PEYMANN Das ist ein gutes T-Shirt, ist mir fast ein bisschen zu elegant. Und das hier?

VERKÄUFER Jil Sander.

PEYMANN Bei Jil Sander muss man aufpassen. Wie viel?

VERKÄUFER 180 Mark.

PEYMANN Das geht ja noch. Das probiere ich mal eben an. Das finde ich ganz gut. Was ist das für eine Größe?

VERKÄUFER Das ist XL.

PEYMANN Machen Sie ruhig ein Foto.

STUCKRAD Das ist eine Digitalkamera, Sie können sich das Bild gleich ansehen.

PEYMANN Ja, ich weiß, Leander Haussmann hat auch so eine. Ein dermaßen kompliziertes Ding, ich habe keine Ahnung, da ist er immer am Rumfummeln, das ist ungeheuerlich. (Vor dem Spiegel, zum Verkäufer sich wendend) Das ist natürlich sehr eng, aber es hat was. Nicht schlecht. Das ist nicht schlecht, haben Sie recht. Haben Sie auch zwei davon? Das ist nämlich immer das Problem: Man findet ein T-Shirt, und wenn es einschlägt, einem also gefällt, dann gibt es das ja meist nicht mehr, da sucht man dann vergeblich. Deshalb immer besser gleich zwei.

(Der Verkäufer kommt, bedauernd den Kopf schüttelnd, aus dem Lager)

Gibt es nicht? War mir klar, das ist immer die Tragödie. Noch schlimmer ist es mit Schuhen. Ich kaufe mein Leben lang Schuhe aus Budapest, doch hat die Firma jetzt leider einen neuen Besitzer, und seitdem sind bestimmte Modelle nicht mehr im Programm, die ich seit 30 Jahren getragen habe, das gilt übrigens auch für Otto Sander und viele andere, ein Jammer, jetzt gibt es diese Schuhe nicht mehr. So, ich ziehe mal die Hose wieder aus. Aber das T-Shirt nehme ich. Ist nicht so ergiebig hier, Sie sollten mal nach Hamburg fahren, dann sehen Sie mal, was da geboten wird. (Nimmt sein Jackett) Das ist eine leichte Jacke, die ist für Interviews, ich habe das ähnliche Modell noch mal in schwer für irgendwelche Wintertage. Aber die leichte Jacke eben für Interviews, vor allen Dingen natürlich für Talkshows oder Fernsehgeschichten – leichte Jacken, weil ich natürlich eh leicht schwitze, in Panik gerate, da schwitze ich so eine Jacke schon mal schnell durch, das ist katastrophal.

(Greift sich erbleichend an die Brusttasche) Mein Portemonnaie. Weg. Das wäre natürlich, Moment, das wäre natürlich ein Knüller. Ich nehme mal an, dass es in meinem Büro ist, sonst – das wäre natürlich verheerend.

(Greift zu seinem Mobiltelefon) Ja, Miriam? Habe ich das Portemonnaie bei dir noch? Bitte, bitte zum Himmel, das wäre schrecklich, wenn ich die ganzen Kreditkarten neu haben müsste. Gott sei Dank. Ja, dann pumpe ich hier den jungen Dichter an. (Legt das Telefon zurück in seinen Burgtheaterdirektorenlederranzen) Sie müssen mir das T-Shirt auslegen. Jetzt denken Sie natürlich, das wäre ein Vorwand, aber so abgebrüht bin nicht mal ich.

STUCKRAD Nach Lektüre des Buches „Ein Jahr mit Thomas Bernhard" von Karl Ignaz Hennetmair leiht man Ihnen zwar eher ungern Geld –

PEYMANN Ja, die berühmten 2000 Schilling, die ich Bernhard angeblich nie zurückgegeben habe. Die Wahrheit ist, ich habe es immer versucht, aber er wollte sie nie zurück, weil er ein total großzügiger Mensch war. Ich würde es sofort gestehen, Geiz ist ja nicht schlimm, aber er wollte das Geld nicht zurück, das war ein Riesenkampf, weil er sowieso immer alles bezahlen wollte. Hennetmair hingegen: ein Obergeizkragen. Aber das Buch ist großartig, es könnte auch eine Erfindung von Bernhard sein. Ich habe ein Exemplar gekauft und dann sofort den Verlag angerufen, damit sie mir zwei weitere schenken, weil ich darin so sehr Objekt bin, habe ich denen gesagt. Haben sie auch gleich geschickt, die zwei Exemplare. Ist ja in der dritten oder vierten Auflage mittlerweile, das Buch, ein Riesenerfolg, ganz toll. Ein Geniestreich.

STUCKRAD Haben Sie zuallererst hektisch ins Register geguckt?

PEYMANN Ja, selbstverständlich. So wie ich das auch bei den *Berliner Seiten* mache. Dort war ich vor Kurzem mal im Register, aber der entsprechende Artikel fehlte. Ich lasse mir das Portemonnaie bringen, mit dem Taxi. Wo kann man noch hingehen? Paris-Bar ist natürlich langweilig. Wollen wir da hingehen? Oder wir gehen ins Café Savigny, kennen Sie das? In eins von den beiden gehen wir, da kann man natürlich nicht so gut essen, wo könnten wir noch hin, wir gehen da irgendwohin, und ich bestelle mir da per Taxi mein Portemonnaie hin.

(Bleibt vor dem Unterwäsche-Regal stehen) Jetzt sehe ich gerade zu meiner Beglückung, dass es hier Zimmerli gibt. (Zum Verkäufer) Ihr könnt doch noch ein Geschäft mit mir machen. Das ist jetzt Ihre Chance. Das ist neu, dass ihr Zimmerli habt, das hattet ihr früher nicht, habt ihr die in meiner Größe da? Das ist der einzige wirkliche Luxus, den ich betreibe, diese Zimmerli-Unterwäsche, zeigen Sie mal. Wie bestellt ihr die denn, es gibt nämlich noch dieses Modell mit Eingriff, doch das sehe ich hier jetzt nicht.

VERKÄUFER Können wir bestellen, auf jeden Fall. Im Moment haben wir allerdings nur noch da, was Sie hier sehen.

PEYMANN Im KaDeWe gibt es die meines Wissens, aber da einzukaufen ist so umständlich. Also, Zimmerli, da kann man wirklich ein Geschäft mit mir machen. Die habe ich in Sylt gekauft, Weihnachten, und die waren dermaßen gut. So eine gute Sache.
VERKÄUFER Soll ich Ihnen mal die von Dolce & Gabbana zeigen?
PEYMANN Nee. Na ja, zeigen können Sie die ja mal. Aber diese Dinger will ich nicht, die sind mir zu scharf, nein, will ich nicht.
VERKÄUFER Ich kann die Zimmerli bestellen und dann bei Ihnen anrufen.
PEYMANN Das können Sie machen, ja. Sie können im Berliner Ensemble anrufen. Aber das ist ja lächerlich, wegen einer Unterhose im Berliner Ensemble anzurufen. Hahaha. Wiederschauen. Viel Glück.
(Überquert den Kurfürstendamm)
Ich habe das ganz klare Gefühl, dass die Mauer eine zwar unsichtbare, aber doch merkliche Spur in der Stadt hinterlassen hat, die man überschreitet, wenn man von Westen nach Osten fährt oder umgekehrt. Immer noch. Eine Hürde. Man unternimmt eine kleine Reise. Wenn ich also von Pankow nach Friedrichshain oder von Pankow nach Mitte oder sonstwohin fahre – kein Problem. Aber wenn ich hierher fahre – ich bin ja eigentlich eher so ein Wilmersdorfer Typ, normalerweise, würde man ja sagen –, herrscht natürlich ein völlig anderer Ton. Andere Luft. Pankow hat eine ganz andere Infrastruktur, da laufen die Leute immer noch mit diesen kleinen Plastiktüten rum, nein, das ist schon anders, ganz was anderes.
(Auf der Bleibtreustraße, vor einer Litfaßsäule)
STUCKRAD (liest einen Plakattext vor): Einmalig in Berlin. Der Berliner Theaterclub. Auch Dieter Hallervorden sagt: Berliner Theaterclub. Einfach besser und preiswerter. Und Dagmar Biener, Anita Kupsch und Friedrich Schoenfelder sagen das auch.
PEYMANN Das ist die ganze Sechziger-, Siebziger-Jahre-Generation. Die haben einen Knall. Der ist sehr gut, der Chef, aber der hat un-

heimliche Rückgänge zu verzeichnen, das ist die Tragik des Berliner Theaterclubs, sich praktisch nur an die Sechziger- und Siebzigerjahre zu klammern. Deshalb haben die auch solche Verluste. Wirklich, wir haben fast 3000 neue Abonnenten geworben, und die verlieren die hier, obwohl der Typ ganz gut ist, der das macht. Ach, diese ganze Gegend, Savignyplatz, da leben ja eigentlich die 68er-Rentner, da gehöre ich ja eigentlich auch hin. Aber mir tut das gut, in Pankow zu leben, weil das Wildnis ist für mich. Fremd. Expedition in eine Welt, die ich so gar nicht kenne. Und wenn ich hier bin, es ist grotesk, denn es ist ja eigentlich mein Kiez, wenn man so will, aber es ist inzwischen so, dass ich es anstaune. Immer mehr Glitzerbuden. Hier gehen wir rein. Das ist doch gut, eine Kleinigkeit essen. Sehr gut.
(Im Restaurant La Cantina, Bleibtreustraße)
Guten Abend. Eine Ecke. Hier ist reserviert? Macht nichts. Hier können wir sitzen, das ist gut. Sehr schön. Die Adresse bitte, sagen Sie mir bitte die genaue Adresse.

KELLNER Ich kann Ihnen später eine Visitenkarte geben.

PEYMANN Nein, ich brauche jetzt die Straße, damit meine Sekretärin mir mein Portemonnaie schicken kann, das ich im Theater vergessen habe.

KELLNER Bleibtreustraße.

PEYMANN Nummer?

KELLNER 17.

PEYMANN (nimmt sein Mobiltelefon zur Hand, schüttelt es): Jetzt habe ich was falsch gemacht. Ach nein, kein Empfang hier. Na ja. Ich werde mir ein paar Vorspeisen zusammensuchen. Schön, dass ich auf diese Weise einen offenbar guten Italiener kennenlerne. Das ist gar nicht so einfach in Berlin. So, Vorspeisen, das mache ich jetzt, suche ich mir selber aus.
(Füllt sich am Büfett einen Teller: eingelegtes Gemüse, Fisch)
Man nimmt immer zu viel. Herrlich.

/2.0G 3.0G 4.0G
Seitenflügel
Garten
SCHILLERSTRASSE 110
VORDERHAUS
GARTENHAUS
LAKATOS
LINKE
ELLIPSE
Bürogemeinschaft
Hartwiger
Vorderhaus
Seitenfl.
Wolli
Pillma
LAB-Geme

El-Zein
Link
Hossein
Franz/Jelken
Skana
Berger
Bonitzki-Sock
Havemann
Fernandes
Vorderhaus
3.OG
2.OG
1.OG
WILL
ZA JORDAN
Täusche
LINSTEDT
Voigt
Bartsch
COMTECH
Johannson
Holfeld
Lehmann
Uhlmann
Nehmer
Henschel
Wenckstein
TÜRÖFFNER
Notdienst-Apotheke
Schaufenster Display
Vorderhaus
DG
3.OG
2.OG
1.OG
EG
Seitenflügel
2.OG
3.OG

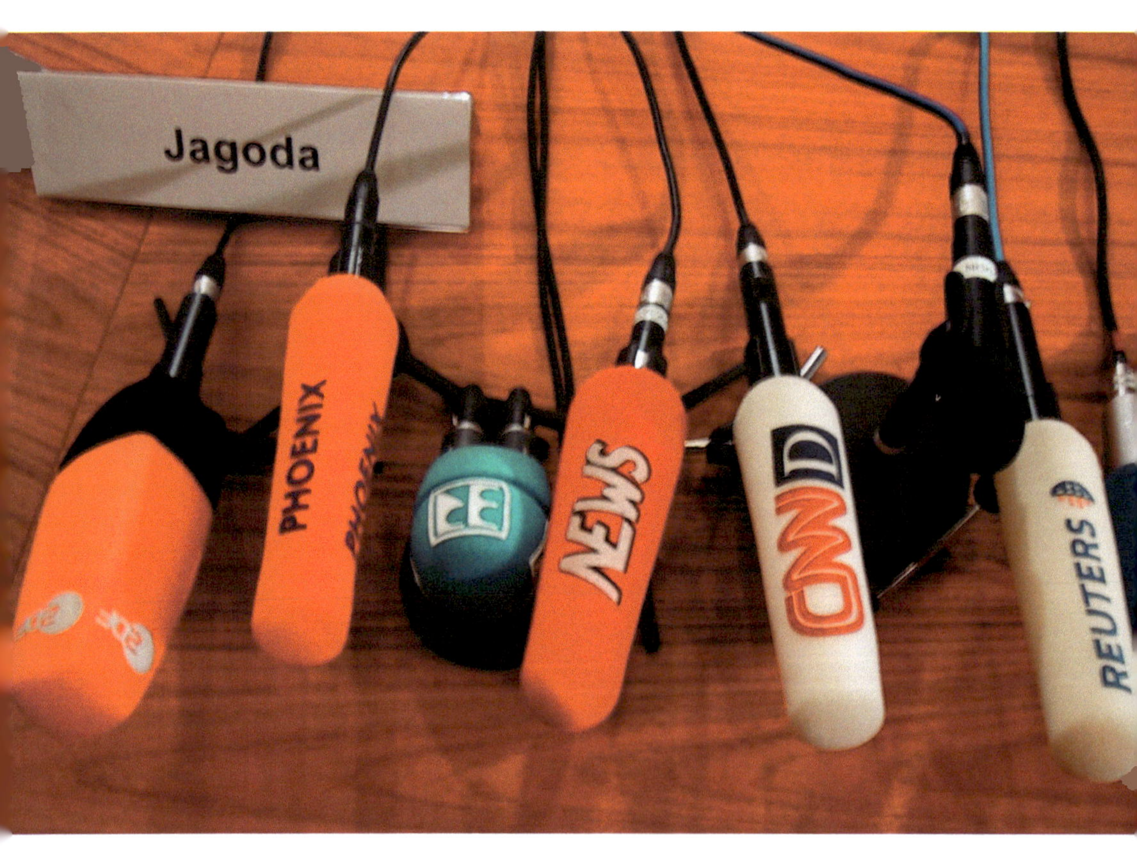
Jagoda
PHOENIX
PHOENIX
NEWS
CNN
REUTERS

Arbeitsmarkt

Erst die Zahl: 3.798.701

Nun der Text:

Die digitale Etagenanzeige des Behördenlifts hat spannungsbereitend heruntergezählt, jetzt soll der mit gehefteten Papierstapeln beladene Schiebewagen eigentlich in einen Konferenzraum geschoben werden, dann könnte sich jeder der anwesenden Journalisten einen kopierten Statistikbatzen nehmen. In fünf Minuten wird dort Bernhard Jagoda, der Präsident der Bundesanstalt für Arbeit, wie jeden Monat die „Eckwerte des Arbeitsmarktes" präsentieren. Dass sie allgemein als „Arbeitslosenzahlen" tituliert werden, illustriert Rezeption und Funktion des Eckwertepapiers: „Plus oder minus", das ist die Kerninformation. Es wäre folglich logisch, würde aber zu traurig klingen, das Amt „Bundesanstalt für Arbeitslosigkeit" zu nennen. Die Zahl also. Konjunktur, Saison, Inflation – alles schön und gut, aber darf nun die Regierung sich rühmen oder muss sie sich verteidigen? Munitioniert die Bilanz die Opposition? Darf Angela Merkel schimpfen, Rot-Grün habe „fasaakt"? Doch der Schiebewagen wird den Konferenzraum auch diesmal nicht erreichen.

Sperrfrist
9^{55} Uhr

Die Fahrstuhltür öffnet sich, der Wagen wird von zwei Bundesanstaltsbediensteten aus der Kabine geschubst, und hungrig wirkende Journalisten tumulten herbei, schubsen, schreien, schnappen nach den Papierstapeln. Nach 20 Sekunden ist alles vorbei, der geplünderte Wagen steht traurig da, ein paar zerrissene Restexemplare liegen drum herum auf dem Fußboden. Franz Josef Wagner hat einmal Überlegungen darüber angestellt, ob Fingernägel in der Lage seien zu weinen. Wäre das so, hätten vielleicht auch Bundesanstaltsschiebewagen Emotionen, und dieser hier würde sich wohl gerade fühlen wie Angela Ermakova.

Gleich hat der Präsident das Wort, die Journalisten knien im Flur, blättern eilig in den Eckwerten und lesen ihren Mobiltelefonen daraus vor. Ab zehn Uhr sind die Zahlen im Internet abrufbar, aber es ist ja erst kurz vor, und so kann die neue, noch ganz frische Zahl durch schnelle telefonische Weitergabe von Agenturen um kurz vor zehn schon weitergetickert und gerade noch in die Zehnuhrnachrichten aufgenommen werden. Auf diese paar Minuten kommt es anscheinend an, die Hektik ist groß.

„Sperrfrist 9:55 Uhr“ steht auf dem obersten Blatt der verfütterten Stapel, und genau um 9:55 Uhr hatte die Fahrstuhltür sich geöffnet: Jeden Monat dasselbe Spiel, mit dieser fünfminütigen Exklusivität werden Journalisten geködert, sich in die Nürnberger Bundesanstalt zu begeben und nach dem Schiebewagensturm auch noch Herrn Jagodas Zahleninterpretation anzuhören.

10:01 Uhr, der Präsident hat das Wort. Konjunkturelle Abkühlung, Erwerbstätigkeit gesunken, Arbeitslosigkeit gestiegen, Eintrübung im Westen, Osten weiter schwierig. Hinter Jagoda hängen Graphiken mit Pfeilen und Säulen in Signalfarben, unterlegt mit blässlichen, grob gerasterten Werktätigenfotos; Kameras und Mikrophone, Augen und Ohren der Journalisten mit dem Fünfminutenprivileg sind auf ihn gerichtet und er saisonbereinigt all die Zahlen.

Draußen trübes Nürnberg, drinnen Neonlicht und unerfreuliche Zahlen, auf deren Verkündung und Ausdeutung der Präsident Empfehlungen und Bitten folgen lässt. Verstärkt über Kurzarbeit nachdenken, bitte! Intelligentes Arbeitszeitmanagement! Und hallo, New Economy, nicht gleich alle entlassen, es gibt 181 Arbeitsämter mit 650 Geschäftsstellen und so viele Möglichkeiten zur Stellenrettung!

Die auf Jagodas Ausführungen folgende Fragerunde wird, auch dies wie jedes Mal, eröffnet von *Handelsblatt*-Autor Karl-Heinz Schmidt, der seit der ersten Nürnberger Eckwertebekanntgabe dabei ist und immer die Eröffnungsfrage stellt. Das ist eben so.

Gerhard Schröders selbst auferlegtes Ziel, die Zahl der Arbeitslosen innerhalb dieser Legislaturperiode unter 3,5 Millionen zu bringen, scheint sowohl Jagoda als auch den Journalisten kaum noch erreichbar. Also wird Merkel schimpfen, Westerwelle einen Grünenwitz maßschneidern und Schröder teilweisen Nachbesserungsbedarf eingestehen (auch wenn es insgesamt natürlich super läuft und Miesmacherei einer konzept- und führungslosen Opposition in so einer Konjunkturdelle auch nich richtich was beweecht).

Auf die Tatsache, dass auch 3,5 Millionen, selbst 2, sogar 0,5 Millionen Arbeitslose noch ein Skandal wären und ein großes Problem für den sozialen Frieden des Landes und die Systemgläubigkeit seiner Bürger darstellten, hat zum letzten Mal ernsthaft Christoph Schlingensief hingewiesen. Und ausgerechnet da dachten alle, es wäre Theater.

Die monatliche Zahlenverkündung ist natürlich eine undankbare Aufgabe. Trotzdem wirkt Jagoda nicht im Geringsten gleichgültig, und wenn er vom Zahlensalat ablässt und über den „Individualschmerz“, die in der Statistik und durch Euphemismen wie „Leistungsempfänger“ unsichtbar werdenden Einzelschicksale spricht, klingt er aufs Sympathischste empört und kämpferisch.

Ein Redakteur des Bayerischen Rundfunks dankt vor dem Einzelgespräch mit Jagoda für die jahrelange gute Zusammenarbeit, er werde nun für drei Jahre als Korrespondent nach Brüssel gehen, berichtet er und setzt sich einen Kopfhörer auf, Jagoda und er nehmen vor einem Mikrophon Platz, und Jagoda beginnt zu schwärmen: Brüssel, da könne er gute Tipps geben! Er schreibt ihm die Adresse eines Brüsseler Freundes auf, der ihm vor Ort gewiss behilflich sein werde, und erkundigt sich freundlich, ob denn der Redakteur vor dem Umzug noch Urlaub plane, das könne doch nie schaden. Ja, äh, Gleitschirmfliegen im Zillertal, sagt der Redakteur sanft errötend am Mikrophon vorbei und murmelt dann irgendwas Abschließendes von Zeitnot, schließlich ist sein Interview ein öffentlich-rechtliches, so genanntes Sammelangebot, Redakteure aus mehreren Bundesländern haben sich zugeschaltet – man sieht sie nicht und darf sie deshalb nicht vergessen. Zur Sache also, und nachdem er sich dabei wiederholt verhaspelt hat, wenn die Rede aufs Job-AQtiv-Gesetz kam, da es offiziell nunmal mit Q geschrieben wird, als sei es ein in der Raumfahrt entwickelter Managerjoghurt, erklärt Jagoda ihm, dass irgendein Schlauberger der Anstalt beim Titelschutz zuvorgekommen sei, und nun müssten alle dauernd über das Wort stolpern. Der Redakteur beendet sein Interview und bedauert, dass Jagodas Exkurs über das zu Unrecht schlechte Image von Arbeitsbeschaffungsmaßnahmen wohl zu kompliziert sei für die Hörer und deshalb rausgeschnitten werden müsse. Und hier noch mal die Zahl: 3.798.701.

B&H
Noch 4 Tage bis Katie kommt
Katie nach der Party
„Spindluder" Katie mischt Kaserne auf

Truppenbetreuung

Wenigbekleidete, silikongefütterte Damen & Freibier – im Soldatenjargon heißt dieses Arrangement wahrscheinlich „Wichsphantasie“, für den Springer-Konzern ist es, dezent profaner, eine Marketingmaßnahme. Im Dezember hatte das Verteidigungsministerium eine „Umgang mit Sexualität“ betitelte „Führungshilfe für Vorgesetzte“ erlassen. Begründet wurde der Erlass mit der „weiteren Öffnung der Streitkräfte für Frauen und der Änderung der bisherigen Haltung der Bundeswehr gegenüber Soldatinnen und Soldaten mit gleichgeschlechtlicher Orientierung“. Mit anderen Worten: ein Schritt gegen das Klischee von der erstens schwulenfeindlichen Bundeswehr, die, zweitens, Frauen allenfalls in der Erscheinungsform Nacktfoto für den Kleiderschrank Platz gewährte. Unter anderem wurde in diesem Erlass das „sichtbare Anbringen pornographischer Darstellungen“ erstaunlich spät als Tatbestand sexueller Belästigung erkannt und definiert. Von jener Führungshilfe verspricht sich General Harald Kujat den „Abbau von Verhaltensunsicherheiten“.

Als in der letzten Woche 1000 Liter Freibier und drei in gelbes Gummi gebifite, prostituiert wirkende Frauen in eine seltsamerweise INNEN mit Tarnnetzen verhängte Halle auf dem Gelände der Regensburger Prinz-Leopold-Kaserne geliefert wurden, wirkte das dergestalt beglückte Gebirgsnachschubbataillon 82 relativ verhaltenssicher: Sie grölten, prosteten und machten Fotos. Diesen humanitären Einsatz hatten sie der *Bild*-Zeitung zu verdanken, die auf den Pornographieerlass gewohnt gelenkig und fußvolknah reagiert hatte: mit einem so genannten „Spindluderwettbewerb". Dessen Kernbotschaft lautete, Sexismus sei natürlich schlimm, und Pornographie nicht ungefährlich, aber – ähnlich wie alle Lebensfreuden – in Maßen genossen verzeihlich, ja geradezu nötig. Demzufolge: „Rettet das Spindluder!" Als Robin-Wood-Aktivisten in derselben Zeit das Wendland retten wollten, fand die *Bild*-Zeitung das allerdings etwas übertrieben.

Was nun ist ein Spindluder? Diese Bezeichnung ist mit ziemlicher Sicherheit einer der vielen herzerfrischend menschenverachtenden Neologismen von *Bild*s Rampendichterin Hier-klatscht-Katja-Kessler. Die hatte vor dem Spindluder schon das „Boxenluder" kreiert, praktischerweise handelt es sich um ein und dieselbe Person: Katie Price aus Brighton. Bekannt geworden war das Luder mit variablem Präfix und ebensolcher Oberweite (letzter vermeldeter Milchstand: F) durch komplizierterweise genau das Nichtzustandekommen einer Affäre mit dem Rennfahrer Ralf Schumacher. Der soll im Bett neben ihr prompt eingeschlafen sein, was den dröge wirkenden Co-Kerpener erstmals grundsympathisch erscheinen lässt. Schumacher fuhr damals noch für den Rennstall Jordan, bei dem Katie Price als Hostess arbeitete. Das tut sie immer noch, diese Berufsbezeichnung ist recht dehnbar, inzwischen wird Katie als „Jordan" zu den zahlreichen Price-Verleihungen gebucht. Wie eben nach Regensburg, bezahlt, wie das Bier, von *Bild*. Die Spindluderrettung war als Gewinnspiel angelegt worden – das Boulevardblatt hatte um Zusendung von Spindfotos gebeten, aber eben nicht, um General Kujat mit diesem Bilderabhängungsgesuch bei der Sexismushygiene behilflich zu sein, sondern um das häufigst eingesandte Fotomodell zu küren und unter den Einsendern einen Tag der offenen Hose zu verlosen.

Gewonnen hat der Hauptgefreite Martin Jungnickl, stationiert in Regensburg, und *Bild*-Redakteur Tom Drechsler bereitet auf einer kleinen Bühne stehend das Eintreffen des leibhaftigen Spindluders vor, indem er Jungnickl und seine auf Holzbänken sitzenden, olivgekleideten Kumpels zum Üblichen motiviert:

„Wollen wir dann alle versuchen, ein bisschen ‚Katie, Katie' zu rufen? Ihr dürft applaudieren, ihr dürft johlen, ihr dürft alles machen." Das klingt gut, finden die Soldaten und holen mehr Bier.

Ebenfalls in Kompaniestärke angetreten sind Pressevertreter, die den großen Spaß anschließend im Land herumerzählen sollen. Da das Spindluder gerade noch ein Stauluder ist, wird versucht, die Wartezeit sinnvoll zu nutzen, und Jungnickl gibt sein 700. Interview. Gerade beantwortete er die recht suggestive Frage eines Sat1-Reporters, ob er denn „für Katie in den Kampf ziehen" würde, knapp mit „Joah, klar", und das soll er nun „bitte noch mal im ganzen Satz" sagen. „Für Katie würde ich in den Kampf ziehen." Der Tonmann hebt den Daumen, der Reporter bedankt sich und freut sich auf sein verblödetes Satirchen. Nahe des Zapfhahns hat ein anderer Mikrophonhalter die wartenden Kurzhaarigen zur La-Ola-Welle überreden können, ein Heidenspaß ist das. Eine Nervensäge des öffentlich-rechtlichen Frühstücksfernsehens trägt, hoho, auch Uniform und spricht harmlose Frechheiten in sein aufgeregt wackelndes Handmikrophon. Ist im Kasten, wird sicher sehr komisch.

Herr Drechsler erzählt von den „hauptsächlich drallen" Endausscheidungsmotiven, die „zum Teil sogar mit Tesafilm dran" verschickt wurden, also echt echt. Von etwaigen Flecken sagt er nichts, und seinen Fotografen nennt er freundschaftlich „Kosovo-Müller“. Katie müsse jeden Moment eintreffen. Irgendein Leistungsträger mit vollgestickten Schulterklappen, inzwischen nehmen die Reporter wirklich jeden, spricht über diese „außergewöhnliche Art der Truppenbetreuung“ in ein paar Diktiergeräte, die Bundeswehr könne sich so zeigen als „voll in der Gesellschaft drin“, da kommt endlich Katie Price angefahren, gerahmt von zwei, vorsichtig gesagt, ähn-

lich aussehenden Frauen. Mitten im Schwurbelsatz werden dem Vorgesetztenmund die Mikrophone entzogen. Da! Das Spindluder!

Mit viel Sinn für subtile Effekte lässt ein Techniker Tom Jones' „Sex Bomb" erklingen, und Drechsler bittet „OK, the first name, can you say it?", und dann endlich, viel zu spät, wollen alle mal versuchen, ein bisschen „Katie, Katie" zu rufen, was lustig klingt, da die schreienden Soldaten uneins sind über die Aussprache des th.

„Welcome to Regensburg, this is your man", charmiert Drechsler weltläufig. Katie Price muss Martin Jungnickl küssen und ihm ein Formel-1-Ticket schenken, bekommt im Gegenzug ein Plüschtier und Blumen, und Jungnickls Freunde rufen: „Pass auf mit AIDS, Kamerad." Ob sie denn man mal „Gebirgsnachschubbataillon" sagen könne, auf Deutsch, scherzt Drechsler, und das klappt natürlich nicht – ein Kracher.

„Are you a Spindluder?", fragt der Frühstücksfernsehenclown, und später zwingt er die Engländerin, die von Nahem aussieht wie ein explodierter japanischer Geburtstagskuchen, bei einem gespielten Witz mitzuagieren: Ob er in den Ausschnitt filmen dürfe, fragt er, er darf, und dann, das ist der Witz, geht sie mit ihm aus dem Bild, und die anderen beiden Damen tun es ihr nach, was ist das schön.

Inzwischen haben die Kamerateams die Bühne komplett besetzt und die Soldaten sehen kaum noch was vom Luder, also erinnert Drechsler südkurventauglich:

„Das ist eine Veranstaltung für die Soldaten, liebe Pressekollegen!" Diese Art Dialektik ist zwar atemberaubend verheuchelt, doch den Journalisten ist es egal, sie dürfen in einem Hinterzimmer vor einer Werbewand (*Bild*! Benson & Hedges!) mit Katie sprechen. „One personal question", bittet jemand. „About Ralf or about my boobs?", fragt Katie Price routiniert. Also werden es wohl zwei persönliche Fragen.

Auszeichnungen

Irgendwann wird der Preisverleihungsirrsinn in Deutschland kulminieren in der Verleihung des goldenen Nichts an zum Beispiel Reinhold Beckmann. Jede Woche liest man schließlich von einem Verband, der einen halbwegs Prominenten auszeichnet fürs Pfeifenrauchen, Krawattentragen, Haustierbesitzen, fürs Mini-Fahren oder Biertrinken. Der Verband kommt auf diese Weise in die Zeitung, der Prominente auch, die Journalisten kriegen was zu trinken und was zu schreiben, kurzum: ein funktionierendes System. Ist ja auch immer schön, wenn Zusammenhänge in so unübersichtlicher Zeit (vgl. dazu: P. Hahne) abbildbar sind. Eine typische Berliner Woche liegt hinter uns: Man konnte Füße waschen mit Papa Thierse, Fahrrad fahren mit Onkel Eichel, dann hat es geregnet, und dann wurde Sabine Christiansen zur „Montblanc Business Lady Berlin 2001“ gekürt.

Schon war es Freitag geworden und Günter Jauch in die Königlich Norwegische Botschaft vorgeladen worden, sich bitteschön den „Goldenen Lachs 2001“ abzuholen. Bei der letzten Skisprung-WM hatte Jauch in mehrstündiger Improvisation vor Live-Kameras ausgiebigst für das Land geworben, da er viel zu senden, jedoch nichts zu berichten hatte. Wenn die Leitung zusammenbricht, der Gast fehlt, Schneesturm einsetzt, etwas umfällt (man erinnere sich an das Fußballtor!), reagiert Günter Jauch verlässlich genial und unterhält das Publikum weitaus besser als mit dem Geplanten. Die Qualität eines Moderators wird überprüfbar in Momenten technischer Pannen. Fernsehen wird im Falle Jauchs dann angenehm wie selten, weil da jemand steht, der endlich mal auch nicht weiterweiß, der das Scheitern thematisiert und eben nicht stotternd die Regie anbettelt, sondern der lakonisch den Defekt beschreibt und sich, wenn idealerweise der Fehler nicht allzu schnell behoben werden kann, fatalistisch in herrlichsten Stegreifsprechjazz steigert, sodass der Fernsehzuschauer den Moment fürchtet, in dem es wieder planmäßig wird.

„Es soll jeden Moment weitergehen, aber das soll es ja schon immer", sagte Jauch und redete dann über die netten Einheimischen, die schönen Hotels, Wandermöglichkeiten und den guten Fisch. Stundenlang. Zwischendurch trug ein Mitarbeiter einen ausgestopften Elch durchs Bild, Jauch hielt sich zwei Gebäckstücke an die Mütze und war lustiger als hundert Comedy-Heloten zusammen.

Gründe genug also für Morten Wetland von der Norwegischen Botschaft, Jauch zu danken. Eine der Nebenwirkungen des Berufs Fernsehmoderator ist die (meist beidseitige) Rollenbeibehaltung abseits des Bildschirms: Jeder Mensch denkt, er täte Thomas Gottschalk einen Gefallen, wenn er mit ihm um irgendwas wettet; Jürgen von der Lippe muss sich gerechterweise an jeder Straßenecke einen Altmännerwitz anhören, und wer immer derzeit mit Günter Jauch zu tun hat, zählt ihm prustend vier mögliche Antworten auf irgendeine Frage auf. Also setzt sich natürlich auch Herr Wetland neben Jauch vor eine Leinwand und fragt, was das Nationaltier Norwegens ist und welchen Flächeninhalt das Land hat. Als Jauch den „50/50-Joker" in Anspruch nimmt, hakt die Technik und statt eines Tipps gibt es schon die Auflösung: Ein gelber Pfeil blinkt neben der richtigen Antwort C auf, Herr Wetland erschrickt, flucht, aber Jauch freut sich natürlich, woraufhin sich dann auch Herr Wetland freut, die Panne bewahrt die Veranstaltung vor unangebrachter Staatsträgerei, es geht ja nur um Fisch und Fotos, also bitte, also weiter, Messingfischübergabe, Blitzlicht, Händeschütteln, kurze Dankesrede, Jauch redet charmant über Norwegerpullover, Todesängste und den Angelschein.

Ein kluger älterer Herr vom Norwegischen Rundfunk stellt sich, statt sich im Anschluss von der Konkurrenz auf die Füße treten zu lassen, einfach neben den gerade preisempfangenden Jauch und hält ihm das Mikrophon hin, schon wieder eine Abweichung, die Veranstaltung nähert sich formal ihrem Anlass – der Defekt als Aufwertung der Inszenierung, prima, dann geht es nun also zum Lachsbüfett.

Ja, ich höre gerne Klassikradio, nein, Madonna ist mir wurscht, Urlaub ja, im August, zwei Wochen nach Tirol, der Kinder wegen, nein, ein weiteres Kind adoptieren wir nicht, ja, mit den Quoten sind wir weiterhin sehr zufrieden, stimmt, die Pause ist nötig, danke. Redet Jauch routiniert in diverse Mikrophone, tariert geschickt Naivität und Spott aus, er versteht es, anders als die meisten Fernsehheinis, freundlich, dabei trotzdem unnahbar zu bleiben – und dadurch angenehm. Trotz seiner Omnipräsenz sieht man ihn noch immer recht gern, auch wenn er kurz davor ist, einfach prinzipiell zu nerven, was schade wäre.

„12 – 8 – 4 – 2“, leiert seine Frau Thea geduldig einer begeistert stenographierenden Reporterin ins Ohr. Ihre Telefonnummer? Die Lottozahlen? Nein, die Altersangaben ihrer Kinder, für den persönlichen Seitenaspekt. Und dies noch: Jauchs hatten mal ein norwegisches Au-pair-Mädchen, die hieß Lene und war sehr nett, der Flächeninhalt Norwegens beträgt 323.758 qkm, und gerade tickert es herein, nein, ist denn das die Möglichkeit? Die Stadt Münster hat Götz Alsmann (Brillenträger des Jahres 2001) die Goldene Pute verliehen.

Das
Centrum Judaicum
ist geöffnet
The
Centrum Judaicum
is open

Einzeltäter in der Lokalpresse

Das 14-jährige Mädchen habe am Montagabend auf dem Bahnhof der Kreisstadt zwei Beamten des Bundesgrenzschutzes den Hitlergruß gezeigt, teilte die Polizei gestern mit. Daraufhin vorläufig festgenommen, habe die Tatverdächtige in der Polizeidienststelle „Hitler"-Rufe sowie Parolen wie „Ausländer raus" und „Deutschland den Deutschen" geäußert. Eine Untersuchung habe einen Atemalkoholwert von 1,5 Promille ergeben.

Auf dem Funkmast war eine so genannte Reichskriegsflagge angebracht worden.

Der Ausländer war nach Polizeiangaben am späten Sonntagabend in einem Tunnel des Bahnhofs von fünf jungen Männern zusammengeschlagen worden.

Mutmaßliche Rechtsradikale haben ein Hakenkreuz auf die Dorfstraße gesprüht. Die Polizei veranlasste die Beseitigung der 1,60 mal 1,20 Meter großen Schmiererei.

Bislang unbekannte Täter haben am Wochenende mit silbergrauer Farbe ein Hakenkreuz auf die Gedenkstätte der jüdischen Synagoge gesprüht.

Nach der Misshandlung eines 24-jährigen indischen Asylbewerbers am Wochenende hat das Amtsgericht der Stadt gestern Haftbefehle gegen vier Tatverdächtige erlassen.

Der so genannte Hakenkreuzwald wird abgeholzt. Bei dem Hakenkreuz handelt es sich um 1944 angepflanzte gelbe Lärchen, die aus der Luft im grünen Nadelwald ein deutlich sichtbares Hakenkreuz bilden. Bereits in den nächsten Tagen sollen die Sägen angesetzt werden.

Die Jungen im Alter von 14 bis 16 Jahren warfen in dem Kindergarten etwa zehn Scheiben ein, wüteten in mehreren Spielräumen, zerstörten Schränke und entleerten zwei Feuerlöscher in den Zimmern und auf den Fluren. Zudem schmierten sie ein Hakenkreuz an eine Wand.

Ein Unbekannter hat gestern im Landtag ein Hakenkreuz in die Staubschicht einer Fahrstuhltür gezogen. Der Landtagspräsident äußerte sich betroffen.

Dem Angeklagten, der ein eintätowiertes Hakenkreuz auf dem Hinterkopf trägt, wird Körperverletzung mit Todesfolge vorgeworfen. Er soll nach einem Streit einen 22-Jährigen aus der linken Szene vor ein vorbeifahrendes Taxi gestoßen haben.

In einem Park brüllten Jugendliche nach Polizeiangaben „Sieg Heil“. Die Beamten nahmen von den sieben zum Teil Betrunkenen die Personalien auf. Mehrere Musikkassetten und ein Rekorder wurden sichergestellt.

Durch ein Hakenkreuz aus brennenden Teelichtern ist eine ehemalige Gaststätte in Brand gesetzt worden. Wie die Polizei gestern mitteilte, waren Unbekannte gewaltsam in das Gebäude eingedrungen und hatten dort auf einem Holztisch das Nazisymbol aus den Kerzen zusammengestellt und danach entzündet. Durch die Hitzeentwicklung fing die Tischplatte Feuer.

Der angetrunkene 17-Jährige grölte „Deutschland den Deutschen. Neger raus aus Deutschland“ und hob die Hand zum Hitler-Gruß.

Unbekannte haben auf dem Sportplatz ein sechs mal acht Meter großes Hakenkreuz in den Schnee geschippt.

Nach Polizeiangaben hatten am Dienstagnachmittag Unbekannte den Briefkasten des Ausländerbeirats beschädigt.

Zum Ende der Betriebsferien hin hatte es erneut Nazi-Schmierereien an den zum Teil leer stehenden Unternehmensgebäuden gegeben. „Ich habe aufgegeben zu zählen, wie oft wir so etwas schon beseitigt haben“, gesteht der Firmenchef resigniert ein.

Der 16-Jährige wolle sich „an die Zeitung und somit an die Öffentlichkeit wenden, um sich zu entschuldigen“. „Ich wollte cool sein im Fernsehen und habe eine Menge Mist geredet“, sagte der Jugendliche. Er habe „kein Hakenkreuz im Kinderzimmer und dennoch viele Freunde“.

In den Giebel eines Einfamilienhauses hat ein Häuslebauer ein Hakenkreuz einmauern lassen. Das mit gelben Klinkern in eine rote Wand eingearbeitete Nazi-Symbol sei etwa 60 mal 60 Zentimeter groß. Es wurde erst sichtbar, als die Bäume im Herbst ihr Laub verloren.

Einer der Rädelsführer feixte sogar, nachdem er gerade zu einer zweijährigen Haftstrafe ohne Bewährung verurteilt worden war. Am schwarzen Kapuzen-Shirt des 21-Jährigen prangte der Schriftzug „Vallhalla“.

Zwei für die geplante Demonstration zunächst benannte Ordner seien erst dieser Tage mit Recht und Gesetz in Konflikt geraten. Als die Polizei am vergangenen Wochenende eine „Skin-Feier“ auflöste, habe sie auch diese Personen erkennungsdienstlich erfasst, eine davon mit einem Hakenkreuz-bedruckten Pulli.

Die Unbekannten hätten weiße Heizungsfarbe über eine Gedenktafel gegossen, die an die ehemalige Synagoge erinnert, bestätigte die Polizei gestern.

Nach den jüngsten fremdenfeindlichen Übergriffen sollen jetzt rechte Schläger in der Linie 4 mit Videokameras abgeschreckt werden. Trotzdem soll die Linie 4 von April an nicht wie bisher bis Mitternacht verkehren.

Mitglieder der freiwilligen Feuerwehr hatten das etwa eine Tonne schwere Monument mit eingemeißeltem Hakenkreuz aus dem Jahr 1933 vor ihrem Depot aufgestellt.

An vorherige Schmierereien in so geballter Form könne er sich nicht erinnern, sagte der Bürgermeister. Sicher habe es schon früher kleinere Fälle gegeben, wie mal ein Hakenkreuz am Baum oder kleinere Graffiti.

mit
ADOLF
Hannover

Ein 17 Jahre alter Jugendlicher schlug einen 19-jährigen Aussiedler mehrfach mit der Faust ins Gesicht. Dabei sagte er laut Polizei: „Hier wird deutsch gesprochen. Wir werden euch alle töten."

Unbekannte hatten das Nazi-Symbol in der Nacht zum gestrigen Montag auf das Ortseingangsschild gemalt. Ein mit einem Hakenkreuz und rechten Parolen verunstalteter Wertstoffcontainer wurde gestern Morgen abgeholt und durch einen neuen ersetzt.

Ein 9-jähriger Junge hat am Wochenende mit einer kurz zuvor gestohlenen Farbsprühflasche ein Hakenkreuz an die Wand des Einkaufszentrums gesprüht. Wie die Polizei weiter mitteilte, konnte der Junge kein Motiv für seine Tat nennen.

DB
VBN
NAZIS
RAUS

ZART
Gregor Gysi
Gregor
GYSI
GYSI

Buchpräsentation

„Dit Buch stört", kräht die ältere Dame in Richtung Podest, „dit Buch!" Schließlich erbarmt sich eine Mitarbeiterin des Berliner Kulturgutsupermarktes Dussmann und rückt Gregor Gysis gebundene Erinnerungen „Ein Blick zurück, ein Schritt nach vorn" (= „dit Buch") zur Seite, sodass der Zuschauerblick frei ist auf ihn, Gregor Gysi. Neben einem zauseligen Redakteur der obskuren Tageszeitung *Berliner Kurier* auf einem Bistrostuhl hockend ist Gysi wahrscheinlich sogar größer als im Stehen, doch die erste Reihe sitzt in einem so ungünstigen Winkel, dass man von dort aus statt Gysis echtem Kopf den vom Buchdeckel sieht, allerdings mit den echten Beinen dran. Weg damit! Natürlich bedankt sich die ältere Dame nicht bei der dit-Buch-Wegräumerin, schließlich ist sie 40 Jahre lang belogen und betrogen worden, also.

Gregor Gysi ist ihr Held. Er macht Wessiwitze, ist schlagfertig und erfolgreich, ein bisschen unverschämt und lebt stellvertretend ein Berlinerschnauzeleben, für das Großteilen seiner Anhängerschaft Geld, Bildung und Glück fehlen, warum sonst sollten sie seine Anhänger sein.

Eine Dekade lang hat Gysi die PDS verkörpert, war im TV einer der wenigen nicht unangenehmen Offensivossis, ein Talkshowglücksfall, und nun kehrt er freiwillig in den Anwaltsberuf zurück; vielleicht wird er auch bald Bürgermeister von Berlin, aber da muss er erst noch ein paarmal gebeten werden. Vielleicht kommt auch bald heraus, dass Gysi in Wahrheit der Komponist des Racheschlagers „Im Osten“ ist.

Dit Buch ist inzwischen von seinem zweiten Stellplatz gekippt, aber Gysi redet ja ohnehin frei, eine ganze Stunde lang, hin und wieder murmelt der *Kurier*-Redakteur ein paar lenkende Stichworte, aber nicht weil Gysi sie bräuchte, sondern um dem Eindruck eines Selbstgesprächs vorzubeugen.

Im Dezember letzten Jahres präsentierte an diesem Ort auch Helmut Kohl seine juristisch clever selektierten Erinnerungen und wurde mit Sahnetorte beworfen. Gysi wird beim Signieren Vollkornbrot geschenkt bekommen. Doch erst spricht er noch souverän oszillierend zwischen Hohn und Empörung als einer von uns – und wir, das sind die, die die (die Wessis) Ossis nennen. Das schmeichelt der geschundenen Seele. Gysi ist ein sehr guter Witzeerzähler, zwar umfasst sein Repertoire nicht allzu viele Pointen, doch noch den abgedroschensten seiner Anekdotenklassiker versteht er im Vortrag durch kleine Nuancierungen, insistierende Gestik und Hochdruckton originär erscheinen zu lassen. Auch der Stichwortgeber muss immer wieder lachen.

Einem Schlagerproduzenten ähnlich koppelt Gysi fortwährend Refrains aus seinem Werk aus, testet die Akzeptanz, und wenn ein Thema, eine Melodie Applaus erntet, legt er entsprechend nach. Krepiert ein Gedanke auf dem Vermittlungsweg, wird er modifiziert oder ganz ersetzt. Wenn es humorig wird (wird es dauernd), erliegt er der Versuchung und verfällt in Berliner Dialekt. Wird es dann allzu ausgelassen, wechselt er blitzschnell die Stimmfarbe und formuliert in das Lachen hinein ernste, eindringliche Spaßbeiseites. Aus dem Lachen wird dann Applaus und alle finden sich und Gysi einzigaufrichtig. Für zünftige Kohl-Beschimpfungen wäre die Situation äußerst geeignet – doch Gysi bleibt mild, parodiert Kohl beinahe liebevoll lispelnd, und bevor alles zu simpel wird, kritisiert er lieber den Rest der CDU. Gysis Publikum hasst Kohl; doch Gysi könnte ihnen alles plausibilisieren: Sie nicken – stimmt, armer Kohl. Und: großmütiger Gregor! Dafür gibt es zwei Punkte.

Bald ist die Atmosphäre sehr verschworen, erinnert an die im Vereinsheim eines gerade abgestiegenen Fußballclubs. Verloren haben wir, aber doof sind die anderen. Ihr könnt nach Hause gehen, ihr könnt nach Hause gehen, ihr könnt, ihr könnt, ihr könnt nach Hause gehen! Aber vorher noch ein Autogramm, bitte.

Eine weitere alte Dame (scheinbar Gysis Kernzielgruppe) steigt aufs Podest und will unbedingt allen erzählen, wie sie schon ganz früher gewusst habe, dass der Gregor und so weiter, kurz blickt ein Sicherheitsbeauftragter nervös, ob die Dame vielleicht tortenbewehrt ist, aber sie ist bloß herkömmlich wirr, nicht weiter schlimm. Gysi signiert, bekommt die Visitenkarte vom Leiter der VHS Iserlohn, viel Lob und Dank, der Mundgeruch Magenkranker weht über den Tisch und alle sind freundlich.

Zum Jeburtstach isset? Keen Problem, mach ick anres Datum rin usw. usf.

In Leipzig habe er so exzessiv signiert, erzählt Gysi (wie stets selbst sehr angetan vom eigenen Gerede), dass sein Ellenbogen geblutet habe. Nein! Is wahr? Aber ja! Sie schenken ihm Glücksbringer, tätscheln seinen Arm und kaufen dit Buch.

Gen Ende der Schlange steigt der Seltsamkeitsfaktor der Anträge naturgemäß – wenn von hinten niemand mehr drängelt, ist leichter

ein persönliches Gespräch erzwingbar. Gysi bekommt drei verschiedene Vollkornbrote überreicht von einem Mann, der von Ökologie auf Ökonomie kommend sich zur These emporklimmt, Gysi sei eine Art Vollkornbrot. Also: so politisch irgendwie. Al Gore habe er kürzlich Gedichte von Erich Fried geschenkt, erzählt der Brotbringer weiter.

Nun soll Gysi noch seinen blutigen Ellenbogen zeigen, bitte!

Ach wo!

Bitte!

Na, hier Mensch, weiß jar nüscht, ob da noch was zu sehen –

Gysi krempelt seinen Hemdärmel wieder herunter. Eine kleine Rötung war zu sehen, von Blut keine Spur.

Wir liefern Piza ofenfrisch
CallaPizza

Pizzabringdienst

Vor Kurzem träumte ich, John de Mol und Leo Kirch hätten mich in ihrer Gewalt. Wie immer wachte ich davon auf, dass ich irgendwo herunterfiel, im Traum, und nach zwei Sekunden schon hatte ich, ebenfalls wie immer, die Details des Traumszenarios vergessen. Was hatten die beiden Ehrenmänner gegen mich in der Hand gehabt? Zumindest habe ich mir merken können, was das Duo von mir gefordert hatte: Da die bis vor Kurzem noch quotenträchtigen so genannten Real Life Soaps schwächelten, musste ein neues Konzept her, mit dem man bei geringem Investitionsaufwand viel Sendezeit so füllen kann, dass die 15- bis 39-Jährigen sich eher ihr Handy abhacken lassen würden, als auch nur eine Folge zu verpassen. Wahrscheinlich ist mir nichts eingefallen, was erklären würde, warum ich am Ende des Traums irgendwo runtergefallen bin. Aber jetzt habe ich eine Idee.

Da nach der ersten „Big Brother"-Staffel jeder weitere Eingesperrte wusste, wie es danach mit *Playboy*-Fotos, „Ich-bin-ich"-

Interviews, CD und allem werden könnte, verhielten sie sich fortan wie Prostituierte in der Hamburger Herbertstraße, die an die Fensterscheibe klopfend ihre Dienste anbieten. Auf der anderen Seite der Scheibe ließ – wie bei jedem Überangebot – das Interesse an der laut klopfenden Vornamen-Bagage schnell nach. Unbeantwortet bleibt somit, wie echtes Leben ins Fernsehen gehievt werden kann. Hier mein Konzept: Die Sendung heißt „Pizzabringdienst" und läuft jeden Tag von 12:00 bis 15:00 und von 20:00 bis 24:00 Uhr. Drehorte: eine Küche, ein Auto und diverse Treppenhäuser. Anders als ein Endemol-Kameramann sieht ein Pizzabote Menschen in freier Wildbahn. Sie zeigen ihm ihr Gesicht, sie zeigen ihm, wer sie wirklich sind – und sie verstellen sich nicht. (Keiner der Essenbesteller wird eine Single aufnehmen, das verspreche ich hiermit.)

Wer sich etwas zu essen nach Hause bringen lässt, tut das nicht, weil es so gut schmeckt. Auch nicht, weil es besonders schnell geht, ja nicht mal verlässlich warm ist der gelieferte Pampf. Wählt man die auf einer vierfarbigen Postwurfsendung angegebene Telefonnummer, ist das eine Form des Notrufs. Man hat vergessen einzukaufen, es kommt plötzlich der große Hunger oder unerwarteter Besuch. Das Bier geht aus und man selbst nicht mehr gerade oder der Kiosk ist schon geschlossen. Man ist faul, einsam, verfressen oder, zumindest temporär, asozial.

Folge eins, Freitagabend: Die Aufzugtür in der vierten Etage eines Mehrfamilienhauses öffnet sich ruckelnd, der Bote tritt heraus, trägt eine Thermokiste, stützt sie auf dem angewinkelten Knie ab, nimmt die Rechnung in den Mund, um eine Hand frei zu haben für den Klingelknopf. Ein Mann mittleren Alters öffnet, Übergabe zweier Schinkenpizzen. Die Garderobe des Kunden würde ein Regisseur als zu klischiert ablehnen: Trainingsanzug mit großzügig bemessener Genitalbaumelzone, Plastiksandalen. Durch einen Bastvorhang hindurch sieht man im Wohnbereich eine Sekt trinkende Dame auf einem zum Fernseher ausgerichteten Zweiersofa. Im Fernsehen fragt Jauch gerade, ob der Kandidat sich sicher ist. Tür zu. Der nächste Kunde ist allein, hat die Haare mit viel Gel zu einer beeindruckenden Igelbürste geformt und steht hosenlos in Filzpantoffeln auf seiner türkisen Fußmatte, Bier und Pizza Capricciosa entgegenzunehmen. Kein Trinkgeld.

Die nächste Lieferung geht an einen Stammkunden, der Chili con Carne geordert hat, weil, wie er erzählt, seine Frau gerade durch Mexiko reist. Romantisch. Trinkgeld: 3 Mark 50 und ein ernst gemeintes „Bis morgen!" zum Abschied – hervorragender Cliffhanger. Zurück zur Basisstation zum Neubeladen. Die folgende Lieferfahrt bietet Gelegenheit, den Pizzaboten näher kennenzulernen. Er erzählt, dass Frauen nie Bier bestellen, Männer immer Salamipizza, aber niemals Nachtisch, den wiederum Frauen herbeitelefonieren, oft als Gegenoffensive zum Salat, dem angeblich knackigen. Alkoholiker, die zur Großlieferung Bierdosen pro forma gerne noch eine Alibivorspeise bestellen, gäben entweder viel Trinkgeld oder überschätzen beim Bestellen ihre Barschaft – dann muss der Fahrer ein paar Dosen einbehalten und mit zurück zur Basisstation nehmen, wo gerade eine 26-cm-Durchmesser-Pizza mit Meeresfrüchtebelag angebrannt ist, die ofenöffnende Aushilfskraft schreit wütend – Werbepause. Nach der Werbepause bringt der Bote die unverkäufliche, aber noch essbare Pizza Marinara zu seiner Ehefrau, einer gut gelaunten Japanerin, die bestens als wiederkehrende Nebenfigur in die Serie integrierbar wäre, womit das Identifikationspotenzial des Hauptdarstellers erhöht würde. Der Bote fährt wieder los, drei Erstsemesterstudentinnen in einem Apartmentbunker teilen sich eine Jumbo Vegetaria, geben 50 Pfennig Trinkgeld, trinken Bacardi-Cola aus ausgewaschenen Senfgläsern, hören schwärmerische Musik und erwarten noch einiges vom Wochenende. Auch die Studentinnen hatten keine Schuhe an. In den Real Life Soaps tragen die Protagonisten oft Schuhe, einer der elementaren Fehler! Zu Hause trägt niemand Schuhe in Deutschland. Erzählt der Bote jetzt auf der Nachtfahrt zum nächsten Besteller, berichtet außerdem, dass er Jazzkeller wie Bordelle beliefert, dass in seinem Zustellbereich sogar eine geschlossene Psychiatrie liegt, aus der ab und zu Bestellungen eingehen – die auch ausgeführt werden.

Schnitt.

Mittlerweile ist es nach 22:00 Uhr, der Türsummer des Hochhauses ist per Zeitschaltung deaktiviert, der Homosexuelle in schwarzem Samtanzug und lilaweiß gestreiften Schlappen singt „Ich kooooooomme" in die Gegensprechanlage, großes Gelächter im Hintergrund, er koooooooommt schließlich zu viert, alle jungen Herren in lilaweiß gestreiften Schlappen, großes Hallöchen, die als zu lang empfundene Wartezeit wird schnippisch kommentiert: „Bist du über Haaaaamburg gefahren, Süßer?", der Bote lacht, das Trinkgeld stimmt und weiter. Ein korpulenter *Zeit*-Abonnent mit Glatze steht erbost auf seinem Parkett, vielleicht unzufrieden, dass er Cola und Jumbopizza bestellt, vielleicht ist ihm auch ein Kaktus auf eine Thelonius-Monk-LP gefallen, kein Augenkontakt, bloß weg. „Die Einsamkeit, ja ja, neenee", sagt der Pizzabote und bringt Gratin, Lasagne und einen 500-ml-Sahneeisbecher zu einer vergnügten Vorher-Bild-Frau, die vor, während und nach der Essensübergabe liebevoll mit ihrem Hund spricht.

In Folge zwei von „Pizzabringdienst" könnten die beiden letzten Besteller dieser Folge sich vielleicht kennenlernen und einander eine verliebt halbierte so genannte Partypizza in den endlich mal wieder geküssten Mund schieben. Die begleitende Olli-Geißen-Show wird „Extra Käse" heißen. Diese Serie würde unser Land ethnologisch kartographieren. Hiermit überantworte ich dieses Konzept unentgeltlich den o. g. Herren, wenn sie mir versprechen, sich künftig aus meinen Träumen fernzuhalten.

Euro Lloyd DFB
DEUTSCHER FUSSBALLBUND
Euro Lloyd DFB
Euro Lloyd DFB
Euro Lloyd DFB
Euro Lloyd DFB
Euro Lloyd DFB

Länderspiel

1 Ein Kongresshotel in Frankfurt oder vielmehr, wie man so sagt, vor den Toren der Stadt. In der Lobby warten etwa 50 Journalisten, bauen ihre Kameras auf, proben den Ton, setzen das Licht, klappen ihre Laptops auf, rauchen natürlich, beißen krachend in ungewaschene, beim Concierge ausliegende Granny-Smith-Äpfel, lassen im Rudel auftretend jeden, und so auch diesen Ort innerhalb von Minuten wie ein Durchgangslager aussehen, riechen und klingen. Gebirge aus Taschen, Jacken, durchblätterten Zeitungen, dazwischen lauter Stative. Denn einem Gesetz nach haben Fernsehbeiträge über Konferenzen zwingend zu beginnen mit der Ankunft der später Konferierenden und zu enden mit deren Abgang – sonst würde der Zuschauer denken, die Gezeigten wohnen im Konferenzraum.

Ein großer Saal wird vom Hotelpersonal für eine Pressekonferenz des Deutschen Fußballbundes anlässlich eines Freundschaftsspiels gegen die ungarische Nationalmannschaft in Budapest vorbereitet. Die Stellwanddekoration auf dem Podium zeigt Bilder ruhmreicher deutscher Fußballmomente. Darunter die Sponsorenlogos.

Auftritt Gerhard Mayer-Vorfelder. Der Präsident des DFB und so genannte Delegationsleiter verlangsamt seinen Gang in Höhe des ersten Stativs, weicht den ihm entgegengereckten, mit Senderlogos bedruckten farbigen Schaumstoffploppschutzmikrophonbezügen nicht aus. Anders als der auf solche Zudringlichkeiten natürlicher, nämlich verklemmt bis fluchtartig reagierende Trainer Rudi Völler, der gerade noch duscht, nicht nur, weil morgens trainiert wurde, sondern besonders auch deshalb, weil Trainer und Spieler zu Presseterminen grundsätzlich mit halbnassen Haaren zu erscheinen haben.

Um Mayer-Vorfelder herum bildet sich eine Vorsitzenden aller Art das Atmen erst ermöglichende Blase aus Menschen, die etwas wollen, und anderen, die darauf achten, dass das Gewollte sich auch ja mit dem Gedurften deckt. Der Präsident nimmt – erschtmal ankummen, Zigggareddde rauouchn, ihr lieben Leude – Platz auf einem Ledersofa vor dem Eingang zum Konferenzraum.

Mit einem eiligst Kaffee herbeibringenden, in gebeugter Haltung seitlich verharrenden Herrn geht Mayer-Vorfelder die Liste der mit nach Ungarn fahrenden Nationalspieler durch: gebürtige Ossis ankreuzen. Endlich kommt Völler, es kann losgehen. Als der Präsident mahnt, man müsse so ein Spiel unbedingt ernscht nehmen, reibt er sich die Augen und sollte jetzt dringend einen weiteren Kaffee gebracht kriegen. Trotzdem gelingt es ihm, wenn schon die gegenwärtige Bedeutsamkeit strittig ist, so doch zumindest die historische umso deutlicher herauszuarbeiten: Das Weltmeisterschaftsfinale 1954 habe er, wird Mayer-Vorfelder nun wacher, bald pathetisch, als Student auf einem Schwarzweißfernseher in einer Wirtschaft verfolgt. Das könne man sich heute gar nicht mehr vorstellen, kann man aber dank Leo Kirch natürlich schon. Weiter: Ohne Ungarns Hilfe wäre die Mauer nicht oder später gefallen – und, Mayer-Vorfelder nimmt die zuvor durchgegangene Liste hervor, sieben Spieler aus dem heutigen Aufgebot wären dann nicht dabei. Rudi Völler sagt ein paar Wörter wie topfit und happy und betont, es handle sich bei diesem denkbar egalen Freundschaftsspiel um eine bedeutende Standortbestimmung.

2 Die Journalisten stehen mit ihrem Gepäck (Verhältnis Ausrüstung/Kleidung mit einem Soldatenrucksack vergleichbar) vor einem Condor-Schalter des Frankfurter Flughafens Schlange. Aufregung. Es sei, ist zu hören, im Training zu einer Auseinandersetzung zwischen den Nationalspielern Carsten Jancker und Jens Lehmann gekommen. Eine sehr gute Nachricht für die Journalisten bzw. überhaupt endlich eine Nachricht, da ja die Berichterstattung schon vor dem Spiel einzusetzen hat, die Pressekonferenz jedoch kaum etwas Berichtenswertes, Neues schon gar nicht, nicht mal die Aufstellung, ergeben hat, so ist es immer, nichts, außer zweier Mayer-Vorfelder-Bonmots zur aktuellen Diskussion um die samstägliche Fernsehberichterstattung (1. zu den versammelten, ihn fragenden Journalisten: „Das können Sie doch alles in den Zeitungen nachlesen." 2. „In Baden-Württemberg gab es auch mal eine große Debatte, als das Sandmännchen um 15 Minuten verlegt worden war, was daraufhin zurückgenommen werden musste"). Nun aber dies: Einen „schwulen Schnösel" habe der Jancker den Lehmann geschimpft, der mit „Gossenjunge" gekontert habe. Oder so ähnlich. Nein! Doch! Aber anders. Der eine hat gespuckt? Getreten? Wer? Was? Jeder weiß irgendwas, verschiedenste Versionen des Vorfalls geistern durch das Terminal, die Redaktionen werden angerufen oder melden sich selbst und fragen, was da los war, angeblich hat RTL alles gefilmt. „Der Carsten brennt", hat Völler abzuwiegeln versucht. Dann ist das Charter-Flugzeug, das Journalisten, Spieler und einen Verein namens „Freunde der Nationalmannschaft" gemeinsam nach Budapest befördert, einsteigebereit. Der Flugkapitän hat während seiner nicht kurzen Ansagen lästigerweise sehr, sehr gute Laune; der beste Witz während des Flugs aber kommt wie immer von den Stewardessen und heißt „Milder Hochlandkaffee aus Kolumbien".

3 Budapest. Das Quartier der Journalisten, ein komfortables Hotel direkt an der Donau, wird am Abend nach kurzem so genannten Sichfrischmachen sternförmig verlassen. Die Journalistenschar hat sich in vier Untergruppen diversifiziert, man kennt und mag oder hasst sich von zahlreichen ähnlichen gemeinsamen Ausflügen zuvor. Die Gruppenbildung erfolgt streng und schlüssig nach Arbeitgeber. Sie nennen einander: Die Boulevard-Jungs, Die Agenturen, Die Schönschreiber, Das Fernsehen. Zu den offiziellen Terminen dieser Reisen, also zu Pressekonferenzen, Training und Besichtigungen und schließlich dem Spiel, werden sie gemeinsam mit einem Bus gebracht, sie teilen sich die kurze Zeit des Einblicks, bekommen dieselben Informationen, Zitate und Fotomotive – und bedingt durch extreme Unterschiede in Auftrag, Arbeitsweise, Eleganz und Talent ist dieses identische Ausgangsmaterial den Text-Ergebnissen hinterher kaum anzumerken. Der Abend endet mit einer teilweisen Vermischung der vier Lager an der Hotelbar bei Bier und hinterher verfluchten Griffen in die Salzgebäckschalen. Man erzählt einander, was man in der letzten Woche wieder mit Calmund am Telefon erlebt hat, dass er einem – ganz privat mal zwischendurch – empfohlen habe, Bayer-Aktien zu kaufen, die gingen im Herbst nämlich todsicher sowas von durch die Decke. Allgemeiner Aufbruch nach ausführlichen Erörterungen über Leben und Werk Waldemar Hartmanns. (Unerreicht sein Minibarrechnungsrekord von 1000 Mark für drei Tage. Unfassbar seine Werbung für einen Wasserspenderhersteller mit dem Slogan „Der Waldemar, der Waldemar, der hat jetzt auch 'ne Aquabar".) Das lange Zusammensitzen der Journalisten ist weniger Alkoholismus als ein Nichtangriffspakt: So ist gewährleistet, dass nicht einer von ihnen noch heimlich lange Analysen und Kommentare verfasst. Wenn keiner was schreibt, ist auch nichts passiert, macht man sich keines Versäumnisses schuldig.

4 Pressekonferenz im Mannschaftshotel. Auf dem Podium heute Trainer Völler und die Spieler Kahn und Kehl. Auf der Brust wie auf den Taschen und dem Bus: der Mercedesstern. Nicht auszuschließen, dass der im Ausland mitunter für das Wappen der Nationalelf gehalten wird. Hinter dem Podium wieder die mit Fotos und Sponsorenlogos bedruckte Stellwand. Auch der letzte Mann der Nationalmannschaft hat verlässlich, dank Bandenbeschriftung sogar später im Stadion, noch etwas hinter sich stehen: Nutella.

Es wird nur kurz am Rand interessant, als Jancker auf dem Weg zum Speisesaal an den schon wieder wartenden, an den die ganze Reise, ach, das ganze Leben lang eigentlich ausschließlich wartenden Journalisten vorbeimuss und Überlegenheit auszustrahlen versucht, mit dem breitbeinigen Gang eines selbstgewissen Volltrottels. Falls sie eine wirklich gute Frage haben, zögern die Journalisten natürlich, diese während der Podiumsabspeisung vorzubringen und somit eventuell ja sogar eine gehaltvolle Antwort zu erhalten, diese aber damit auch den vielen Kollegen zu schenken. Also passen sie Oliver Kahn, Sebastian Kehl und Rudi Völler nach der Pressekonferenz ab, aber nur Kehl bleibt stehen, denn der ist noch nicht lange dabei. Und die, die keine gute Frage haben, haben ja wenigstens ein Mikrophon. Das Spiel sei eine total große Herausforderung, diktiert Kehl. Na ja, klar.

5 Zur gleichen Zeit im Restaurant „Monarchia“, Empfang und Mittagessen für die offiziellen Vertreter beider Verbände. Der Ungarische Fußballverband feiert seinen hundertsten Geburtstag, und Egidius Braun ist auch da. Aperitif im Garten: goldbehängte Frauen, altgediente Männer. Dieter Hoeneß, Ottmar Walter, Franz Beckenbauer. Der kommt gerade von der Eröffnung der Schalke-Arena und ist sehr angetan: „Eine super Atmosphäre, aber heiß wie in Afrika.“ Der Oberkellner spricht Passanten auf dem Bürgersteig an: „Sind Sie Deutsche? Der Kaiser ist da, kommen Sie rein!“ Vor dem Nachtisch lässt sich Beckenbauer geduldig von ehrfürchtigen Ungarn interviewen, die ihn bitten, sich neben ein an der Kaminzimmerwand hängendes Porträt von Kaiser Franz Josef I. zu stellen. Was ihm zu dem denn einfalle – und wie zu jedem Thema fällt Beckenbauer auch hierzu eine Menge ein. Eine ganze Menge. Plötzlich geht es um Benefiz-Golf-Turniere.

6 Népstadion, Training der deutschen Mannschaft. Dehnen, strecken, spielen, motiviert wirken, an Plastikflaschen nuckeln, mit Dr. Müller-Wohlfahrt den Oberschenkel abtasten. Heute dann mal nur auf den Rasen spucken. Einander nicht schwuler Schnösel nennen. Am Spielfeldrand macht Sepp Maier seine Witzchen, zieht

Leuten am Hemd, bayert sie voll. Verschenkt seine Handschuhe und setzt sich ausnahmsweise kein Markierungshütchen auf den Kopf. Ein ungarischer Journalist berichtet, die ganze Stadt sei voll mit Prostituierten, da am Sonntag der Große Preis von Ungarn stattfinde. Eine Strecke, die seinem Ferrari und ihm, dem deutschen Rennfahrer Michael Schumacher selbst, besonders liege, erklärte dieser tags zuvor einer Zeitung – der Hungaroring sei nämlich „wie Monaco ohne Häuser".

7 Ein Konferenzsaal im Journalistenquartier. Getränke, Kekse, Hotelnotizblöcke, keine Lust zu nichts, aber draußen ist es zu warm, also: alle da. Die drei Pressebeauftragten des DFB haben die Jour-

nalisten zu einem Austausch geladen, den sie Schnuppergespräch nennen. Es geht unter anderem um die Vor- und Nachteile der Verschickung von Unterlagen per Fax oder e-mail. Einerseits/andererseits/Bei uns zum Beispiel/Das hieße dann aber. Die Kekse sind ganz gut. „Schumi im Rudibett“, steht in der Zeitung, und in der Fußgängerzone verkauft jemand für 7500 Forint rote Mützen, der nicht den Eindruck erweckt, er beteilige Willy Weber an seinem Umsatz.

8 Das „Schönschreiber“ genannte Journalistengruppenviertel fährt auf der Margareteninsel mit einem Elektroauto im Kreis, guckt Frauen hinterher, pflügt Rosenbeete und rammt Langnese-Dreiräder, als sie der Anruf eines der Schnuppergesprächsleiter ereilt: Sepp Blatter gebe eine Pressekonferenz. Aus dem Viertel werden zwei Achtel. Beide erleben bis zum Spiel nichts.

9 Népstadion, vor dem Spiel. Die TV-Scheinwerfer ermöglichen es Dieter Kürten, den Sitz seiner Frisur zu überprüfen mit einem Blick auf die Glasscheibe, die das ZDF-Gesprächseckchen vom VIP-Büfett trennt. Er tut das viermal pro Minute, bessert mit den Fingern nach. Wolf Dieter Poschmann liest gelbe Karteikarten, lutscht Salmiakpastillen und räuspert sich, wendet sich dann an Kürten: „Dieter, wie viel Grad haben wir, 30?“ Denn Sportreporter verpflichten sich bei ihrer Vereidigung dazu, ihre Moderationen aus anderen Ländern mit einer Begrüßung in der betreffenden Landessprache, zumindest aber mit einer Anmerkung zum Wetter zu beginnen. Ja, sagt Kürten, bestimmt 30 Grad, mehr sogar, aber in Deutschland sei es heute genauso warm, mindestens, also sei das keine so aufregende Mitteilung.

Noch zehn, Achtung, Ruhe und bitte!, ruft der Regisseur.

In konzentrischen Kreisen laufen Kinder in verschiedenfarbigen

Trikots über das Spielfeld, ihnen folgen die Mannschaften, die Hymnen, das Spiel. Kurz vor der Halbzeit fliegt vom VIP-Balkon eine Orangensafttüte in die ZDF-Ecke, zerplatzt neben Kürten – Lederschuhe mit Fruchtfleisch. Klingt wie Condor-Nachtisch.

Vier zu eins führt die deutsche Mannschaft kurz vor Schluss, von der Pressetribüne aus dichten die beiden Reporter der *Bild*-Zeitung begeistert Jubel-Zeilen ins Telefon, im Kicker-Almanach haben sie nachgeschlagen, tatsächlich, der höchste Auswärtssieg seit soundso viel Jahren, da fällt das 4:2, und sie müssen schnell in Hamburg anrufen und umdichten, da trifft Bierhoff zum 5:2, Endstand, hallo Hamburg, also doch. Aus, aus, das Spiel ist aus.

Vim Vomland, *Bild*-Reporter-Legende und Tyrann der Intimität, der Christoph Daum in Florida aufspürte und wegen Fotoverbots aquarellieren ließ und kürzlich per Titelzeile bangte, der „XXL-Manager" Reiner Calmund würde sich zu Tode fressen, Vim Vomland also nimmt ein Janosch-Brillenetui und steckt es ein, halt, sagt sein junger, zur Formel-1-Berichterstattung angereister *Bild*-Kollege, das ist meins. Pardon, sagt Vim Vomland, aber meine Frau hat dasselbe. Das gleiche, wird er naseweis korrigiert.

10 Die deutschen Journalisten stehen vor einem Stahltor und werden nicht in den Kabinentrakt vorgelassen. Hilflos zeigen sie einem nicht gesprächsbereiten Zweimeterfünfzigschrank ihre laminierten Zugangsberechtigungen, hier, Presse, los! Nö. „Wir wollen Hans Dietrich Genscher als Vermittler!", ruft jemand. Das wird hier nichts, Vim Vomland rennt voraus, die anderen hinterdrein, was soll's, untereinander verhalten sie sich während der Arbeit recht solidarisch, nur die vom Fernsehen, die immer im Weg stehen, die Sicht nehmen, die Antworten klauen und einem ihre Kameras ins Gesicht knallen und mit einer Selbstverständlichkeit auf anderer Leute Füße rumlatschen, als seien diese Teil des Fußbodens, werden angerempelt

und ausgebremst, wo es geht. Nass geduschte Spielerköpfe sagen Sachen, verlässliche Zitatzapfsäulen wie Hoeneß und Mayer-Vorfelder stehen ebenfalls bereit, dann fährt der graue Bus ab, die Journalisten gehen zur Nachbesprechung an ihre Hotelbar, allein Vim Vomland muss noch ins Spielerhotel, Franz Beckenbauer zuhören, damit zwei Tage später die Kolumne „Franz schreibt in Bild" erscheinen kann.

11 Im Transferbus zum Flughafen, kurz nach Sonnenaufgang, hält es der Reiseleiter für eine gute Idee, ein paarmal pegelprüfend ins Busmikrophon zu pusten, um dann den übernächtigten Journalisten einige „die Eigenheiten der Ungarn aufs Korn nehmende Kurzgeschichten im Stil Ephraim Kishons" vorzulesen. Vielleicht, denken die Journalisten, vielleicht hat Lehmann Jancker auch provoziert. Der Reiseleiter überlebt schwer verletzt.

Ruhestand

Die Russen haben Manfred Krugs Fahrrad weggenommen, Onkel Walter, einst italienisches Findelkind, dann gewissenhafter Nazi, liegt verwundet unterm Krug'schen Weihnachtsbaum und bekommt ein Buch mit Fotos nackter Frauen geschenkt. So weit, so schön. Manfred Krug sichert den Text mit dem Dateinamen „Schöne Kindheit", so wird der erste Band seiner Autobiographie heißen, jeden Abend schreibt er „ein Seitchen". Drum herum lebt er zurückgezogen und zufrieden mit Ehefrau Ottilie in einem Dachgeschoss in Berlin-Charlottenburg, das er nur noch selten verlässt, derzeit sowieso nicht, wer Krug besuchen möchte, bekommt die Begründung dafür per lakonischem Fax mitgeteilt: „Fahrstuhl kaputt. 5. Stock. Herzlich: Krug." Schon in dieser Kürze klingt sie an und leuchtet auf, diese vergnügte Skepsis, das kopfschüttelnde Freundlichschimpfen der von ihm in Sternstunden serieller Fernsehunterhaltung verkörperten Charaktere. Die Einladung ist formuliert wie eine

Ausladung, herzlich zurückhaltend geht es im Wesentlichen darum, in Ruhe gelassen zu werden. Andere Schauspieler lassen sich mit Wonne täglich beim Gemüseputzen oder Kinderkriegen fotografieren, Krug hat die Teilnahme an diesem Affentheater vor 20 Jahren aufgegeben, hat sich auf Singen, Spielen, Schreiben konzentriert und hegt wohlbegründetes Misstrauen gegen „die Presseheinis". Die Laune der Heinis bessert solch Insistieren auf Unabhängigkeit nicht gerade, und mit lärmigen Attacken versuchten sie immer wieder, den unbeugsam Eigenbrötelnden umzustimmen. Krug rächte sich souverän, indem er regelmäßig Witze über die *Bild*-Zeitung in seine Tatort-Texte einbaute.

Die Hauptbeschäftigung des Fastrentners ist es, ein paar Kilogramm abzunehmen. Hinterm Schreibtisch steht ein Hometrainer, überall in der Wohnung sind Erinnerungszettel mit der Aufschrift „FETT!" angebracht, vor allem in der Küche. In Unterhemd und Shorts wandert Krug umher zwischen Schreibtisch, Balkon und Küche, Halt! Fett!, also zurück an den Schreibtisch. Unten tobt Berlin, und Krug verlangsamt den eigenen Betrieb systematisch, summt, guckt, sinniert und flirtet mit Ottilie.

Der Erdbeerkuchen vor Manfred Krug hat eine überdurchschnittliche Tellerverweildauer, fast zwei Stunden lang bietet er Wespen eine attraktive Landemöglichkeit, jedoch nicht, weil Krug die selbstmaßregelnden Warnzettel zu ernst nimmt, „sondern weil ich grad vorher noch eine Riesenwurststulle hatte". Nun eine Zigarre, tennisbesockte Füße auf den Korbstuhl – und dann erzählt er Geschichten. So pointiert, charmant und unterhaltsam, dass man die Buchveröffentlichung gar nicht abwarten, sondern einfach nie wieder hinunter ins Erdgeschoss möchte, wo die presslufthämmernde, hysterische Hauptstadt und ihr blindwütig vorwärtspreschendes Personal die Atemluft minimieren. Oben bei Krugs ist es ruhig, „ab und zu fliege ich mit meinen Enkeln nach Afrika, dazu müssen wir das Sofa nicht verlassen, nur die Augen schließen". Die Wohnung ist durch eine Alarmanlage mit Wachdienstanschluss gut gesichert, anders als in der Fernsehwerbung hat Manfred Krug kein Telefon, nur ein Fax, aus dem hin und wieder das „Hallo? Hallo?" eines Störenfrieds bettelt. Krug steht daneben, grüßt amüsiert zurück, hallo!, drückt die Stoptaste und setzt sich wieder an den Computer. Den nutzt er lediglich als komfortable Schreibmaschine, Krug mailt nicht, surft nicht; am meisten Freude bereitet ihm die Wortsuchfunktion: „Onkel Julius" gibt er ein und kann den gerade erhaschten Erinnerungszipfel passgenau einweben, dann schlurft er zurück zur Erdbeerkuchenruine.

Wenn der Computer mal nicht will, kontaktiert Krug Felix, den „Sohn der Familie Möse, schöner Name, was?". So plaudert Krug. Seine Menschenliebe und -kenntnis kehren die Versehrtheit, das Krummnasige, Komischnamige eines jeden um in etwas Liebenswertes, ohne die Basistragik jeder Existenz zu verniedlichen.

Das deutsche Spießertum verkörpert Krug selbst dabei mit solcher Konsequenz, dass es ihm rein gar nichts anhaben kann: Unterm Korbstuhl steht ein kleiner Gartenzwerg, Besuch wird im Unterhemd empfangen, und doch bezweifelt man keine Sekunde, gerade einem der angenehmsten, elegantesten und klügsten Bundesbürger gegenüberzusitzen. Es ist nur so: Die Welt, sie kann Manfred Krug mal, das konnte sie im Übrigen immer schon, passend dazu, das erzählt Krug gern, kam er als „Steißlage" zur Welt, also mit dem Hintern zuerst. Mitmachen war ihm nie geheuer, er ist aus der DDR „abgehauen", ist aber auch dem Westen dann nicht auf den Leim gegangen.

In der Zeitung hat er gelesen, dass es derzeit modern ist, in Plattenbauten zu leben. Darüber muss er sehr lachen. Von seinem 5. Stock aus sieht alles ein bisschen lustig aus. Nicht lächerlich, bloß lustig. Seinetwegen müssen sie den Fahrstuhl nicht reparieren.

Gastronomie

Das letzte Krabbenbrötchen meines Lebens schmeckte vorzüglich. Ich aß es an einem Donnerstagabend an der nördlichsten Fischbude Deutschlands, also bei Gosch in List auf Sylt. Am nächsten Morgen um 7:00 Uhr sollte mein dreitägiger Hospitanten-Dienst bei Gosch beginnen, ich war gerade angekommen, hatte ein schäbiges Lohnarbeiterzimmer in einer goschnahen Pension angemietet und wollte noch einmal auf der anderen Seite der Theke stehen, erstens aus Recherchegründen, zweitens hatte ich Hunger. Und drittens wusste ich noch nicht, was ich nun weiß.

In gekrümmter Fischbrötchenesshaltung ließ ich also die beim Brötchenbiss planmäßig aus den Brötchenseiten herausquellenden violettrosa Nordseekrabben und die schweinchenrosa Hummersauce zu Boden gehen, kaute hastig den süß-salzigen Brei, trank ein Bier, hörte Möwen und Syltvolk, Fett zischte, Gläser klirrten, die Sonne sank in die Nordsee, und ich erlag der Jeverreklamenromantik: Hafen, Kutter, Öljacken, Wind, kein anderes Bier, dazu Fisch im

Stehen. Natürlich glaubte ich, sie holen all den Fisch direkt hier aus dem Meer. Na gut, den Lachs wohl nicht, aber alles schmeckt so frisch, denkt man, bloß, weil der Verkaufsstand so meernah liegt. Man glaubt so was ja gerne, eine Tiefkühlpizza wird durch das Beiwort „Steinofen“ in den Rang der Frischware gehoben, vom Klang her, und was im Restaurant mit Kreide auf einer Tafel angeboten wird, kommt in die engere Wahl des Gastes, weil es doch so frisch ist, denkt er, Angebot nach Marktlage eben, man glaubt ja auch, im Fernsehen singen sie live, wenn da bloß ein Mikrophon vor den Akteuren steht. Kein Zufall, dass man bei Playbackauftritten das zum Dargestellten Eingespielte „Musik aus der Konserve“ nennt.

Ich bestellte noch ein Bier, stand mit den Urlaubern um den Bestelltresen herum, fand mit denen, es ginge alles viel zu langsam, da hinterm Tresen, obwohl wir doch sahen, wie hektisch die Menschen dort herumhüpften. Das dauert vielleicht, ja, meins, hier, danke, Besteck nehme ich mir selbst, stimmt so, wurde auch Zeit.

Am nächsten Morgen um 7:00 Uhr werde ich kurz durch das Sylter Zentrallager geführt, von dem aus die Gosch-Filialen der Insel beliefert werden. Man zeigt mir die in Tablettregalen auftauenden Shrimps, die sich gerade in einem unansehnlichen Zwischenstadium befinden, triefnasse graue Matschblöcke, daneben das eingebeutelte Krebsfleisch; dort dies, hier jenes – ich kann mir kaum was merken, bloß, dass das einst sehr teure Krebsfleisch immer billiger und beliebter, dafür aber die Shrimps bald unbezahlbar werden. Ich bekomme einen Goschkittel mit eingesticktem Logo-Hummer und eine rote Schürze, und es geht los.

An einem Hebelkorkenzieher stehend entkorkt jemand einige Hundert Weinflaschen. Der Korken wird nicht vollständig gezogen, aber nach dieser Halböffnung können die Flaschen später von den Servierkräften per Hand geöffnet werden, das spart Zeit, denn an der Theke ist es wahnsinnig hektisch, erklärt mein Kollege.

Ich versuche, ihm zu helfen, seine Handgriffe zu imitieren, über Fehler den Vorgang zu verstehen, mir dann eigene Erleichterungstricks auszudenken, wie man eben Sachen lernt. Sie behandeln mich gut hier, jeder hat mal so blöd angefangen, wusste nichts, kannte nichts, machte Fehler; geduldig erklären sie einem die paar Handgriffe, bis man die beherrscht, ist die Arbeit halbwegs interessant, danach wird es stumpf, gut zum Nachdenken, sagt einer, er kommt aus Polen und hat dort Ärger mit seiner Freundin, deshalb sei der Job im Moment genau richtig für ihn, sagt er.

Jemand kommt herein und schreit, wir sollen leiser sein mit den Flaschen, wenigstens bis 8:00 Uhr, der Nachbar würde sich sonst beschweren. Er geht wieder raus, wir gucken uns an, haben zusammen Ärger gekriegt, sind also jetzt ein Team, lachen, heben die Augenbrauen, wiegen die Köpfe, machen weiter, ein bisschen leiser, kleben ein neues Bestellfax an die Kühlraumtür und arbeiten es ab. Das Entkorken geht mir inzwischen gut von der Hand, zack, zack, nächster Karton, ich renne zum Kühlraum, neue Kartons holen, als ungelernte Hilfskraft will ich wenigstens eifrig wirken, den Betrieb nicht übermäßig aufhalten, da fasst mein Kollege mich entschieden am Kittel: „Nicht rennen, bist du verrückt?" Wir gehen in den großen Raum, in dem Meeresgetier in allen Formen, für Grill, Topf oder Pfanne vorbereitet wird: aufgespießt, aufgetaut, gehobelt, paniert, eingeölt und so weiter. Wir trinken einen Kaffee, es riecht nach geseiften Fliesen und Fischblut, mir ist übel, ich bin schon ziemlich erledigt vom Weinöffnen, es ist noch nicht mal acht.

Als Nächstes zeigt mir der über die Liebe nachdenkende Pole, wie man Krebsfleisch in eine servierbare Form bringt: Je zwölf Plastikbeutel müssen aufgeschlitzt und in eine Kunststoffwanne mit Siebwänden geleert werden, dann wird eine Plastikplane, ein Müllbeutel wohl, darauf ausgebreitet, man stellt sich in die Wanne und stampft wie eine Weintreterin fröhlich auf dem mit Folie geschützten Gewürm herum, um das Transportwasser aus dem Fleisch zu treiben, dann geht es später am Grill schneller. Bei jedem Tritt quillt rötliche Flüssigkeit aus den durchlässigen Wannenwänden, die Wanne kippelt gehörig, man muss sich an der Shrimpspresse festhalten, sonst fliegt man ins Waschbecken. Zu zweit heben wir dann die Wanne mit dem ausgepressten Krebsfleisch hoch, schütten sie in einen anderen Trog, pulvern exakt 2,2 kg Würzmischung drauf und wühlen mit Gummihandschuhen darin herum, dass es sich untermischt, die dabei aufsteigenden Gewürzpulverwolken beißen in der Nase, ich muss achtgeben, nicht in die Kadaverwanne zu niesen, kann es unterdrücken und fülle dann, wie man es mir gezeigt hat, zweieinhalb Schaufeln des nun gewürzten Krebsfleisches in Plastiktüten, lege die in eine Vakuumpresse – und fertig. Später wird es jemand essen. Die nächsten zwölf Tüten.

Neben mir steht plötzlich einer ohne Schürze, das heißt wahrscheinlich: in gehobener Position, er guckt mir zu, ich werde nervös, ein paar Würmchen fliegen neben die Wanne, ich stelle schnell meinen Fuß daneben, damit er DIE WARE (so sagt man zu all den Lebensmitteln hier) auf dem Boden nicht sieht. Ich kenne die Regeln nicht, weiß nicht, was mehr Ärger nach sich zieht, fahrlässige Krebsfleischverschwendung oder unhygienische Weiterverwendung der auf den Boden gefallenen Ware, deshalb schiebe ich das Zeug mit dem Schuh ganz an die Wanne, greife es dann unauffällig beim Bücken nach einem weiteren Beutel und mische es unbemerkt unter. Während dieser heiklen Operation redet der Mann fortlaufend, fragt mich, ob ich wisse, was ich da bearbeite, jawohl, sage ich, Krebsfleisch, das war ja früher so teuer, wird nun immer billiger, dafür ziehen die Shrimps unheimlich an, die ja in Vietnam gezüchtet werden – er nickt anerkennend, sieh mal an, sagt er, da hat ja jemand Ahnung, ich lächele, er lächelt, die Kollegen denken wahrscheinlich, ich sei ein Arschloch, das Radio war aber laut genug, es ist halb neun.

Der schürzenlose Mann nimmt ein Stück gewürztes Krebsfleisch aus der Wanne und beißt rein, kaut, ich schlitze neue Beutel auf, wie herum hatte ich eben noch mal die Plastikplane aufgelegt, keine Ahnung, gut möglich, dass die eben mit den Schuhen betretene Seite nun auf dem Fleisch liegt, und zum Takt eines Radioliedes verlagere ich mit einer mir effizient erscheinenden Wipptechnik mein Gewicht auf dem toten Getier, rhythmisch quietscht verdünntes Blut aus den Wannenseiten, ich halte die Balance. Der Mann ohne Schürze sagt zu einem Kollegen, das Fleisch sei etwas überwürzt,

nicht unsere Schuld, doch werde im Herkunftsland ein wasserbindender Stoff beigemischt, um das Gewicht und damit den Erlös zu steigern, früher war es Phosphat, das sei nun verboten, aber die Lieferanten nähmen dann eben eine andere, noch nicht verbotene Substanz, und die in der gerade probierten Lieferung enthaltene sei offenbar so salzig, dass man etwas weniger Würzmischung als gewohnt verwenden solle. Der Kollege beißt ebenfalls in ein Krebsstück, nickt und wirft das angebissene Tier zurück in die Wanne. Ich habe wieder eine Ladung fertig, nehme mir einen Kaffee, daneben liegt eine Schachtel Kekse, ich reiße sie auf, jemand am Herd ruft, das seien „Privatkekse", ich entschuldige mich, lege sie zurück, er sagt, nun sei es egal. Blamiert fliehe ich in den Personalraum und verschnaufe neben einem Gummibaum. Draußen Sylt, der Tag beginnt, sieht schön aus, mir egal, ich hab zu tun. Neben den Schließfächern stehen CD-Kartons, auf den CD-Hüllen ist ein Mann mit weißem Bart und weißem Gosch-Kittel abgebildet: „Jürgen Gosch, 'n Sylter Jung – Lieder aus der alten Bootshalle".

Auf dem Flur wird vorgesetzt geschrien, ich laufe hin, bei jedem lauten Ton fühle ich mich gemeint, hier bin ich. Ein weißer Gosch-Lieferwagen ist vorgefahren, ein dicker schwitzender Mann steigt aus und redet vor sich hin, das einzige verständliche Wort ist „Scheiße". Das sagt er mehrmals pro Satz. Dabei deutet er mit seinen behaarten Armen auf mich, auf den Wagen, auf die Müllcontainer am gegenüberliegenden Straßenrand, Scheiße, also räumen wir den Wagen aus, Scheiße, Papier, Glas, Pappe, Speisereste, Scheiße, Wagen leer. Wir beladen ihn mit frischem Zeug, mit Wein, Krabben, Pfeffermakrelen, Bratheringen, Filets, Spießen, Soßen, Muscheln – der ganzen Scheiße halt. Damit geht es zu einer Filiale, Sylt fliegt an uns vorbei, der Blick vertunnelt sich, kennt nur noch das Ziel, Kampen verflüchtigt sich in unseren Augenwinkeln, das wunderschöne Kampen, wir heizen einfach durch, wir bringen den

Fisch, Kampen unterscheidet aus unserer Perspektive nichts von Schlumpfhausen, mit unserem Stundenlohn dürfen wir hier nicht mal aussteigen, Scheiße, am Zielort versperrrt ein Biertransporter die Zufahrt, doppelt Scheiße, wir tragen die Eimer und Kisten, die sind scheißeschwer, schneiden in die Hände. Eisessende Urlauber gucken uns interessiert zu, erwachsene Männer tragen metergroßes Gummigetier hinter ihren hochbezahlten Kindern her und geben sich für 14 Tage mal interessiert und zugewandt, wir bringen nur den Fisch, Scheiße, hallo, wir sind es, die gut gelaunten Jungs von Gosch, mit unseren Kitteln und DER WARE sind wir die Maskottchen des Syltgefühls.

Wo ist die Seezunge?, fragt uns der belieferte Koch, ja, die Seezunge, Scheiße, da irgendwo im Styroporsarg. Wir fahren zurück, da stehen neue Kisten und Eimer, die Scheiße geht von vorne los, außer Scheiße sagen wir nicht viel bei der Arbeit, nur als ich mich in den Feierabend verabschiede, informiert mein Kollege, es gebe einen Puff in Wenningstedt. Gefragt hatte ich nicht. Ich stinke nach Fisch, esse ein Hähnchen, nie wieder Fisch (Oskar Lafontaine wählt ja wahrscheinlich auch nicht mehr SPD, und Berti Vogts wird Rudi Völler nicht uneingeschränkt die Daumen drücken), und lege mich schlafen.

Am nächsten Tag werde ich im „Kundenbereich“ eingesetzt, im Lister Hafen, abends wird dort ein Fest stattfinden, weil Herr Gosch, unser Chef, zum „Wirt des Jahres“ gewählt worden ist. Von wem, kann mir keiner meiner Kollegen sagen. Ich kriege ein neues T-Shirt („Matjesfestival 1999“ steht drauf), eine saubere Schürze und eine Plastikwanne, mit der ich dann durch die Bankreihen gehe und leeres Geschirr hinein einsammele. Die Essenden sind zumeist freundlich, sie nennen mich Junge, ich dienere, wenn sie ihre Teller einen Zentimeter hoch mir entgegenheben, Danke, vielen Dank, ich mach das, lassen Sie nur. Die Wanne trage ich hinters Haus, zum

Kücheneingang, wo es eng ist und heiß und laut. Die Speisereste werden in den so genannten Schweineeimer ausgeleert, ein Blick in das mayonnaisige Gewühl, in dem Fisch, Salat und Brötchen eins werden – und man ist satt für Stunden.

Das dreckige Geschirr wird abgeduscht und auf ein Schiebegestell geordnet, in die Spülmaschine geschoben, nach ein paar Minuten erlischt das Kontrolllämpchen, man öffnet die Maschine, eine Dampfwolke nimmt einem den Atem, das Geschirr ist so heiß, dass es mir erst die Finger verbrennt und dann von selbst trocknet, man stapelt es, dann wird es nach vorne gebracht und wieder mit Essen behäuft. Kurz danach gehe ich es wieder einsammeln, kratze die Reste in den Schweineeimer und so weiter. Es gibt circa 30 verschiedene Gläser, alle müssen in verschiedene Regale, vorne schreien sie schon nach neuen Gläsern, aber nach welchen – ich gehe lieber wieder Geschirr einsammeln und mich Junge nennen lassen beziehungsweise Hey. So nennt mich jetzt ein weißbärtiger Mann, HEY!, schreit er und meint mich, mich und zwei Kollegen, wir eilen dorthin, er sieht aus wie der Mann auf den CD-Hüllen im Personalraum, das muss Jürgen Gosch sein. Wir sollen mehr Bänke und Tische aufstellen, befiehlt der kluge Geschäftsmann, wir nicken, rennen zum Lieferwagen, holen aus einem Lager mehr Bänke und Tische, rasen zurück zum Hafen, wo ein anderer Befehlshaber, nicht Herr Gosch, uns zeigt, in welcher Anordnung Tische und Bänke auf dem Hafenplatz zu verteilen sind, wir stellen sie genau so auf, da kommt der Wirt des Jahres wieder angelaufen, ruft NEIN!, NEIN!, NEIN!, SO!, SO!, SO!, also machen wir es so, so, so, aber das ist natürlich auch wieder komplett verkehrt, wie können wir nur so begriffsstutzig sein, gleichmütig verinnerlichen wir die neuerliche, lautstark formulierte Anordnung, machen uns wieder an die Arbeit, auch wieder falsch, Himmelherrgott!

Meine beiden Kollegen sprechen kaum Deutsch, Jürgen Gosch inzwischen auch nicht mehr, es kommen nur noch cholerische Geräusche aus ihm heraus, er herrscht mich an, weil ich die Bänke nicht exakt parallel zur Transportertür auf den Boden lege, bevor ich sie weiterschleppe, sondern beiseite, damit die Kollegen nicht stolpern, wenn sie aus dem Auto steigen, mit weiteren Bänken in der Hand, Herr Gosch, Sie können sich drauf verlassen, sage ich, wir bringen Tische und Bänke genau dorthin, wo Sie sie haben wollen, selbstverständlich, aber hier haben wir jetzt unser System zum Ausladen entwickelt, so geht es am sichersten und schnellsten, bitte, das müssen Sie uns zutrauen, wir tragen die Sachen ja auch weiter –

WEISST DU WAS, KERL? DU PACKST JETZT DEINE SACHEN, JETZT, SOFORT, LASS DICH HIER NIE WIEDER BLICKEN!

Aber Herr Gosch, hören Sie, ich meine doch nur –

ES REICHT, ZIEH DIE SCHÜRZE AUS!

Ich lege die zwei Bierbänke, die ich noch in den Händen trug, auf den Boden und gucke in Herrn Goschs Gesicht, das inzwischen die Farbe eines heißgeräucherten Stremellaches angenommen hat: Er brüllt, spuckt, jagt mich quer über den Platz. EINE UNVERSCHÄMTHEIT, krakeelt der Wirt des Jahres, ZIEH MEINE SACHEN AUS.

Am Kücheneingang bleiben wir stehen, ich ziehe die firmeneigene Schürze und das T-Shirt aus (LEG DAS ORDENTLICH HIN, DA, DU!), stehe halbnackt vor dem schreienden Wirt des Jahres, zwischen uns nur noch der Schweineeimer.

Ich laufe weg, laufe, so schnell ich kann, das Brüllen wird leiser, am Strand ziehe ich meine Schuhe aus, laufe barfuß im Sand weiter und entdecke im Sohlenprofil meiner Schuhe ein eingeklemmtes Stück Krebsfleisch. Salzig, viel zu salzig.

Bundesverdienstkreuz

Wenn statt einem selbst das Land darauf stolz ist, dass einer Deutscher ist, geht das in Ordnung und heißt Bundesverdienstkreuz. Diesmal ist Marius Müller-Westernhagen fällig. „Wenn der das erhält, dann komm' ich", soll Gerhard Männerfreundschaft Schröder einmal gesagt haben, und das klingt sehr authentisch. Ortstermin im Hamburger Rathaus.

Vor der Preisverleihung noch schnell die Reiskasteiung: Ein gerade 30 Jahre alt gewordener Depp ist weniger für bisheriges Nichtheiraten zu bedauern als für seine sich so nennenden Freunde, die wie so viele Menschen beim trübtassigen Tradieren läppischer Rituale lachen, fotografieren und alles, alles übertreiben, damit es auch ja noch als huhu-ironisch durchgehen kann. Doch plötzlich wird die Reihenendhausnormalität jäh unterbrochen: Limousinen, Polizei, fremd gehaltene Regenschirme über Menschen mit deutlich mehr Eheerfahrung: Schröder-Köpf, Schröder-Kanzler (Träger des Großen Kreuzes), Becker-Boris (Träger des Silbernen Lorbeerblattes), Flimm-Jürgen (Bundesverdienstkreuz-Träger 1. Klasse). Und schließlich der Preisträger selbst nebst Gattin. Die begleitenden Frauen stehen rum und filmen oder werfen ihre Haare durch die Luft, ihre Siegelringmänner tauschen Halsküsse.

MMW Hey, schöner Anzug.

BB Ich wollte in Jeans kommen, aber das passt irgendwie nicht.

MMW Bist du auch erkältet?

BB Nein, das ist jetzt neuerdings meine Stimme.

Schröder Doris? Kommst du mal?

Doris kommt. Und Hamburgs Erster Bürgermeister, Ortwin Runde (Ehrenbürger von Valparaiso/Chile), die menschgewordene Hausratversicherung, leider auch, der stört die Fotografen, indem er zwischen Schröder und Westernhagen steht, aber er muss ja gerade mal was sagen, wegen des Geehrten Lebensmittelpunkts Hamburch, bitte. Danke. Dann, die eigene Pellkartoffelrhetorik fast schon karikierend, Schröder als intimer Kenner des der Ehrung zugrunde liegenden Werkes:

Wie er weiß ich, wo ich herkomme und deshalb auch, wo ich hingehe/Platinplatten so sicher wie das viel gerühmte Amen in der Kirche/Wie die legendären Rolling Stones/Die Frau an seiner Seite, wie man so schön sacht/Lebensgefühl einer Generation/Und ich glaub', das stimmt/Die elegische Säuferballade „Johnny Walker“, long time ago/Geradezu traumhafte Erfolchsschtorie/Aber das darf man sich nicht so einfach machen/Ergebnis harter Arbeit/Handwerkliches Können und Authenzität (sagt Schröder immer so, ohne ti: neue Wortmitte), Authenzität im Schtiehl.

Muss man wirklich sagen. Nun geht es um Gemeinsamkeiten – näch, das ist dir, lieber Marius, vielleicht auch nicht so bewusst –, schwere Kindheit, tolle Mutter usw.

Der einst so genannte Brionikanzler kritisiert die Bezeichnung Armanirocker und immer so weiter. Die interessanteste Gemein-

samkeit dieser beiden Deutschlandleuchten indessen vergisst er zu erwähnen: Jörg Fauser hat 1985 über beide geschrieben: Im *Stern* anlässlich der Verfilmung seines Romans „Der Schneemann“ mit Westernhagen als Hauptdarsteller und in *lui* über Schröder im, wo sonst, Wahlkampf. „Im Nu hat Schröder den Saal im Griff“, heißt es dort; schon damals hieß Schröder-Wahlkampf zuallererst: „Noch ein Pils an der Theke, letzte Überzeugungsarbeit.“ Schröders nicht gar so elegisches, Stefan Raab natürlich anzukreidendes Sauflied („Hol mir mal ne Flasche Bier/Sonst streik ich hier“) ist so long noch nicht ago. Und Westernhagen ist immer noch der exzellente Schauspieler, der schon Fauser begeisterte – jetzt zum Beispiel blickt er täuschend echt gerührt, als Schröder gerade die misslungene, obendrein wenig schmeichelnde Analyse in den Plüschsaal hineinpressspricht, Westernhagens Spätwerk sei im Vergleich zu früheren Arbeiten „eher pragamatisch und noch intensiver“. Wer sonst die Scorpions hört, darf so argumentieren. Apropos, moment of glory, aber nein: Herr Runde schon wieder: Ja, jetzt darf ich dann die Verleihungsurkunde – äh, ja, gewiss.

Der etwas zu stark geschminkte Boris Becker steht mit Frau Kanzler am Spielfeldrand, den Kopf im Nacken, als wolle er gleich mit der Nationalhymne loslegen. Schöner wäre eine ältere Westernhagen-Komposition: Und es singt der Chor der Blöden/Der schon immer war zu laut.

Hallelujah! (So hieß die LP.)

Denn nun lobt Schröder so überakzentuiert, als müsse er in Stuttgart VWs verkaufen, die zahlreichen Verdienste im Bereich Gratisbekenntnis des unerschrockenen Gerechtigkeitskämpfers Westernhagen. Sogar noch bedeutender als das Wichtigwichtige mit ihm, Schröder, und Jürgen Flimm in einem Hotelkonferenzsaal am Tisch sitzen und dort über Land, Leute und das ganze Zeug Kalendersprüche austauschen, bis endlich der Fotograf kommt, war da offenbar Westernhagens Gruppenplakat mit Becker und Gottschalk. Schröder erinnert sich gern und gut an diesen Akt beispielloser Zivilcourage. Für den moralisch agitierten Endverbraucher war damals nicht ganz so klar ersichtlich, dass es ausnahmsweise mal nicht um Gummibärchen, die Post, das Internet oder Nutella ging – sondern um, so Schröder, „mehr Toleranz, Weltoffenheit und Menschenwürde in unserem Land".

Draußen ist es grau, ich sitz mit dir hier blau. Sonst streik ich hier.

Es ist ein Kreuz. Sie haben es sich verdient.

CDU
100% Berlin

Wahlkampf

Frau Diepgen hat einen Topfkuchen gebacken. Den nimmt ein Mitarbeiter, der den Regierenden Chef nennt, dankend mit in den Bus, den die Partei Ebi-Mobil nennt, und dann geht es zum 12. Wein- und Winzerfest in der Lichtenrader Bahnhofstraße, was man Wahlkampf nennt, und schon nach zwei Minuten Fahrt fragt der Mitarbeiter: „Stück Kuchen, Chef?“ Das nennt man fürsorgliche Belagerung.

Der Chef mag aber zunächst keinen Kuchen. Er blättert ein wenig in einer hellblauen Mappe mit der Aufschrift „Reden“. Dabei spricht er mit seinen Mitarbeitern, es ist kein intensives Gespräch, eher ein abhakendes Nuscheln, ein Informationsabgleich: Was die Zeitungen sagen (nicht viel, auf jeden Fall zu wenig über die gestrige Plakatpräsentation, „Nachrichtenunterdrückung“, scherzt der Mann der Kuchenbäckerin), wie es mit dem Ebilosen Mobil morgens in Hohenschönhausen war (mäßig besucht, aber vor Ort waren alle sehr bemüht, allerdings fiel der Strom aus), was der Herr

Ebi selbst derweil im Heimatmuseum Marzahn erlebt und erfahren hat (die Mühle dort ist in Gebrauch) und welche Abenteuer dem Wahlkampfbus an seinem nächsten Parkplatz bevorstehen (nämliches Winzerfest, eventuell eine Bürgerinitiative). Natürlich auch, was man heute geschlossen der Hertha drückt – die Daumen, was sonst. Obgleich es aufgrund der Sonneneinstrahlung nicht gut riecht im Ebi-Mobil – der Nachteil einer Bordtoilette, wissen Caravan-Erfahrene –, ist die Stimmung ausgezeichnet. Der Bus war schon in diversen Bundesländern im Einsatz, im Wahlkampf und bei Messen, und nun also in Berlin, die Beschriftungsfolie lässt sich spurlos austauschen. Die Einrichtung würde ein Autoverkäufer als luxuriös bezeichnen, ein Autokäufer eher als funktional. Hinten gibt es eine Sitzecke, in der Mitte eine Mikrowelle, zur Bürgerinformation natürlich einen Bildschirm, der aus dem Fenster heraus Wahlspots abfeuert oder zum Internet-Gebrauch lädt. WWWahlkampf.de, wie gesagt. Weiter vorne befindet sich eine weitere Sitzecke, weil Caravankonstrukteure glauben, dass Reisende dauernd beieinandersitzen und die Knie aneinanderreiben wollen, denn eng ist es natürlich schon, nicht zuletzt wegen all der Sitzgruppen.

„Wieder einmal steht die Bahnhofsstraße unter Dampf", hat Diepgens Redenschreiber gedichtet. Die Reden-Mappe wird zugeklappt, das „Thema Dresdner Bahn" erörtert, die Sorge der Bürger um nicht ausreichenden Schallschutz zweier neuer, geplanter Fernbahngleise durch Lichtenrade, die eventuelle Präsenz der Initiative und deren mögliche Auswirkungen auf die Bürgerlaune. Von selbst nicht ansprechen, das Thema, allenfalls reagieren, sagt ein Berater. Gilt auch für die B 96 und den Flughafen. Aber keine Sorge, bei dem Wetter seien die Leute „innerhalb kürzester Zeit hackedicht", und außerdem sei der Zielort „sowieso Hochburg". Sich bloß nicht thematisch aufdrängen, um Himmels willen niemanden langweilen, einfach da sein und mitmachen, was immer auf dem Plan steht, draußen, wie es heißt, vor Ort, beim Wähler. Diepgen wechselt die Sitzgruppe und winkt nun vom Beifahrersitz aus Winkenden zurück, die angesichts des klobigen Gefährts freundlich „Diepgen“ oder „CDU“ rufen. Hochburg. Anstoß bei Hertha, Ankunft in der Bahnhofstraße, die Frisur sitzt.

Der Festordnungspunkt „15 Uhr Musik und gute Laune“ wird abgearbeitet, eine Tiroler Musikzwangsläufigkeit frohsinnt nach Kräften, dann wird gegrußwortet, Wettergott hat mitgespielt, anders als im letzten Jahr. Einzelhandel zeigt Flagge, freuen wir uns, die Weinkönigin ist da und willkommen. Herr Regierender Bürgermeister Diepgen! Über der Bühne ist ein Schild mit der Aufschrift „feeling“ angebracht. Auf der Bühne steht Eberhard Diepgen und dankt, grüßt, winkt, touchiert den Themenkomplex Dresdner Bahn effektiv mit einem nicht gerade kostenintensiven Müntefering-Witz, erinnert taktisch gewieft an all die vorangegangenen Feste, solches schmeichelt dem Publikum, das sich wie er (und sein Vorredner) natürlich auch erinnert, beispielsweise ans letzte Jahr, als es so geregnet hat, heute aber gibt es ja Sonnenschein, was an der Berliner Politik liegt, dies ist meine einzige Anmerkung zum 10. Oktober, das Fest ist hiermit eröffnet. Anstoß auch hier, Prost.

Vorbei an den Ständen „Frank's Baked Potates“ oder „Original Winzersekt – der Schwips wird zum Erlebnis“ durchquert Diepgen das Straßenfest. Wo ist dein Jackett, Ebi? Schultheisst ein wurstessender Hauptstadt-Randbezirks-Darsteller, woraufhin Diepgen augenzwinkernd die Schultern hebt – gen Himmel deutet – die Sonne. Schönen Tag noch, auch so. Weiter. Der Bezirksbürgermeister, mit Jackett, ist stolz wie ein Kind, das seinem Vater eine geglückte Klassenarbeit vorlegt, hier haben wir die Vertretung der Sächsischen Weinstraße, und dirigiert von einem Ausschank zum nächsten. Noch einen Probierschluck Rheinhessen, einen Spätburgunder, und, na gut, noch einen Pfälzer, aber nur einen Fingerbreit.

Den Rest könne er ja stehen lassen, wird ihm flehentlich ein weiteres Glas, ein Frankenwein, angereicht, gewiss, das aber täte ihm immer weh, bekennt der regierende Hertha-Fan, schließlich sei er in den 50er-Jahren aufgewachsen.

Wahlkampf: Winter- und Bürgerhände schütteln, dies probieren, das angucken, fragen, wie die Geschäfte laufen, Servietten, Broschüren, Hertha-Trikots, einfach alles, was einem hingehalten wird, signierend. Einzelgespräche so gestalten, dass einem hinterher, trotz Zeitknappheit, die Betragennote „zum Anfassen" zuerkannt wird, nachdenklich die Stirn runzeln und Problemernstnehm-Nachfragen stellen (Was haben Sie für einen Betrieb? In welchem Krankenhaus liegt sie denn? Haben Sie es schon mal bei der Kreisverwaltung versucht? Schmeckt's?), einen „Kosmetik-Gutschein für die Frau Gemahlin" dankend einstecken, einen Zigarillo vom Bezirksbürgermeister rauchen und die Weinkönigin küssen – da rufen alle Oho. Durchaus passend in dem Zusammenhang Diepgens wohlmeinender Kopfhochrat an das frustrierte Personal des verwaisten „Reblaus in der Aue"-Stands: „Rangehen an die Leute!" Je bürgernäher es wird, fällt bei Diepgens Rangehen auf, desto berlinernder gerät seine Sprache. Man kennt derartiges umgebungsflexibles Verhalten aus Filmen von Heinz Sielmann.

Hertha liegt dramatisch zurück, meldet jemand, Diepgen guckt auf die Uhr und glaubt im Namen aller, dass noch nichts verloren sei. Dann wird es kurz inhaltlich: Am Stand der Bürgerinitiative gibt Diepgen bärtigen Männern recht, die bedauern, vielleicht nicht polemisch genug zu sein, um alle Bürger zu mobilisieren, aber das sei einfach nicht ihr Stil. Völlig richtig, sagt Diepgen, Typen wie ich, die das auch mitentscheiden, klappen bei Polemik gleich das Visier runter. Christdemokratisches Bodenpersonal verteilt Kugelschreiber und anderen Tand (die „blau-weiß statt rot-grün"-Aufkleber werden zurückgehalten für das Benefizfußballspiel anderntags), Diepgen kontert einen „Wird schon schiefgehen, Ebi"-Zuruf von „Käse Paul, Berlin" routiniert, na hoffentlich nicht, also schief, und Käse-Paul macht einen Momper-Witz; Hochburg, Heimspiel, Punktsieg in Lichtenrade – Debakel in Hamburg für Hertha. Da kann man verlieren, befindet Diepgen. Das findet die Weinkönigin auch. Zurück in seinem Mobil greift Herr Ebi wieder nach der Reden-Mappe und unterstreicht mit Filzstift die besonders wichtigen Wörter der nächsten Ansprachen. Kuchen jetzt: gerne.

Am nächsten Tag beim Benefizfußballspiel im Hertzberg-Stadion Neukölln wird Eberhard Diepgen in der zweiten Spielhälfte eingewechselt, mobil vom Kanzlerfest kommend, seine Mannschaft liegt 2:4 zurück, erreicht am Ende immerhin ein 5:5, und bei keinem Treffer stand er allzu weit entfernt, Diepgen rannte. Auf seinem Trikot wirbt eine Versicherung mit „Keine Bange", auf seinen Schuhen steht „Super Breitner" und auf der Tribüne für geladene Gäste Frau Diepgen, die winkend ruft: „Mensch, Ebi, kannst ruhig mal winken." In der nichtwinkenden Hand hält sie ein Kuchenpaket.

Homeshopping

Als alles nichts mehr nützte, die allein sinnstiftende Funktion des Konsums endgültig durch keinen Protest, keine Verzichtsbeschlüsse und keinen Appell mehr zu gefährden schien, da wurden die Einkaufskanäle erfunden. Seitdem gibt es wieder Hoffnung. Entweder die Menschen ersticken recht bald am Blödsinnkaufen – oder sie wachen auf und begreifen. Momentan helfen nicht mal gröbste Signale: Vor Kurzem hielt Günter Winter, Moderator beim Einkaufskanal HOT, ein Schmuckseminar – und der angereiste Blindenverein war angetan, berichtet er stolz. Ob er demnächst einem Lahmen Turnschuhe und einem Tauben eine CD-Schatulle mit sieben Kilogramm Oldiesondermüll andrehen wird?

Zwei Stunden lang saß Winter gerade auf einem Sofa und hielt Teddybären und Puppen im Arm, streichelte sie und pries ihre Vorzüge. Mit dem feilgebotenen Tand auf dem Schoß füllte er souverän den Bildschirm, sprach sehr langsam, etwa dass er – PAUSE – nur zu gerne – PAUSE – mal bei der Produktion – PAUSE – so einer Puppe – PAUSE – zugegen, ja: wäre. Zugegen. Nur zu gerne. Zeitgerafft ein paar Sätze voran: schön für die Vitrine/ein bisschen Romantik/das Kind in uns allen/diese ach so hektische Zeit. Die Sprache eines HOT-Moderators ist der Kleidung von Dieter-Thomas Heck nachempfunden. „Champagnerfarbene Diamanten sind ja gerade sehr in", erfährt der Fernsehzuschauer, die Kamera zoomt auf lamettrige Accessoires, der Moderator wiederholt mit liturgischer Strenge die Bestellnummer und den „Sensationspreis“ – und nicht wenige Menschen sind so wahnsinnig und kaufen das Zeug per Telefon, der Lagerbestand wird eingeblendet und dann wird runtergezählt, der Moderator brabbelt, die Regie zoomt, bis schließlich „leider ausverkauft“ vermeldet und der nächste Sperrmüll zum Nutzgegenstand erklärt wird. Ob Handcreme, Rohkostreibe oder Collier: alles wertvoll, wunderbar, limitiert, feinst, edel, exklusiv, handgemacht, phantastisch, unschlagbar, zauberhaft.

Im Hintergrund marzipanen Billiglohnlandessymphoniker und der Präsentator, der sogar beim MDR-Casting durchfiele, sitzt auf einem Sofa im Wohnzimmer-Ideal der Zielgruppe: pastellfarbene Auslegeware, Buchattrappen und Plastikblumen im Regal, Rauchglastisch, Kompaktanlage, eine Heimorgel (natürlich „mit Leuchttastensystem“ und, klarlogo, ein „Sensationsschnäppchen“) und als Sättigungsbeilage an der Wand eine Art gerahmte Ölkrise. Würde die Regie auf diese Tristesse nicht Bestell- und Telefonnummern, Landesfahnen und Bestandsstückzahlen stanzen, könnten Daily-Soap-Blödchen problemlos ihre stets zu groß geratenden Dramasätze in dieses Sperrholz rufen. Stattdessen bauen die HOT-Verkäufer ihre einzigartigen, hypnotisierenden Satzgebilde, die schon vor dem Richtfest einstürzen, und schwafeln frei assoziativ das Lager leer. Die einzige Regieanweisung ist ja: Ware in Kamera halten, danke. Nicht viel für eine Stunde, bewundernswert und mit jeder Sendeminute abstruser die Poesie der Moderatoren.

Außerhalb des Sichtbereichs der Kamera werden die Produkte für die nächsten zwei Stunden bereitgelegt – Zimmerspringbrunnen, vielmehr „Sammlerbrunnen“, denn „ich habe schon zwei und überlege, wo ich den dritten hinstelle“, wird der Moderator sagen und dabei nicht mal rot werden. Aber erst muss Günter noch die Puppen ausverkaufen, er ist selbst auch großer, großer Sammler und hat seine eigene von zu Hause mitgebracht – und die ist 120 Jahre alt. Im

Regieraum wird laut gelacht – 120 Jahre, sehr gut, wirklich. Günter dreht den Puppenkopf und lobt dabei die Möglichkeit, den Puppenkopf zu drehen. So geht das zehn Minuten. Vielleicht schauen, Quatsch, hören ja Blinde zu. Und man kann den Kopf wirklich drehen. Bestellen Sie jetzt.

Aber Günter ist kein Betrüger. Er sammelt privat wirklich Puppen, sein 120-Jahre-Exemplar stellt er, als die Kameras auf den Sammlerbrunnenverkäufer umgeschwenkt haben, vorsichtig in einen Leinenbeutel und erzählt, wie er vom Diätberater im Lehrkrankenhaus zum Puppenverkäufer wurde. Nämlich aus Leidenschaft: Hobby zum Beruf gemacht, bei Quelle hochgearbeitet, voll hinter der Ware stehen, sehr gerne lesen (spannend muss es sein), selbst sein größter Kritiker sein, immer Lampenfieber haben, Leben als Herausforderung sehen, Privates einbringen in die Sendung, nicht nur fachlich, auch menschlich überzeugen, sich in die Kunden hineinversetzen. Überzeugungsarbeitend blinzelt er durch seine in Form und Farben etwa drei Epochen zu viel berücksichtigende Tanzlehrerbrille – zum Beispiel Steine! Steine? Ja, Steine, seit seinem 13. Lebensjahr fasziniere ihn der Peridot-Stein. Der –? Ein Allroundstein! Wie der Schwarzwald im Frühling ist der! Derart weichgeredet möchte man Günter am Ende selbst bestellen.

Vielleicht könnte man mit ihm mehr anfangen als mit dem singenden Gummifisch, dessen zweite Hauptfunktion der Moderator nun vorführt: Man kann das Ding auch ausschalten. Er legt den Schalter um – doch der Fisch singt weiter, wackelt dazu mit dem Kopf. Vielleicht lacht er uns auch aus. Und erst wenn der letzte „limitierte Schmuck-Bär" der Sammlung beigefügt, die allerletzte „Künstler-Puppe mit Nackenstempel" per Nachnahme verschickt wurde, werden die Menschen feststellen, dass man sein Geld auch gleich aus dem Fenster werfen kann. Allerdings nicht aus dem des HOT-Vorführwohnzimmers – das ist unecht.

adidas

Mietverhältnis

„Guten Tag, mein Name ist Salm, ich habe dieses Haus gekauft.“ Der alte Mann in Filzpantoffeln steht im Türrahmen seiner Mietwohnung, guckt durch eine panzerglasdicke, horngefasste Kassenbrille fragend in das für die Jahreszeit untypisch gesund gebräunte Gesicht der Frau aus offensichtlich gutem Haus/hochwertiger Immobilie und sagt nur: „Ach?“

„Salm“, sagt die hübsche Frau und streckt dem Mann ihre manikürte Hand entgegen, „Salm – wie der Fisch.“ Der Mann lässt ihre Hand ungeschüttelt in der Luft hängen und sagt: „Soso.“ Ein Werbespot des Mieterschutzbundes könnte so beginnen.

Christiane zu Salm hat einige Häuser in Berlin-Mitte gekauft, und bevor die renoviert werden (zum Wohle der Mieter!), müssen sie, nach maklerischem Genozid klingt das, entmietet werden. In Salms rotem Marlboro-Nylonbeutel liegen Hunderte Schlüssel begraben, für all ihre neuen Wohnungen, Briefkästen, Keller und Hinterhöfe. Bisher passte keiner – es sind ja auch drei Häuser, da kann man ja stundenlang probieren. Kann sie aber natürlich nicht, sie will nach der Besichtigung noch in einer Galerie ihre Popstarfotosammlung erweitern und danach, natürlich: Termine, Termine, Termine.

Der alte Mann ist sehr misstrauisch, aber nicht auf eine von Eduard Zimmermann aufgehetzte Art, eher durch Erfahrung gelangweilt; da komme ja jede Woche ein neuer Besitzer, erzählt er lakonisch. Zuletzt ein Bulgare, davor ein Pole, berichtet er weiter und lacht. Auch Salm lacht, ja ja, der Bulgare. „Wir wollen das hier alles ganz schön machen", verspricht Frau Salm. „Ja ja", sagt der Mann, das wolle er mal sehen. Seit 70 Jahren wohnt er hier. Frau Salm sieht aus wie Ende 20, spricht von Fahrstühlen und Balkonen, er vom Denkmalschutz; sie von einer Zentralheizung, er vom Kohlenschleppen. Was er mit einem Balkon solle, fragt er, wenn es doch durchs Dach regne. „Das Dach wollen wir auch neu machen", beteuert Frau Salm. „Natürlich", pariert er und schüttelt den Kopf. Sie spricht sehr laut und herzlich; er: leise und abwehrend. Die Spielchen kennt er, Hausbesitzer und Mieter sind natürliche Feinde, warum sollten die einander etwas schenken? Er hat in diesem Haus zwei Diktaturen miterlebt, obendrein Helmut Kohl, noch immer kann man Einschusslöcher in der Außenwand bestaunen, seit Monaten ist das Haus eingerüstet, ohne dass eine einzige Bauarbeit verrichtet worden wäre – was soll er da eine neue Besitzerin fürchten, warum sollte er ihr irgendetwas glauben. Gegen jede Außeneinwirkung resistent wirkt der Mann in dem dunklen, zugigen Altbauflur. „Wir machen uns das hier ganz, ganz schön", garnt Frau Salm. „Werden wir ja sehen", sagt der Mann und will die Tür schon schließen. „Halt!", stoppt ihn Frau Salm. Wie der Fisch, denkt er. Ob sie sich mal seine (eigentlich ja ihre) Wohnung ansehen dürfe, fragt sie den Mann, einnehmend lächelnd. „Das geht an und für sich gar nicht", sagt er, „die Frau (er meint seine) liegt, und –." „Ach, das tut mir leid, danke Ihnen sehr, alles Gute für Ihre Frau", freundlicht Salm zurück und kramt in ihrer Schlüsseltasche. Hinter dem Mann schleicht seine recht gesund wirkende Frau durch den Flur.

Keiner der Schlüssel passt, auch in die leer stehenden Wohnungen kommt die neue Besitzerin nicht hinein, der alte Mann, der viele Jahre als Hausmeister im Haus tätig war, besitzt noch mehr Schlüssel als Salm und ist schließlich doch behilflich. Mit den Schlüsseln hat er die Macht, und wenn das geklärt ist, lässt er mit sich reden, vielmehr redet dann er. Sie habe sich gleich in dieses Haus mit all dem Charme, all den Winkeln verliebt, hatte Salm versucht, den Mann zu becircen, während der unbeeindruckt mit seinen Filzpantoffeln einige Dreckbrocken in eine Dielenritze schob. Verliebt! Er ist mit diesem Haus verheiratet, also, was soll der Quatsch.

Doch als er merkt, dass Salms Interesse nicht geheuchelt ist („Glauben Sie mir ruhig, ich will hier schließlich selbst einziehen!"), wird er zugewandter und erzählt zu jeder Etage circa neun Geschichten. Wer hier alles gewohnt hat, welcher Vermieter der dreisteste war, was alles fehlt, wie das Parkett zu retten sei, dass sein Vertrag ihm Trockenbodenbenutzung garantiere, wie viele Tonnen Kohle er benötige und dass Katharina Witt das Haus gegenüber gekauft habe und einen Fahrstuhl nur für sich habe bauen lassen, der bei einem ihrer Mieter sogar durchs Schlafzimmer geht. Unterm Dach wohnt ein Mann mit Schnauzbart, der wirklich Detlev heißt und die adelige Hausbesitzerin gerne hineinlässt, ihr sogar sein Schlafzimmer zeigt. Überm Bett hängt ein Gewehr. „Dann können Sie uns beschützen", sagt Salm semiperplex. „Ist doch nur 'n Luftgewehr", sagt Detlev und lacht. Salm lacht sowieso. Alle lachen. Dann wird der alte Mann wieder ernst: Fünf Millionen muss man hier reinstecken, weiß er. Sogar noch mehr sollen es werden, verspricht Salm. Ein Werbespot des Mieterschutzbundes könnte so enden.

Ja ja, denkt der Mann. Na ja, denkt Salm und sagt: „Ja, dann!" Jetzt hat sie ihn so weit, dass er ihr sogar seine eigene Wohnung zeigen würde, aber nun geht sie erstmal Bilder kaufen. Und den Anwalt anrufen, fragen, wie es mit der Entmietung vorangeht. Im Hausflur warnt ein Aushang die Bewohner vor zu erwartendem Baulärm. Vom „Schadenserwartungsbereich" ist dort die Rede. Das Leben ist eine Baustelle – und wann noch mal Wüstenrot-Tag?

MEHLE
Recht
Taktik

Die Wache

Freitag, kurz vor 18:00 Uhr: Der grün-weiße Fuji-Film-Zeppelin schwebt werbend über dem Berliner Tiergarten. In der Direktion 3 der Berliner Polizei wird mit zunehmender Hektik in Funkgeräte gesprochen, die Flugaufsicht kontaktiert, das gut verteilte Großaufgebot informiert. In wenigen Minuten beginnt das öffentliche Rekruten-Gelöbnis am Bendlerblock, gleich werden Paul Spiegel, Klaus Wowereit und Rudolf Scharping an den geometrisch akkurat postierten Uniformierten entlangmarschieren, die Militärkapelle wird ernst dreinblickend ihren Dienst tun. Das Areal ist weitläufig gesperrt, die Kontrollen sind streng, die Sonne scheint, die Menschen blinzeln – wer zum Teufel aber steuert einen Reklame-Zeppelin durch diesen Bereich, in dem für die Dauer des Gelöbnisses ausdrücklich Flugverbot verhängt wurde? Terroristen? Reporter? G8-Demonstranten mit schlechtem Orientierungssinn? Die Gewinner eines Love-Parade-Preisausschreibens? Auch die abwegigste potenzielle Störquelle muss genau überprüft werden, denn im Vorfeld war die Polizei vage vor „phantasievollen Gegenaktionen“ gewarnt worden. Doch zunächst Entwarnung, das Luftschiff möchte keinen Ärger, bloß Werbung machen, was zweifelsohne gelungen ist, bis in den Polizeifunk haben sie es geschafft. Nun beginnt Paul Spiegel seine Ansprache.

Im Großraumbüro der Direktion 3 verfolgen die Beamten die TV-Übertragung des Gelöbnisses, kontrollieren parallel auf einem Monitor die Übersichtsaufnahmen des polizeilichen Bildfunks. Bislang kaum nennenswerte Vorkomnisse. Auf der dafür vorgesehenen dreibeinigen Tafel sind erst zwei Festnahmen mit Filzstift notiert: einmal wegen Vermummung, einmal wegen der T-Shirt-Beschriftung „Stauffenberg = Völkermörder". In einem Nebenraum ist die Verkehrsleitzentrale eingerichtet, ein Mitarbeiter der Berliner Verkehrs Gesellschaft sitzt brötchenessend mit den Polizisten vor einem Funkgerät und koordiniert die sperrungsbedingten Umleitungen der öffentlichen Verkehrsmittel.

Unter den 530 Rekruten befindet sich heute keine Frau, bemerkt der Fernsehkommentator und verirrt sich dann etwas in seinen Ausführungen – der Grund für die Frauenlosigkeit liege darin, dass seines Wissens diese Rekruten über 178 cm groß zu sein hätten und keinerlei Gesichtsbehaarung vorweisen dürften. Pause. Dann fällt ihm ein, dass manche Frauen über 178 groß sind und trotzdem keine Bärte tragen. Scharping schüttelt Hände, Augen sollen bitteschön geradeaus gerichtet, Gewehre hochgehoben und gesenkt werden. Ein Mikrophon von Georg Gaffrons Durchhaltesender 100,6 angelt Scharpingworte, der SFB-Kommentator kommt weiter beflissen seiner undankbaren Aufgabe nach, diese nicht gerade erklärbedürftigen Bilder zu vertonen: Wahrscheinlich werde Scharping nun sagen, was an dieser Stelle zu sagen sei, mutmaßt er. Ja, denkt der Zuschauer, nämlich im Grunde nichts, beziehungsweise werde der Verteidigungsminister, so lautdenkt der Kommentator erstaunlich konkret, die Soldaten nun fragen, wie es ihnen gehe und woher sie kämen. Im Großraumbüro wird kurz gelacht, dann weiter Dienst getan.

Die etwa 200 Demonstranten werden nun lauter. Zwar ist das Mitführen nautischer Hörner ihnen ausdrücklich untersagt worden, doch der Lärm ist auch ohne beträchtlich. Als lärmschürend erweist sich, dass in unmittelbarer Nähe der Absperrung schon einen Tag vor der Love Parade ein geschäftstüchtiger Trillerpfeifenhändler den schriftlich genehmigten Verkauf begonnen hat, damit kommt seine Ware also doch noch bei einer politischen Demonstration, als die die Love Parade ja neuerdings laut Gerichtsentscheid nicht mehr gilt, zum Einsatz. Die Nationalhymne erklingt, Wowereit erweist sich als textsicher, einige Demonstranten, meldet der Funk unbeeindruckt, „entblößen ihr Hinterteil in Richtung des Gelöbnisses".

„18:36 – Ende des feierlichen Gelöbnisses", tippt der Polizist in seinen Verlaufsbericht, da wird es in den Funkgeräten noch einmal laut, der Bildfunk zeigt Tumult am Gitterzaun: Eine Frau kettet sich fest, eine andere hantiert mit einer Sirene, sie werden von Polizisten umringt, Fotografen werden abgedrängt. Später ist zu erfahren, dass diese Demonstrantinnen tatsächlich ausgesprochen phantasievoll vorgegangen waren: In einer Limousine hatten sie sich auf das Gelände chauffieren lassen und sich an den Kontrollen als Töchter des Verteidigungsministers ausgegeben, als Kontrolleur muss man wirklich gut aufpassen, wer weiß, was als Nächstes kommt, vielleicht ein Kleinbus mit der Interessenvertretung „Exfrauen des Bundeskanzlers" an Bord, hier, unweit des Ortes, an dem Hape Kerkeling vor Jahren verkleidet als Königin Beatrix Absperrungen passieren konnte.

Der polizeiliche Bildfunk, intern „taktisches Fernsehen" genannt, zoomt gerade auf einen rumpelstilzchenartig die Sirene der angeblichen Scharpingtochter zertretenden Beamten, als die sukzessive Auflösung der Demonstration abrupt stoppt, sich die Demonstranten noch einmal versammeln, um dann gemeinsam in neuer Richtung loszuprotestieren: Inzwischen ist nämlich der Tod eines Demonstranten in Genua verbreitet und eine spontane Demonstration vor der italienischen Botschaft beschlossen worden. Da sich jedoch die italienische Repräsentanz in Berlin derzeit im Umbau befindet, ist die

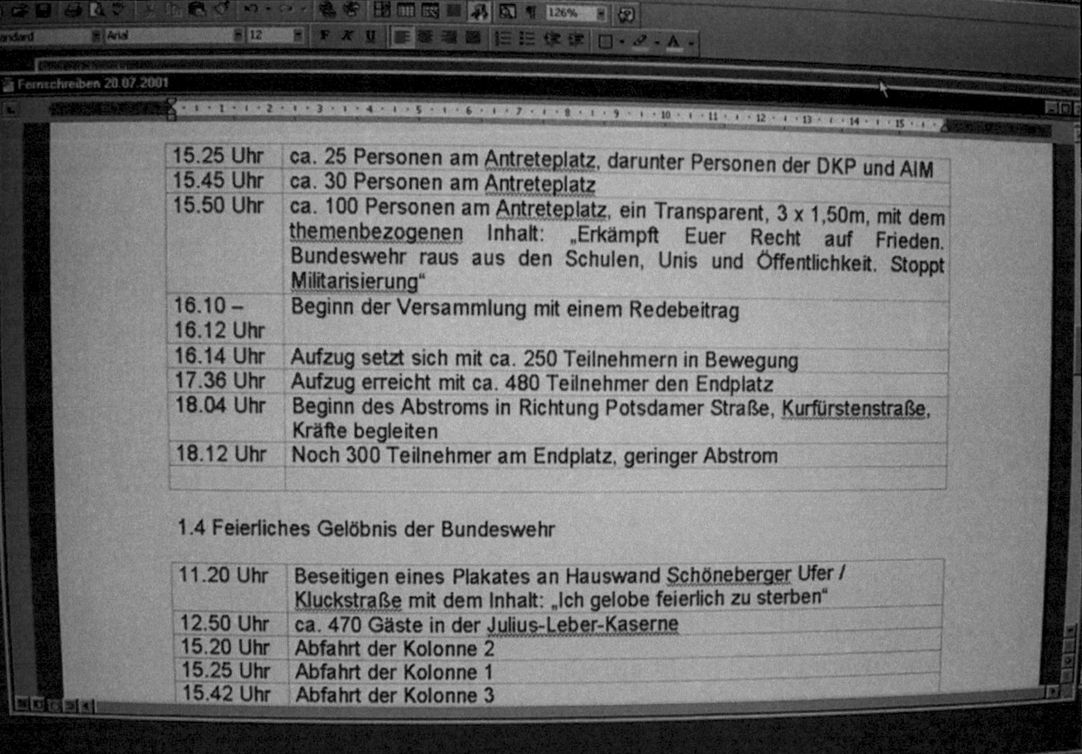

Fernschreiben 20.07.2001

15.25 Uhr	ca. 25 Personen am Antreteplatz, darunter Personen der DKP und AIM
15.45 Uhr	ca. 30 Personen am Antreteplatz
15.50 Uhr	ca. 100 Personen am Antreteplatz, ein Transparent, 3 x 1,50m, mit dem themenbezogenen Inhalt: „Erkämpft Euer Recht auf Frieden. Bundeswehr raus aus den Schulen, Unis und Öffentlichkeit. Stoppt Militarisierung“
16.10 – 16.12 Uhr	Beginn der Versammlung mit einem Redebeitrag
16.14 Uhr	Aufzug setzt sich mit ca. 250 Teilnehmern in Bewegung
17.36 Uhr	Aufzug erreicht mit ca. 480 Teilnehmer den Endplatz
18.04 Uhr	Beginn des Abstroms in Richtung Potsdamer Straße, Kurfürstenstraße, Kräfte begleiten
18.12 Uhr	Noch 300 Teilnehmer am Endplatz, geringer Abstrom

1.4 Feierliches Gelöbnis der Bundeswehr

11.20 Uhr	Beseitigen eines Plakates an Hauswand Schöneberger Ufer / Kluckstraße mit dem Inhalt: „Ich gelobe feierlich zu sterben“
12.50 Uhr	ca. 470 Gäste in der Julius-Leber-Kaserne
15.20 Uhr	Abfahrt der Kolonne 2
15.25 Uhr	Abfahrt der Kolonne 1
15.42 Uhr	Abfahrt der Kolonne 3

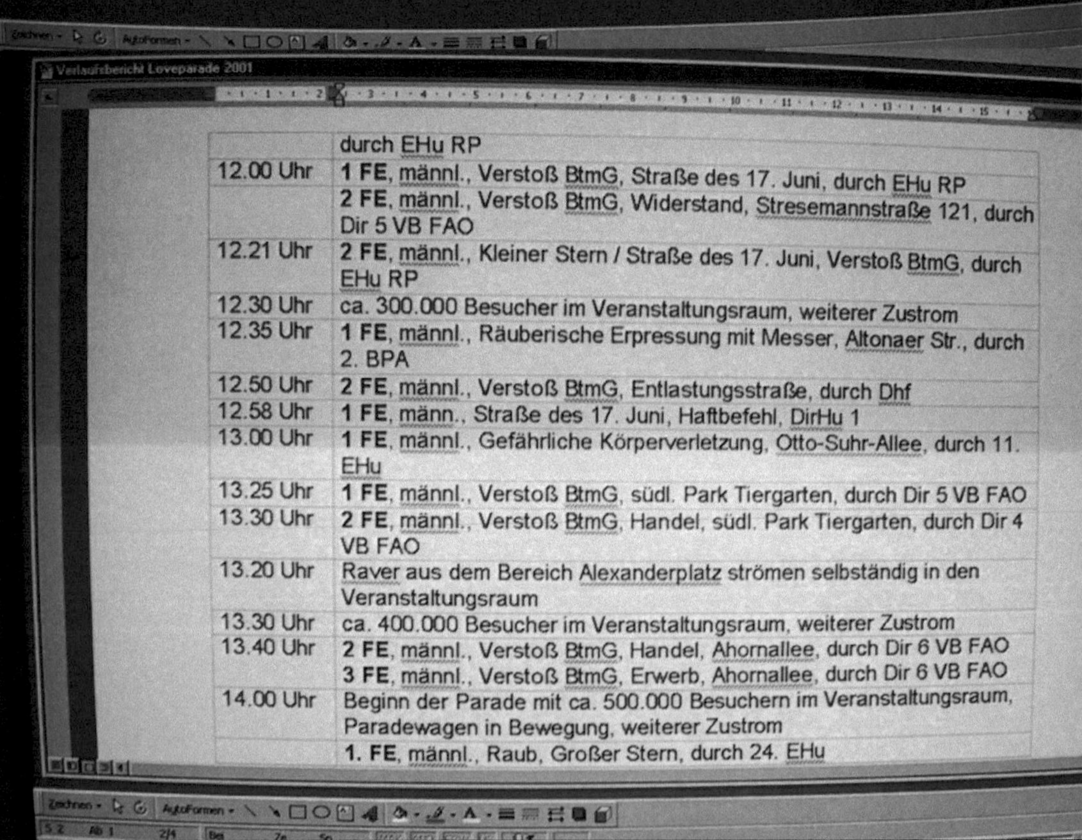

Verlaufsbericht Loveparade 2001

	durch EHu RP
12.00 Uhr	**1 FE**, männl., Verstoß BtmG, Straße des 17. Juni, durch EHu RP **2 FE**, männl., Verstoß BtmG, Widerstand, Stresemannstraße 121, durch Dir 5 VB FAO
12.21 Uhr	**2 FE**, männl., Kleiner Stern / Straße des 17. Juni, Verstoß BtmG, durch EHu RP
12.30 Uhr	ca. 300.000 Besucher im Veranstaltungsraum, weiterer Zustrom
12.35 Uhr	**1 FE**, männl., Räuberische Erpressung mit Messer, Altonaer Str., durch 2. BPA
12.50 Uhr	**2 FE**, männl., Verstoß BtmG, Entlastungsstraße, durch Dhf
12.58 Uhr	**1 FE**, männ., Straße des 17. Juni, Haftbefehl, DirHu 1
13.00 Uhr	**1 FE**, männl., Gefährliche Körperverletzung, Otto-Suhr-Allee, durch 11. EHu
13.25 Uhr	**1 FE**, männl., Verstoß BtmG, südl. Park Tiergarten, durch Dir 5 VB FAO
13.30 Uhr	**2 FE**, männl., Verstoß BtmG, Handel, südl. Park Tiergarten, durch Dir 4 VB FAO
13.20 Uhr	Raver aus dem Bereich Alexanderplatz strömen selbständig in den Veranstaltungsraum
13.30 Uhr	ca. 400.000 Besucher im Veranstaltungsraum, weiterer Zustrom
13.40 Uhr	**2 FE**, männl., Verstoß BtmG, Handel, Ahornallee, durch Dir 6 VB FAO **3 FE**, männl., Verstoß BtmG, Erwerb, Ahornallee, durch Dir 6 VB FAO
14.00 Uhr	Beginn der Parade mit ca. 500.000 Besuchern im Veranstaltungsraum, Paradewagen in Bewegung, weiterer Zustrom
	1. FE, männl., Raub, Großer Stern, durch 24. EHu

Ortsangabe „italienische Botschaft“ doppeldeutig; gemeint sein kann sowohl die zwar offizielle, aber eben geschlossene Vertretung nahe des Tiergartens als auch die vorübergehende in Kreuzberg. Dieser Umstand irritiert Demonstranten und Polizei gleichermaßen, und so ist die Anzahl vor dem Botschaftsgebäude friedlich Demonstrierender schließlich äußerst überschaubar. Die Uneinigkeit über die Richtung und die universelle Demonstrationsbereitschaft zeigen prächtig die im Symbolhaften dümpelnde Ratlosigkeit der anlassflexiblen Gegner. Es würde nicht weiter auffallen, wenn jemand sein außerhäusiges Abendessen als mampfende Sitzblockade von Pizzeriastühlen aus Protest gegen den G8-Gipfel deklarierte. Ein schöner Nebenaspekt ist, dass Joschka Fischer häufig bei einem Italiener in der Berliner Tucholskystraße gesehen wird. Ja, Tucholsky.

Samstag, kurz nach 19:00 Uhr:

Im Fußball würde man es eine englische Woche nennen, in der Direktion 3 der Berliner Polizei nennt man es Wochenenddienst mit Suppe: Eine Kollegin von der Kriminalpolizei hat den Beamten einen großen Topf gut gewürzter Echttomatensuppe vorbeigebracht und empfiehlt, den Teller mit einem Esslöffelplumps Crème fraîche und zwei, drei frisch von der beigestellten Pflanze zu rupfenden Basilikumblättern zu verfeinern. Auf den Monitoren sieht man heute tanzende Menschen, unzählbar, aber schätzbar doch: Circa 800.000 seien es, entgegen den zuvor deutlich zurückhaltenderen Prognosen. Die Festnahmestatistik auf der dreibeinigen Tafel muss alle paar Minuten aktualisiert werden, knapp 100 Personen umfasst die Auflistung am Abend – klischeegemäß überwiegen die Verstöße gegen das Betäubungsmittelgesetz. Die Polizisten tragen Paradensympathie bekundende Buttons, löffeln Suppe und halten Kontakt zu den Kollegen draußen im rhythmisierten Gewühl. Ein Helikopter liefert die bewegten Bilder. Verbietet das Gesetz eigentlich individualisierte Aufnahmen bis zum Moment eines Straftatsverdachts, was am Vortag auch weitestgehend eingehalten worden war, so führt heute jemand Regie, der diese Maßgabe eher leger befolgt – das taktische Fernsehen zeigt immer wieder Großaufnahmen von, wahrscheinlich ist das der Grund, halbnackten Damen (und auch ein paar Männern). Auch weil es leider noch kein Gesetz gibt, dass berichterstattenden Zwangswitzlern bei Androhung hoher Strafen untersagt, das Wowereit'sche Diktum, dass das so auch gut sei, in jeden zweiten Nebensatz einzubauen, ist die Anzahl polizeilicher Eingriffe in Relation zur Menschenmenge ausgesprochen gering. Was jede These zur Parade bestätigt: Es geht um nichts, um alles, um den Frieden, um Musik, um Bass, Spass – irgendwass.

Dass ein freundlicher, braungebrannter Abgesandter des Veranstalters PlanetCom in der Polizeidirektion sitzt, Suppe isst und ab und zu in ein Funkgerät spricht, mit den Beamten also bestens kooperiert, ist bei einer solchen Veranstaltungsgrößenordung selbstverständlich sinnvoll. Demonstrationspuristen jedoch könnten darin auch einen weiteren Beweis für ihre Argumentation finden, es handle sich bei der Love Parade um alles Mögliche, bloß gewiss nicht um eine relevante politische Demonstration, die nämlich dürfe nicht entlang den Maßgaben der Polizei durchgeführt werden. Stattdessen vielleicht phantasievoll. Ja, auch solch Argumentation ist vorstellbar, wurde doch schließlich jede Stimme angehört und ernst genommen, und dass es bei diesem zähen Gestreit um letztlich nichts weiter als die Übernahme von Müllbeseitigungskosten ging, hatte vorab zu einer berlinweiten Paradenermüdung geführt – Veranstalter wie Gegner erschienen kleinlich, noch vor Beginn hoffte man, das Ganze werde bitte möglichst schnell vorbei sein. Und dann war es, obwohl die Ortskennungen der Teilnehmernummernschilder von Jahr zu Jahr dreistelliger werden, trotz alledem ein ziemlich angenehmes Fest mit immer wieder wunderbarer Musik. Auch in der Direktion 3 wippten Füße.

Ein Beamter hat über seinem Schreibtisch die ein Jahr alte Panik-Schlagzeile der *BZ* angebracht: „Loveparade, Kampfhunde, Staatsgäste – Berliner Polizei bricht zusammen". Das tat sie am Wochenende schon wieder nicht, trotz Mehrfachbelastung: Am Samstagnachmittag hatten G8-Demonstranten das mitten im Getümmel liegende ZDF-Hauptstadtstudio besetzt. Nun aber will es Abend werden und es spricht der Technosloganist Dr. h. c. Motte von der Siegessäule herunter, derweil der Polizeifunk in schönstem Berlinisch eine „Klopperei beem Präsidjalamt" meldet und dass die Besetzung inzwischen vorüber sei und die Demonstranten „Hausfriedensbruch anna Backe" hätten.

Die Kriminalpolizistin mit dem ausgezeichneten Suppenrezept kommt begeistert von einem Helikopterrundflug zurück („Bei der Hanfparade fliege ich gar nicht mehr mit, aber Love Parade, das sieht schon immer toll aus"), die ersten Paradenwagen beginnen mit der geordneten Rückfahrt.

Der PlanetCom-Kontaktmann wird kurz mit dem Funkspruch hereingelegt, Dr. Motte sei beim Drogenhandel erwischt worden, er wird wie erhofft blass, dann lachen alle, er auch, und es wird Nacht. Das Basilikumbäumchen in der Präsidiumsküche ist mittlerweile komplett entblättert, die Spülmaschine summt. Klingt etwas basslastig.

BHW
TOILETTE

Boulevardjournalismus

Als Franz Josef Wagner einmal zwischen lauter postkartenschreibenden Touristen in Amerika saß, schickte er kurzerhand eine Postkarte an sich selbst. Lieber Franz Josef, schrieb er, mal sehen, ob du gesund zurückkommst. Ist er dann, zumindest genauso wie er losgefahren war. Also irre, genial, cholerisch, sensibel, brutal – so die Charakteradjektive, die man mit ihm assoziiert, wenn man einige Geschichten über ihn und einige Texte von ihm gehört und gelesen hat. Seine Karriere begann, wie die der meisten Boulevardbeißer alten Schlags, als Polizeireporter bei *Bild*. Harte Schule, Kerle und Storys. Jawoll. Ernst Jünger brauchte das ja damals nicht, der hatte den Ersten Weltkrieg. Wagner ging zur *Bunten*.

Später senkte er in vorübergehend leitender Funktion die Auflage des Berliner Pitbullblattes *BZ*, und um ihm keine allzu hohe Abfindung zahlen zu müssen, tarnte der Springer-Konzern Wagners Amtsenthebung als Beförderung, und seither ist Wagner Inhaber des Phantasiepostens „Chefkolumnist". Als solcher schreibt er nun fünfmal pro Woche in *Bild* einen vierzigzeiligen, pathosbeladenen Brief an zum Beispiel Gerhard Schröder, Prinz Charles, Michael Schumacher, gesuchte Verbrecher oder Paul McCartney, an ungeborene Kinder oder gleich an Mama („Liebe Mama") und, wenn es gar nicht anders geht: „Lieber Gott".

Thematisch kreisen die Briefe um Elementares, unter Tod, Leben, Liebe, Verrat, Ehre oder Geld tritt Wagner weder an noch nach.

Die Adressaten werden geduzt („Ich weiß, dass du kein Mistkerl bist"), angebaggert („Sie gefallen mir sehr, Frau Schröder", bzw. „Sloterdijk, Sie sind mein Held") oder discountpoetisch veralbert („First Lady mit dem wehenden Haar" = Christine Rau). Mitgefühl wird zuteil, wem es wie Wagner geht (Hans Eichel = „Bruder der Bandscheibe"), und die für einen Businessclassdeppen arttypischen privaten Begegnungen werden ohne Skrupel ausgeschlachtet. So erfährt der Leser, wie Sabine Christiansen („Sie sind ein Vollweib") sich beim Friseur verhält, Franziska van Almsick im Restaurant und Kardinal Lehmann im Flugzeug. Perfid an der Artikelform Brief ist die vorgetäuschte Vertrautheit, die Wagner dann mit jedem Wort seiner anmaßenden Suaden genussvoll zertrümmert. Wäre seine Einmischung und Anteilnahme wahrhaftig, könnte er den Brief ja in die Post geben, Wagner aber gibt ihn in Druck – und statt eines Menschen lesen diese moralischen Erektionen dann 11 Millionen. Auf diese Weise wird der wehrlose Adressat vereinnahmt, als suche er Wagners Rat, wird als „lieber" angeredet (wenn er kein Mörder ist) und zum Schluss „herzlichst" gegrüßt. Dazwischen erklärt Wagner unter Berücksichtigung von Bergpredigt, Einstein, da Vinci, Mozart, Goethe und was halt sonst so gerade passt, mal rasch die Lage der Dinge.

Seine Briefrubrik heißt „Post von Wagner", seine ergänzende Kolumne in der *Welt am Sonntag* noch zwingender „Wagners Welt": „Aus Vietnam habe ich auch in der Ich-Form geschrieben." Sich in etwas hineinversetzen heißt bei Wagner: umrechnen auf ICH. Thema egal, Meinung, Einschätzung und Gleichnis hat er stets parat, denn: „Der Vogel fliegt nicht meinetwegen am Fenster vorbei, sondern weil er aus Afrika zurückkommt, aber für mich persönlich heißt das: Der Frühling ist da. Darum geht es. Und wenn es regnet, geschieht es mir persönlich."

Entscheidend also ist stets: Was bedeutet das nun wieder, und zwar konkret! Für mich! Franz! Josef! Wagner! Und was sagt Gott dazu? Falls der was sagt, wird er es Wagner flüstern, der im Besitz von Gotts Durchwahl zu sein scheint, so überzeugt dauerstrapaziert er „Gnade“, „Verdammtsein“, „Himmel“ und all das. Im Journalismus müsse man eigentlich nur eins beachten, sagt Wagner, und das seien die Zehn Gebote. Ja eben, sagen die, die mal mit ihm zusammenarbeiten mussten. Seit er nicht mehr in einer Redaktion, sondern von zu Hause aus arbeitet, attestiert er sich selbst „ein Schrei-Defizit“.

In der guten alten Schreizeit begab es sich einmal, dass Franziska van Almsick bei der Schwimm-WM baden ging. Wagner erinnerte sich daran, wie er sie kurz zuvor im Restaurant beim Dessertverzehr beobachtet und schließlich „angebrüllt habe, sie soll aufhören zu fressen“. Seine im höchsten Maße ehrkränkende *BZ*-Schlagzeile („Franziska van Speck – als Molch holt man kein Gold“) habe, er scheint sich das wirklich zu glauben, nur ihr als Athletin gegolten – kein persönlicher Angriff, nein, nein. „Über Menschen zu schreiben ist, wie das Leben, ein schmutziges Geschäft“, definiert Wagner gewohnt großspurig. Mag sein, kommt auf das betreffende Leben an.

Franz Josef Wagner lebt, natürlich, allein. Danach gefragt, was denn, wenn nicht eine Postkarte von sich selbst, in seinem Briefkasten so landet, bekennt er hustend: „Rechnungen“. Um das Klischee des raubeinigen Großstadtcowboys vollends zu erfüllen, spricht er, nach seinen Vermögensverhältnissen gefragt, von „Beute“. Seine Bücher sind vergriffen, man bekommt sie, raunt er, „nur noch in Gefängnisbüchereien“. Dann lacht er, und das klingt, als ob in einer Innenhofschlucht ein Wertstoffeimer umfällt.

Als die Kellnerin in seinem Stammcafé auch den dritten Bestellwunsch ignoriert hat, gibt Wagner schließlich Nachhilfe: „Sie müssen laut sein.“ Er bellt nach Beachtung, kurz darauf wird der Espresso serviert, und man versteht, warum Wagner schreibt, wie er schreibt (wie er schreit). Das Schlimmste, sagt er, „wäre für mich, wenn ich stumm bleiben müsste, also nicht mehr schreiben dürfte".

Auch nach fünf Gläsern Wein kann er noch schreiben, sagt er (dann erst, sagen ehemalige Untertanen), raucht dabei und versucht freundlich zu gucken – mit dem Gesicht eine komplizierte Angelegenheit. Das Porträtfoto über Wagners Artikeln sieht furchterregend aus. Wagner nickt, er hört das öfter, „aber denken Sie andererseits an Täterfotos – was für sanfte Züge der Zurwehme etwa hat". Äh – ja.

Wagners Mobiltelefon klingelt. Ein alter Freund ist dran, dessen Vorname mit y endet oder mit ie, wie so Cowboykumpelnamen eben enden. Sie verabreden sich für den Abend. Ob er die Zitate gegenlesen könne, fragt Wagner zum Abschied. Nö.

Wenn ein Mensch in Deutschland das Recht auf faire journalistische Behandlung verwirkt hat, dann du, lieber FJW. Ganz herzlich, wirklich.

utsche Zeitung
Süddeutsche Zeitung
Abendzeitung
= Münchner
rdruss-Verbund
rtschaftsKurier
NANCIAL TIMES
ET-BUSINESS

Obernathal
ALTERSHEIM
MAXWALD Seilwinden Forstgeräte
Reinigungsservice Huber
Aurachkirchen 4 km
Föding 2 km
Tischlerei Katherl
BERNHARD HAUS
Hochbau Unterthalham
KAUFHAUS TABAK - TRAFIK
Elektro Leithinger Wärmepumpen, Kabel TV
Kirchenwirt
Privat-Zimmer
Betreten verboten!
HENNETMAIR

OHLSDORF
13
THOMAS BERNHARD
vlg. Bauer zu Nathal
4694 Ohlsdorf, Obernathal 2
15
radio
oberösterreich
Sie hören
richtig.
Bernhard-Tage Ohlsdor
31. Juli - 24. August 2001
Frauen im Werk
von Thomas Bernhard
Freitag, 24. August 2001
PRIVAT
Ohlsdorf

PONS
Themen neu

Deutschunterricht

„Firsat bu ‚firsat'." Die beim Bäcker in Berlin-Neukölln ausliegenden Werbezettel der Firma BlueTel schwärmen in türkischer Sprache von günstigen Tarifen und Geräten. Anzeichen für Gettobildung oder einfach nur zielgruppengerecht, Streuverluste minimierend geworben?

Ein paar Meter und Kebabbuden weiter, in der Volkshochschule: Den Anfängerkurs „Schnackseln für Bleichgesichter" von und mit Fickkniggeautorin und Gastdozentin von Thurn und Taxis sucht man ebenso vergeblich auf dem Raumplan wie Thomas Freitags Kabarettveteranentreffen „Döner Wohnen – das Brot ist voll". Die Innenminister der SPD-regierten Länder beraten andernorts gerade über die Einführung von Pflichtdeutschkursen für so genannte Zuwanderer – und hier, in der Volkshochschule Neukölln, lernen einige Ausländer bereits Deutsch, und zwar freiwillig. Ist erlaubt. Es gibt in der VHS Neukölln diverse Kursangebote speziell für Frauen, angegliedert ist eine Kinderbetreuung. Wenn die Kinder Pech haben, kommt das „Phantasmobil" vorbei, eine Künstler-ABM der Stadt, und sie werden pädagogisch wertvoll betanzt und beclownt. An anderen Tagen ist es angenehmer zu warten, bis die Mutter mit dem Deutschkurs fertig ist: Nette Frauen kümmern sich, man kann malen, spielen, schreien, sich ein bisschen hauen, dann vertragen – und zwischendurch in die Hose scheißen. Im Grunde dasselbe also wie eine zünftige Innenministerkonferenz.

Im dritten Stock der VHS ist der Grundkurs 1 heute, am dritten Kurstag, noch intensiv mit dem deutschen Alphabet beschäftigt. Die Kursteilnehmer buchstabieren schüchtern ihre Namen, und Frau Krause vorn an der Tafel malt mit dem Edding Leitkulturbausteine. „A, B, C, D, E – bitte lernen!" Sie wendet sich wieder zur Klasse und dreht mit der Hand an ihrem rechten Ohr eine unsichtbare Kurbel. Lernen! Danach werden Personalpronomen probiert und alle müssen lachen über die schön gezeichneten Deutschgesichter im Lehrbuch. Wir, ihr, sie – der Pluraldreier macht wohl auch die tagenden Innenminister gerade grübeln: Gibt es eine Möglichkeit, Fürstin Gloria auszuweisen? Und außerdem: Wie gewöhnt man sie aneinander, die Deutschen und die bereits hier lebenden und die zuwandernden Ausländer? Und wie viele Ohrfeigen werden künftig verhängt für diese alle Integrationsversuche obsolet machende Formulierung „hier lebende Ausländer"? Klingt doch darin die Herrenmenschen-Maßgabe mit, es mögen die Ausländer bitte welche bleiben, indem sie sich „wie Gäste benehmen" – und nicht etwa so wie die Deutschen auf Mallorca.

In der Pause treffen sich die Lehrerinnen am Kopierer, rauchen und vervielfältigen Übungszettel. Die Schülerinnen, zwischen 17 und 35 Jahre alt, gucken nach ihren Kindern oder plaudern miteinander, und zwar endlich wieder schnell und lachend – also in ihrer

In der Schule musste ich
immer still sitzen.
Mit 18 Jahren durfte ich
9.5.01

Muttersprache. Am Rande von Fortbildungsseminaren für die Leiter der Kurse „Deutsch als Fremdsprache" werden diese stets auch in einer ihnen fremden Sprache unterrichtet, um diese Perspektive immer im Bewusstsein zu behalten. Hinterher können sie dann zum Beispiel auf Chinesisch gerade mal sagen, wie sie heißen, und fragen, wo der Bahnhof ist, den sie ansonsten verstehen. Ein guter Trick gegen Überheblichkeit von Fragestellern und Lösungsbesitzern. Vielleicht sollte RTL künftig Günter Jauch ausgleichend gerecht hin und wieder beim Mediziner-Test filmen.

Volkshochschulleiter Leopold Bongarts sitzt unter einem interkulturellen Kalender, da er den Unterricht ja an den Feiertagen sämtlicher Religionen vorbeiplanen muss, und erzählt von Männern, die ihren Frauen verbieten, allzu gut Deutsch zu lernen, und von der bestandenen Prüfung des Gemüsehändlers, der selbstverständlich „nebenan" Gemüse verkauft, denn Gemüsehändler haben ihre Stände ja grundsätzlich direkt nebenan, nie hört man von einem weit entfernt wohnenden Gemüsehändler. Weiter bitte, Herr Bongarts, Entschuldigung: ja, der „inzwischen fließend falsch sprechende" Freund – „Hauptsache, er repariert mein Motorrad richtig, haha". Schnell wird Bongarts wieder ernst und fordert freundlich seine Assistentin, eine Türkin, auf: „Unterbrechen Sie mich, wenn ich Quatsch rede!" Sie lacht und unterbricht ihn nicht, jedoch nicht aus Schüchternheit, sondern weil er offenbar keinen Quatsch redet, nur durch jahrzehntelange Berufspraxis geerdeten Realismus auftischt zum ausgesprochen schlechten deutschen Volkshochschulthermoskannenfilterkaffee.

Im Grundkurs 2, ein Stockwerk über Bongarts Büro, wird schon recht flüssig und zusammenhängend geredet:

„Durftet Ihr euern ersten Mann mit nach Hause bringen, also vor der Hochzeit?", fragt die Lehrerin.

„Nein!"

„Nein, natürlich nicht."

„Ja, als wir verlobt waren."

„Was wolltest du mit 12 Jahren von Beruf werden?"

„Polizistin oder Krankenschwester."

„Und mit 18?"

„Nichts mehr."

Es wäre nicht verkehrt, ihren Männern neben der Sprache mal das eine oder andere beizubringen. Dann ist der Unterricht zu Ende, die Kinder warten. Und die Männer. Haben Hunger und so weiter. „Das ist die Gelegenheit" – steht ja auch auf dem BlueTel-Zettel.

Egal, ob die Frauen bis zum Grundkurs 3 durchhalten oder dieser Unterricht irgendwann Pflichtveranstaltung wird, eines ist sicher: Mann spricht Deutsch.

Sonderzug nach Pankow
Entschuldigen Sie, ist das der
Sonderzug nach Pankow?
Ich muss mal eben dahin,

Hofberichterstattung

Rudolf Scharping war im Zustand äußerster Flugbereitschaft, als er mit zu Flügeln gebreiteten Armen über die sonnige Wiese auf Gräfin Pilati zulief. Ja, es ist Liebe, wussten da die Leser der *Bild am Sonntag*, für die das Foto aufgenommen worden war. Nicht dass irgendjemand „das Glück" bezweifelt hätte, aber nun wusste man es genau, und als *Bunte* kurz darauf die Mallorca-Badefotos druckte, wusste man es noch genauer. Inzwischen weiß man sogar, wie Exfrau Jutta Scharping über die Bilder denkt, wiederum in *Bunte* war das zu lesen, und ihre Bildinterpretation „Rotes Hemd mit weißer Hose gefällt mir nicht. Badehose hätte er sich auch nicht antun sollen" kann man als indirekten Aufruf zur Nacktstrecke in *Playgirl* verstehen. Und so genau wollte man es dann doch nicht wissen.

Seit jeher nutzen Politiker ihre Sommerferien nicht dazu, sich vom Volk und das von ihnen zu erholen, nein, in den Sommerferien sind sie den ganzen Tag damit beschäftigt, Bilder von sich „als Menschen" zu produzieren. Wir sehen sie auf dem Fahrrad, auf der Alm, am Strand, auf dem Wochenmarkt, gern auch am Gipfelkreuz mit Rucksack – und am liebsten überall mit Familie. Das ist nichts Neues. Zwischendurch wird eine Fabrik besucht und der Politiker-Mensch redet mit den Volk-Menschen. Auch normal. Der Sommer 2001 brachte viele neue Versionen dieser alten Motive: Hans Eichel lag in den Dünen, Schönbohm stand in Usbekistan mit jungen Menschen herum, Müntefering wanderte für Unicef, Angela Merkel besuchte die Zentrale des Internet-Buchhandels amazon, Gerhard Schröder zerteilte in ostdeutschen Universitäten Pfirsiche mit Wasserskalpellen und in ostdeutschen Steinmetzbetrieben eben Steine. Was halt so anliegt. Der Politiker soll Urlaub machen, aber keine Ferien, denkt er. Er muss neben dem ganzen Menschsein unbedingt jeden Tag auch „eine Stunde konzentriert Akten studieren", sich zumindest dabei fotografieren lassen, denn sonst gibt es eine Inflation, denkt der Politiker, dass der Zeitungsleser es denkt. Und wenn Julian Nida-Rümelin sich zu einem vernünftigen Erholungsurlaub aufmacht, bellt ihn die *Bild*-Zeitung an, und Schröder muss im Regenwald anrufen, ihn „zurückpfeifen". Wegen der Akten. So war das im Sommer.

Dann ging Scharping zu Wasser. In derselben *Bunte*-Ausgabe badete zwar auch Rezzo Schlauch („Er kommt vom Dorf. *Bunte* hat er es gezeigt"), aber ohne Frau und ohne Amt ist es egal, da ist es einfach nur lächerlich. Ganz anders bei Scharping, der die ganze Aufregung natürlich nicht verstand – es handle sich doch um eine Privatangelegenheit. Nur fand die eben in der Zeitung statt. Aber Scharping hat auch Fürsprecher: Pur-Sänger Hartmut Engler („Ich finde das prima"), einige Soldaten (die die Bilder laut Scharping tatsächlich als „einfach erfrischend" empfanden), *Bild*-Postbote Franz Josef Wagner („Lieber Rudolf Scharping") und, ebenfalls in *Bild*, „die bekannte Münchner Diplom-Psychologin Karin Maria Mensch", deren Nachname natürlich erfreut und die ihn dem gerecht werdend in Schutz nimmt bzw. vollends entmündigt: „In seinem Körper wird das Glückshormon Serotonin freigesetzt." Scharping war arglos wie viele vor ihm auf die Versuchsanordnungsvorschläge des von PR-Spezialist Moritz Hunziger als „genialen Menschenverführer" bezeichneten *Bunte*-Autoren Paul Sahner eingegangen, der einige Wochen zuvor auch mit Martin Walser im Bodensee gebadet hatte. Mit Michel Piccoli war er im Bordell, mit Peter Alexander angeln, mit Johannes B. Kerner joggen und mit dem Dalai Lama pilgern. Scharping hätte gewarnt sein müssen, ist aber jetzt bloß beleidigt und bezeichnet in seinem neuesten Sahner-Interview die Reaktionen auf die Fotostrecke als „hysterisches Jagdfieber", und die Bildunterzeile eines weiteren Fotos mit Gräfin rückt alle bösartigen Unterstellungen zurecht: „arbeitet auch im Urlaub". Die Steilvorlage, die Scharping der Opposition gab, musste diese natürlich auskosten, und nur die wenigsten vom Jagdfieber Gepackten blamieren sich dabei so offensichtlich wie Guido Westerwelle, der selbstverständlich in vorderster Reihe mit geübt schaler, RTL2-tauglicher Flachwitzhärte tadelte, Scharping, hoho, gehe baden, während doch die Bundeswehr, Achtung: Gag!, schwimme; dumm nur, dass man ihn, Westerwelle, am selben Tag, Arm in Arm mit Marie-Luise Marjan über ein Fest walzend abgebildet sah und er die Leser von *Bunte* und *Gala* im Sommer auch nicht gerade knapp gehalten hatte mit Fotos, die ihn beim „Faulenzen, Segeln, Mountainbiken und Beach-Volleyball mit Freunden" zeigten.

Es hilft nichts, das Ganze muss zur „Chefsache" erklärt werden, Fraktionsdisziplin sollte im Yellow-Press-Entzug geübt werden. Gerhard Schröder, der natürlich Modestrecken von Trittin oder Schäuble und auch Scharpings „ausgelassene Wasserspiele" (*Bunte*) erst möglich gemacht hat, zeigte am Wochenende beim Kanzlerfest, wie man zwar fototauglich ein intaktes Privatleben in der Öffentlichkeit präsentieren, dabei aber trotzdem noch zurechnungsfähig wirken kann: Mit ruhiger Hand um die Schultern seiner Ehefrau stand er da, die beiden schunkelten, während Udo Lindenberg sang, Schröder-Köpf rief „Udo, Udo", und nach der Darbietung nahm jener Udo-Udo dann Frau Schröder-Köpf in den Arm, und Schröder eilte dazu und tat lachend für die Kameras so, als müsse er die beiden gewaltsam trennen, dann regnete es Feuerwerksfunken auf die Bühne, alle guckten in den Himmel, und nach der letzten Rakete sagte Schröder zu seiner Frau, laut genug für die bettelnden Mikrophone ringsherum: „Das haben die doch doll gemacht." Schon kam RTL-Exklusiv-Tröte Frauke Ludowig herbeigeeilt und Schröder sagte, Lindenberg sei sein Lieblingssänger, woraufhin ihn Ludowig bat, doch mal ein Lied anzustimmen, Schröder sich aber weigerte, denn er singe nur in der Badewanne, dort allerdings ganz gerne, und seine Frau ergänzte, dass es besser so sei, andernfalls drohe eine Regierungskrise, und da musste Ludowig sehr lachen, ihr Kameramann konnte auf Stopp drücken und Schröder endlich den Arm von den schmalen Schultern seiner Frau abziehen. Einige Meter weiter flammte wieder ein Scheinwerfer auf, der Kanzlerarm senkte sich wieder auf den Kanzlergattinnenrücken und weiter ging's: Die Mädchenband No Angels musste mit dem Kanzler gemeinsam gefilmt werden, „Na los!", rief Schröder, „macht hin, ich kann nicht so lang den Bauch einziehen", Gelächter, und Schröder-Köpf unterfütterte das Rumgestehe mit dem Bericht aus dem heimischen Wohnzimmer: Ihre Tochter Klara sei „ein Riesenfan" der Gruppe, na so was, und dann kamen alle mit in die achte Etage, in Schröders Musterwohnung. Männer, die sich zuvor mit Sonnenbrillen und E-Gitarren auf der Bühne vor dem Kanzleramt verausgabt hatten, saßen nun am Wohnzimmertisch und staunten über den Ausblick. Weil alles stimmt, was in der Zeitung steht, gab es Rotwein und Zigarren, und immer, wenn einer der Gitarrenmänner sich brav und ohne etwas kaputt gemacht zu haben verabschiedete, zog Schröder sie unterschiedslos etwas ruckartig zu sich heran und schüttelte sie zum Abschied. Doll, dass ihr da wart. Das erzählten die Männer sich dann im Lift und rätselten, ob der Kanzler sie vielleicht verwechselt habe. Stand jemand auch nur kurz allein in der Wohnung herum, kam Schröder-Köpf angeschwebt und zeigte dem Gast alle

Räume, erklärte, dass es auf dem Balkon zu windig sei, um dort zu essen, um dort Kaffee zu trinken, eigne er sich vortrefflich; dann zählte sie auf, wer schon da war, wer noch käme, und dass jeder frage, wer die Bücher ins Regal gestellt habe, und dass es sich bei den Büchern durchweg um Geschenke von Verlagen handele. Auch Julian Nida-Rühmelin war mit seiner Frau da, einer Schriftstellerin, die man aus *Bunte* als „die Orangenprinzessin" kennt. Auch sie ließen die Hosen an und hörten geduldig Udo Lindenberg zu, der weitschweifig „ein Projekt" skizzierte. Man wird ja so dankbar – ein Politiker-Paar, das sich so unpeinlich wie möglich verhält.

Nur wenige Minuten entfernt vom Kanzleramt wohnt der Hauptgeschädigte der Scharping-Fotos: *Bild*-Kolumnist Mainhardt Graf Nayhauss, der jahrzehntelang viermal pro Woche unter dem Titel „Bonn vertraulich" unterhaltsame Petitessen aus dem Regierungsviertel verbreitete und nach parallel vollzogenem Umzug seine Kolumne fortsetzt, die seitdem natürlich „Berlin vertraulich" heißt. Als Multiplikator wird Graf Nayhauss von den Politikern geschätzt und gefürchtet. Er ist bei jedem Empfang, jedem Bankett, jeder Dienstfahrt dabei und berichtet seinen Lesern all das, was in der Tagesschau nicht zur Sprache kommt: was es zu essen gab, wer den schönsten Anzug trug, wer mit wem und wer gegen wen und wer vielleicht, eventuell, man hört, es wird gemunkelt, angeblich, weiß nichts Genaues, doch scheint es so, als ob – Nayhauss ist weiterhin der erste Gerüchtekoch der Bundesrepublik, der von den verschiedenen Machthabern unterschiedlich geschätzt und instrumentalisiert, von keinem aber ignoriert wurde, dazu ist seine Leserschaft und damit sein Einfluss zu groß. Seine parteiübergreifende Indiskretion macht Nayhauss unberechenbar und von dieser Seite unabhängig. Jedoch ist er darauf angewiesen, Geschichten und Vermutungen aufzustöbern und zu belauschen. Beinahe beleidigt erinnerte er nun in seiner Kolumne: „Früher wurde heimlich geliebt."

Wenn nämlich Regierungserklärungen im Jacuzzi abgegeben werden, kann Nayhauss seine Kolumne dichtmachen. Vom Balkon seiner Zweizimmerwohnung (Erstwohnsitz bleibt Bonn) aus hat er Blick aufs Brandenburger Tor und auf den Reichstag. Aus dem Zimmer seines Arbeitszimmers kann er das ARD-Hauptstadtstudio sehen. Ideal für ihn, den Beobachter, der dem beeindruckten Gast ein Fernglas reicht. Berlin vertraulich: Auf dem Dach der ARD wird gerade ein Interview geführt, ein Adlon-Page popelt in der Nase und die Menschen, die sich gegenseitig vor dem Brandenburger Tor fotografieren, kommen tatsächlich überwiegend aus Japan. Hinterm Adlon sieht man den Sat1-Ballon schweben, für 36 Mark kann man von dort aus eine Viertelstunde über die Hauptstadt blicken, wahrscheinlich nur noch bis November, da Roland Koch sich beschwert hat, die Touristen würden ihm von diesem so genannten „Hi-Flyer" aus direkt ins Büro gucken. Das möchte man natürlich gerne prüfen, vielleicht badet Koch gerade oder überweist Geld, wer weiß, also hinauf, und am liebsten natürlich mit Deutschlands führendem politischen Schlüssellochgucker. Auf dem Weg zur Ballonabflugstelle begegnet Nayhauss seinem Kollegen von der *Süddeutschen Zeitung*, der Recherche-Legende Hans Leyendecker. Die beiden Herren kennen einander lange und begrüßen sich freundlich, schütteln kurz den Kopf über den Offenbarungseid des Medienberaters Josef von Ferenczy, der habe sich komplett verrannt, analysiert Leyendecker, habe nach Ende des Kalten Krieges irgendwie den Anschluss verpasst, na ja, wie es eben so ist, tjaja, und sonst – die beiden Herren wippen auf ihren Schuhen, warten, dass die Ampel grün wird. Nayhauss zeigt auf den Ballon, und tatsächlich kommt Leyendecker gerade dort her, mit seiner Tochter war er raufgefahren, er hatte ihr vorher nichts von seiner Flugangst erzählt, so schlimm sei es aber oben auch nicht, bloß ein bisschen windig, na dann viel Spaß. Nayhauss kennt den kürzesten Weg zum Ballon, und bezeichnenderweise heißt diese Straße „In den Ministergärten“ – sein Revier. Ob er Rentner sei, fragt die Ballonfahrt-Kassiererin Nayhauss uncharmant, und bevor er antworten kann oder muss, begleicht sein Begleiter flugs zweimal den vollen Fahrpreis, keine Ermäßigung, bitte. Oben die allerbeste Aussicht. Nayhauss kann zu jedem Gebäude eine Schnurre erzählen, dort im Sony-Center zum Beispiel hat ihn Naumann mal „Schmalspur-Journalist“ genannt, nachdem Nayhauss ihn zuvor in seiner Kolumne als „Schmalspur-Minister“ bezeichnet hatte. Bei Roland Koch sind die Jalousien geschlossen. „Politiker haben eigentlich eine Einblicksverpflichtung“, sagt Nayhauss, heimlich aber würde er nirgends reingucken, und geschrieben habe er bislang nie über Koch – „er hat mich noch nie eingeladen“. Zu viel des Guten sei es jedoch bei Scharping, Nayhauss nennt es „over-exposure“. Da muss sogar ein professioneller Aufdiepellerücker wie er sein Fernglas verkehrt herum halten, um den natürlichen Abstand wiederherzustellen. Der Ballon setzt zur Landung an und im Radio heißt es, Scharping fliege wahrscheinlich. Den sich aufdrängenden Wortwitz wird Guido Westerwelle bestimmt gerne in ein Mikrophon hineintriumphieren. Graf Nayhauss muss zum Hautarzt, sich außerdem bei der Telekom beschweren und dringend seine Reise nach Slowenien abrechnen, erzählt er zum Abschied. Ganz vertraulich.

BECKER
VORSICHT
STUFE!

Hobbykeller

Ein Kellerraum unter einem Duisburger Mehrfamilienhaus. Vollgestopft, aber ordentlich. Hier wertete ein heute 76-Jähriger jahrelang für den Deutschen Tennisbund die Weltpresse aus. Suchbegriff: Becker, Boris. Alles.

Eher zufällig gerieten die akribisch geführten Ordner in die Hände der Staatsanwaltschaft, die ihr Glück kaum und Boris Becker nun wahrscheinlich doch fassen kann: Beckers nach Vorbild von Ion Tiriacs Frisur verästeltes Firmen-/Wohnsitz-/Steuer-Konstrukt beschäftigt Fahnder und Juristen schon jahrelang, und die in ihrer Vollständigkeit beispiellose Duisburger Dokumentation bringt nun Dynamik in die Klärungsbemühungen, geht doch daraus genau hervor, wann Becker wo war und warum. Alles säuberlich ausgeschnitten, aufgeklebt, zusammengeheftet.

Bezeichnenderweise sind es hochgradig unglamouröse Orte, die dem sich in einer Ludowig'schen Guccischlaufe verlierenden einst (bald wieder?) so genannten Leimener gegenwärtig Realitätsrückrufe bescheren – nach der Besenkammer nun der Rentnerkeller.

Neben dem Lichtschalter bittet in zackiger Handschrift ein Schild (alles ist ja in einem deutschen Rentnerhaushalt ausgeschildert) die

Kellermitbenutzer, Fahrräder nicht vor dem Eingang abzustellen: „Muss oft mit vollen Händen in den Keller. Danke.“ Voll müssen die Hände in der Tat gewesen sein, denn nicht nur das Leben von Boris Becker wurde hier zu Papier, auch Chroniken zahlreicher Fußballvereine wurden in diesem Keller angefertigt. Mit dem Zeitungszerschneiden begonnen hatte Herr Dings (Klingelschildaufschrift bekannt) auf der Suche nach Berichten über den MSV Duisburg. Als Nebenaspekt der gegenwärtig stark diskutierten Frage nach Beginn menschlichen Lebens sei die Überlegung gestattet, wie ein vom Vater am Tag der Geburt verfügter Vereinsbeitritt sich auf den späteren Charakter auswirkt. Herr Dings ist seit seiner dritten Lebensminute Mitglied des MSV Duisburg, sein Vater hatte mit halb ausgefülltem Formular in der Geschäftsstelle auf den Anruf der Hebamme gewartet und war wohl ganz froh, dass Herr Dings kein Mädchen geworden war. Es dürfte nicht viele Menschen geben, die fünf Jahre vor ihrem 80. Geburtstag geehrt werden für eine 75-jährige Vereinsmitgliedschaft. Die dafür verliehene „Goldene Ehrennadel mit Brillant“ hängt neben der von Herrn Dings am 12. Mai 1940 unterschriebenen Luftwaffen-Verpflichtungserklärung. Auch der Steuerknüppel des von Herrn Dings geflogenen Kampfbombers wurde an die gestreifte Tapete genagelt. Daneben Mannschaftsbilder aller Art, ein Barometer und, auf Wimpeln und Zinntand, immer wieder: das MSV-Wappen. Schließlich hat er das gemeinsam mit seinem Vater auf dem Linoleum einer Teppichbodenrückseite entworfen.

Die Zuneigung zu diesem Verein war ihm ja nun tatsächlich in die Wiege gelegt worden, das Schnipselsammeln also anfangs nicht verwunderlich, jeder sammelt ja irgendwas, doch mit den Jahren wurde die Sammelleidenschaft des Herrn Dings immer raumgreifender, jahrelang musste er übers Fußende ins Bett steigen, der Rest des Zimmers war mit Zeitungsbergen verstellt.

Nach dem Krieg bekam er eine Anstellung bei Thyssen, erstellte täglich die Konzernberichte, druckte, ordnete und heftete auch dort. Nach der Arbeit ging es im heimischen Keller weiter, jeden Abend bis zur mitternächtlichen Radionationalhymne. Im Tausch gegen seine vom lufthohen Morddienst mitgebrachten, damals äußerst raren Nachtsichtgläser bekam Herr Dings von einem holländischen Schiffskapitän einige Tonnen Papier. Er schnitt, sammelte und klebte. Sponsoren und andere Vereine wurden auf die imposanten Jahresbände des MSV aufmerksam und beauftragten Herrn Dings mit weiteren Suchbefehlen. Zeitweilig sichtete Herr Dings pro Tag 80 Zeitungen. Den Keller verließ er nur noch in Richtung Thyssen, Bett oder Kiosk. Er war ein vollanaloger Suchmaschinist, eine Art freiheitlich rechtsstaatlich arbeitende Einmann-Ruhrpottstasi.

Einmal hatte ihm der Tennisbund zwei Karten für ein Daviscup-Spiel in der Essener Grugahalle geschickt. Herr und Frau Dings sind hingefahren, haben die Essensgutscheine eingelöst und nach Turnierende hatten sie Zutritt zu irgendeinem Wichtigbereich, Herr Becker, ich habe Ordner mitgebracht, hatte Herr Dings gerufen, doch Becker habe nur Ja ja gesagt.

Obwohl Tennis ihn nie so interessiert hat wie Fußball, begeisterte Herrn Dings doch die Spielweise von Martina Navratilova außerordentlich. Als er dann vor einigen Jahren mal seine Schwester in Texas besuchte, hat er Navratilovas Adresse ausfindig gemacht, doch sie war nicht da, und das war vielleicht auch besser so, denn „viel Englisch kann ich nicht, eigentlich bloß von früher: Ami go home“.

Nach einem Herzinfarkt hat der Arzt Herrn Dings die Kellerarbeit verboten. Eine kleine Ausnahme hat Herr Dings sich vor Kurzem gestattet und für sein jüngstes Enkelkind eine „Festschrift zur Taufe“ zusammengestellt. Darin findet sich der MSV-Mitgliedsausweis des Kindes, ausgestellt am Tag der Geburt. Sauber kopiert und abgeheftet.

1927
FASZINATION
NÜRBURGRING

Formel 1

Heiner Lauterbach hängt irgendwo fest, wird gemeldet, also nehmt Ochsenknecht allein, sonst bricht uns der auch noch weg. Okay, okay, der Kameramann rennt los, der Tonmann hastet hinterher, wo ist Nova, Nova ist schon da, grüß dich Uwe, los geht es. Nova Meierhenrich stellt sich neben Uwe Ochsenknecht, dessen Hemdfarbenwahlkriterium wie immer zu sein scheint, auch vom Helikopter aus jederzeit erkennbar zu sein. Hallihallo, sagt die Farbe, hier ist Uwe Ochsenknecht, ich bin ein deutscher Schauspieler, Julian Nida-Rümelin muss gut finden, was ich mache, hallo, hallo, ich bin's, ich und mein Hemd, und die 70er-Jahre waren sehr schön. Ochsenknecht also bricht nicht weg, Lauterbach hängt weiterhin, und Nova Meierhenrich, die im Auftrag des Decoderelitenfernsehsenders Premiere, jenem Kanal für Menschen mit entschieden zu viel Zeit und zu wenig Freunden, die redet dann mal los, Kamera läuft, läuft die ganze Zeit, man kann ja hier im Fahrerlager des Nürburgrings bedenkenlos durchfilmen, irgendwer Prominentes läuft immer durchs Bild. Keine Fragen zur Familie!, ruft eine Ochsenknechtbetreu-Dame noch, und Nova Meierhenrich, die sich selbst Lifestylereporterin nennt, und die von *Bild am Sonntag*, für die sie die Kolumne „F1 inside" schreibt, bzw. über der ihr Name steht, als „Vollgas-Diva" und „Pistenlady" tituliert wird, Nova Meierhenrich also lässt Leo Kirch im Dorf und beruhigt: „I wo, ist doch nur für Premiere." Uwe Ochsenknecht findet es also auch total spannend alles, danke, viel Spaß noch, das war länger als eine Minute dreißig, also zu lang, wenn jemand ins Plaudern komme, soll sie bitte abwürgen, sonst kann man es nicht senden, erklärt eine Redakteurin, und verständig nickt die Vollgaspistenlady Nova, deren Arbeitstag im Helikopter mit den so genannten Klitschkobrüdern begonnen hat („Ich bin hier jetzt gerade mit den Klitschkobrüdern unterwegs“), also diesen zwei gutmütig bis bräsig wirkenden Faustkämpfern mit rudimentären Deutschkenntnissen, die früher eine Jahrmarktsattraktion gewesen wären und heute eben interviewt werden, denn dieses dialogische Wortvomieren wird ja Interview genannt: Hallo, du auch hier, und, was erwartest du so vom Rennen, ist es dein erstes Rennen, wo hast du denn das Outfit her, wie ist so dein Gefühl, coole Sonnenbrille, wen hast du so gesehen, bis später, ich wünsch dir auf alle Fälle jede Menge Spaß. Das ist ein Interview. Jede Ölkanne wird interviewt, jede Sonnenbrille kommentiert die Lage. Bis zum Rennen sind nämlich noch einige Stunden rumzukriegen, und die Sendungen haben schon begonnen, das Drumherum wird ins Monströse aufgebauscht, sodass man kurz vorm Start eigentlich spätestens übersättigt ist, aber viele Menschen gucken sich das gelängte Elend an, sonst gäbe es das ja gar nicht. Die Formel 1 ist zurzeit eben das, was Tennis mal war und kurz auch Boxen, eine Sportart also, deren professionelle Ausübung Ort und Zeitpunkt für Prominentenzusammenkünfte festlegt, wo also alle hinkommen, weil alle hinkommen: „Sehen und gesehen werden“, analysiert Nova Meierhenrich in ihrer Kolumne und verzichtet unerklärlicherweise auf die mit dieser Phrase eigentlich doch siamesisch verwandte Wendung „Jahrmarkt der Eitelkeiten“. Vielleicht nächsten Sonntag dann, anlässlich des Großen Preises von Frankreich in Magny-Cours.

Nova Meierhenrich, die – man käme von selbst nicht unbedingt drauf – ein Journalistik-Studium abgeschlossen hat, bevor sie begann, Quark zu senden, ist natürlich nicht die einzige nett anzusehende junge Dame mit der Aufgabe, Prominenten einsdreißig lang ein Mikrophon vors Gesicht zu halten. Vor jedem Wohnwagen steht jemand Blondes und spielt Journalistin, ein komplett neuer Berufszweig ist so entstanden. Die Arbeitsämter sollten schon mal Umschulungsmöglichkeiten vorbereiten für die beträchtliche Zahl jener sich mit dieser Tätigkeit recht spezifisch fortbildenden Damen, die absehbarerweise nach Ablauf des Junggenugseins, abgefahrenen Reifen gleich, unsentimentalst ausgetauscht werden. Formvollendet in Leben und Werk von Verona Feldbusch gaukelt diese neue, besonders perfide Form der sexistischen Ausbeutung vor, ihre Opfer seien sich all dessen bewusst, viel ist vom Augenzwinkern die Rede – am Ende aber wird den Frauen doch wieder nur in den Arsch gekniffen.

Im Auftrag von RTL läuft Jeanette Biedermann herum, deren Karriere mit dem Gewinn eines Sangeswettbewerbs der *Bild*-Zeitung begann, daraufhin hieß sie „Bild-Schnuckelchen", inzwischen ist sie Schauspielerin, das heißt, sie macht in einer Seifenoper mit, und natürlich hat sie auch schon eine CD herausgebracht, woraufhin irgendjemand, schätzungsweise ihr Management, begonnen hat, sie „die deutsche Britney Spears" zu nennen, und weil also bei dieser Dame offenbar nichts zu absurd ist, führt auch sie nun Interviews. Ist sie wenigstens von der Straße weg, was soll's. Gerade sitzt sie auf einem Reifen („Leute, ich sitze hier auf einem Original-Reifen") und gleich wird sie Michael Schumacher in die Arme laufen, ihm sagen, dass sie sehr aufgeregt ist und ihm die Daumen drückt, und hinterher hysterisch rumfiepen, weil Schumacher so nett war, und die zuständige Redakteurin wird das Interview loben. Dann wird Jeanette Biedermann sich bei Ben Becker dafür entschuldigen, „dass ich so komische Fragen stelle, weil das nicht mein richtiger Job ist" oder so ähnlich, und Ben Becker wird belustigt konstatieren, dass er sich so was „schon gedacht habe, junge Dame", und dann mit Heino

Ferch noch ein bisschen von rechts nach links und von links nach rechts laufen, durch seine Sonnenbrille gucken und gut aussehen, bis eben endlich das Rennen beginnt, dabei wird er auch Nova Meierhenrichs Nullfragen sendefähig beantworten. Ben Becker besucht zum ersten Mal ein Formel-1-Rennen, eingeladen hat ihn, das ist so üblich, irgendeine Zigarettenfirma, rauchen und geraucht werden, das ist der Deal. Becker also trägt einen fabelhaften Anzug, poltert herrlichen Quatsch in die Mikrophone, trinkt ein Bier und benimmt sich wie ein Star, das ist doch mal sehr angenehm, er ist nicht so verdruckst wie die allermeisten deutschen Schauspieler, die ständig versichern, auf dem so genannten Teppich geblieben zu sein, und nichts langweilt ja mehr, was bitte soll das immer, auf dem Teppich ist doch der Zuschauer selbst, wozu braucht er da Stars, nein, seine Kollegen sollten es Ben Becker nachtun und rumposen, sich was ausdenken, das ist auf alle Fälle unterhaltsamer, das wäre mal ein Schritt: halb so viele Preisverleihungen für künftig bitte doppelt so gute Filme, bisschen interessanter werden, mal das Jammern zur Landung einstellen, danke. Und ab und zu mal kein Interview geben, das könnte auch nicht schaden. Mal an einem Mikrophon vorbeigehen oder sich vorher zumindest einen Satz überlegen, der noch nicht in der *Gala* gestanden hat, wie wär das?

Jetzt, Nova, da, Götz George, hin! Den muss man „mitnehmen" (= interviewen), aber das kann auch gehörig schiefgehen, hoffentlich will der nicht über einen neuen Kunstfilm reden, nein, offenbar hat ihm jemand erklärt, dass man hier bitte alles super finden soll und Wahnsinn und danke. George gelingt es beinahe, mitzunichtsen, nur kurz weicht er ab, normalerweise sei ein Wochenende zum Rückzug da, zum Lesen – aha, cool, nickt Nova, und das ist ein entzückender Moment, aber zu lang war's, über eins dreißig.

Heiner Lauterbach ist angekommen, wird von RTL-Streckenposten Kai Ebel geduzt, schuhgeleckt und zu irgendeiner Kamera ge-

bracht. Ein Mitarbeiter der *Bild am Sonntag* fragt Nova, wie sie ihre Kolumne findet, sie beschwert sich über ein eingeklinktes Fastnacktbild: „Ich wollte diese ganze sexy Schiene nicht." Er nickt, aber eigentlich scheint er eher den Kopf schütteln zu wollen. Was möchte sie denn bitte dann? Wahrscheinlich „journalistischer arbeiten". Äh ja, natürlich. Man denkt an Aussagen vergleichbarer Fachkräfte, die nach ihrer ersten Nacktbildveröffentlichung mit dem Klassiker „Ich interessiere mich sehr für Moderation" darum bitten, sich wieder anziehen und trotzdem weiter mitmachen zu dürfen. Nur sehr selten interessiert sich die Moderation aber auch für sie.

„Ich bring dich ganz groß raus" kann dann auch heißen: Da vorne ist die Tür.

Um 14:00 Uhr endet Novas Arbeitstag: Das Rennen beginnt.

Hier gibt's Cash!
DA
2002

Währungsreform

Nein, Spielgeld gibt es nicht, wirklich nicht. Die Paderborner Bürger sind enttäuscht. Das Lokalfernsehen hatte am Vorabend versprochen, im Euro-Zelt auf dem Rathausplatz seien Bastelbögen mit Münzen und Banknoten zum Ausschneiden zu bekommen. Paderborn ist eine der 100 Städte, in denen dieses Zelt bis zum Ende des Jahres für jeweils zwei Tage aufgestellt wird. Die Deutsche Bundesbank und die „Aktionsgemeinschaft Euro“ wollen der allgemeinen Angst und Unkenntnis bezüglich der Währungsumstellung in so genannten „direkten Gesprächen mit den Bürgerinnen und Bürgern“ entgegentreten.

Die Bürgerinnen und Bürger sind ja Zelte auf Marktplätzen gewohnt. Baut doch fast täglich in jeder anständigen deutschen Fußgängerzone irgendjemand zwischen Springbrunnen und städtisch bepflanztem Blumenkübel Stand oder Zelt auf und bittet um Aufmerksamkeit, Unterschrift oder Spende. Wenn es regnet, mufft man als Bürger diese Nervposten mit ihren Prospekten, Listen, Buttons und rasselnden Geldsammeldosen gehörig an, wenn jedoch die Sonne scheint, lächelt man auch mal oder zeigt sich interessiert, dabei Eis essend. Das Euro-Zelt hat nun den Vorteil, dass jeder Passant zur Zielgruppe gehört und deshalb das Bürgerinteresse, die Stehenbleiberfrequenz, trotz novembriger Witterung beträchtlich ist. Ein schlechtes Gewissen oder Angst hat schließlich jeder, wenn er von Weitem die Styropor-Euro-Münze sieht: Seit Jahren wird darüber geredet, doch jetzt scheint es wirklich ernst zu werden. Niemand weiß genau, was ab dem 01.01.2002 (oder früher – oder später?) passiert, ob es dann eine Inflation gibt oder man nur noch mit Taschenrechner einkaufen gehen kann, ob es sich auf die Rente im Saarland auswirkt, wenn in Griechenland die Zinsen steigen, wieso der Umrechnungskurs so krumm ist und wohin bis wann mit den Schlafmünzen – oder ist das bloß eine weitere Sendung mit Günter Jauch?

Misstrauisch („Größer sind die Münzen nicht? Aber doch bestimmt schwerer!") bis pragmatisch („Passen denn die Scheine ins Portemonnaie?") sind die Fragen, die die Eurozelter geduldig beantworten. Wenn ein Bürgerdirektgespräch im einvernehmlichen Tja versandet, wird es auch mal philosophisch: „Der Euro ist ja mehr als nur Geld." Und es gibt wirklich kein Spielgeld? Nein, aber wenigstens ein Gewinnspiel, dazu allerlei Prospekte, Listen und Merkzettel, die, weil sie gratis sind, vor allem lärmende Schulklassen in ihren Scoutranzen verschwinden lassen. „Aber nur, wenn ihr sie auch lest", jammert eine Mitarbeiterin der Aktionsgemeinschaft hilflos mit kippender Referendarinnenstimme.

Vor dem Zelt hat sich ein Student das „Euro-Sandwich" umgeschnallt, läuft nun als riesige Pappmünze durch die Fußgängerzone und verteilt Broschüren. Ein gut durchbluteter Herr mit Försterhut und viel Zeit für ein direktes Bürgergespräch bleibt stehen und stellt den wehrlos in seiner Werbemontur Steckenden zur Rede. Wie er sich das denn vorstelle mit dem Euro, wie das denn bitte funktionieren solle, solange nicht überall dieselben Steuersätze gelten. Und dies und das.

Ja, das sei im Einzelfall sicher richtig, stottert der pro Stunde bezahlte Student, der ja auch nichts dafür kann, aber verkleidet als übergroßer Euro natürlich eine hervorragende Beschwerdenzielscheibe abgibt.

Den baldigen Weltuntergang prognostizierend setzt der Mann seinen Weg fort, und der Student wünscht sich das Mauskostüm herbei, in dem er an Wochenenden vor dem Zelt rumzuturnen hat, das zwar kratzt, aber mehr Schutz bietet.

Auf Schautafeln im Zelt kann man die neue Währung begucken, allerdings nicht in Originalgröße, wegen der Verbrecher. Drei Verkäuferinnen eines nah gelegenen Kaufhauses stehen vor einem Informations-Bildschirm und ergänzen die schon draufgepatschten Bürgerfettflecken durch ihre Fingerabdrücke – per Monitor-Berührung navigieren sie durch ein Multiple-Choice-System, dessen Ziel es ist, „Fit für den Euro“ zu machen. Ihr Chef habe sie geschickt, damit sie am nächsten Tag in der Personalversammlung ein kleines Referat zum Euro halten können, also schreiben sie ab, was der Monitor weiß, bis sie merken, dass es auch das als Faltblatt gibt, bitte, daran soll es nicht scheitern, als Faltblatt gibt es hier alles. An Wochenenden kriegt man sogar Schokoladenmünzen ins Gesicht geschleudert, dann steht vor dem Zelt eine Wurfmaschine.

Ein Euro entspricht ungefähr zwei Mark, ganz genau jedoch: 1,95583 DM. Ja, verbindlich. Aha, hmhm. Das heißt mal zwei, durch zwei, was denn jetzt? Und das gilt jetzt schon? Theoretisch? Jedes Land gestaltet die Münzrückseiten individuell, was ja eine wunderbar idiotische Kompromisslösung ist, und im September gibt es die Originalbanknoten zu sehen, ab Dezember erste Münzen bei der Bank, ab erstem Januar dann keine Gnade, ah ja, und – so viele

Euro –
Amerikaner

Regelungen und Termine, die Paderborner nicken schicksalsergeben und stecken noch einen Prospekt ein. Also: mal zwei? Durch zwei? In der Bäckerei Zarnitz liegt der Euroumtauschkurs bei 1,85 DM: Dafür bekommt man einen, schöne Wortkoppelung, Euro-Amerikaner. Das Graubrot heißt vorübergehend Euro-Kruste, ja, zumindest der Bäcker in Paderborn ist schon ausgesprochen eurofit.

Die Kugelschreiber zum Rätselausfüllen sind vorsichtshalber angeleint (die Schulklassen!), was gibt es denn außer Prospekten umsonst? Tüten mit Banknotenkonfetti, eingeschweißten DM-Achthundertstel als Souvenir der guten alten Zeit. Das sei doch mal was, freut sich eine Paderbornerin und langt beidhändig zu, für die Hochzeit von Heiko und Inken. Immerhin: Werfgeld.

Filmpreisverleihung

Eigentlich sollte ich mit meiner Band die paar hundert Meter vom Adlon bis zum roten Pro7-Teppich vor der Staatsoper chauffiert werden, nun aber heißt es, ich soll besser gemeinsam mit meiner Moderations-Kollegin Susann Attwell vorfahren. Na schön. Um acht soll es losgehen, wo bleibt jetzt Susann? Geschminkt werden muss ich auch noch. Und die Haare! Ich trage stets zwei Fotos meiner Frisur im Idealzustand bei mir, die zeige ich den Maskenbildnern als Zielvorgabe. Mein eigenes Haarspray, L'Oreal Studio-Line, habe ich auch immer dabei. Zehn nach sieben schon. Bisschen nervös jetzt. Ich benutze heute, anders als sonst, einen Teleprompter, und wenn man dann anfängt zu improvisieren (und das tue ich immer), können die Dinger einen ganz schön überlisten.

Susann, höre ich jetzt, hat eine halbe Stunde vor der Tür auf mich gewartet, ist dann los, und jetzt schon in der Oper. Ich nehme den letzten Fahrdienstwagen, einen Zwergen-Mercedes, die schönen Autos sind alle schon weg. Im Auto läuft esoterische Beruhigungsmusik. Das macht mich nervös. Auf dem Teppich empfängt mich Alexander Matza, der die Ankunft der Gäste kommentiert. Er legt jedem die Hand auf die Schulter und sagt, dass es toll sei, dass man da ist, und was man denn erwartet, und dann sagen alle, na, dass es toll wird, und dann sagt Matza, dass das ja wiederum toll sei. Ich winke nach links, dort stehen Gebührenzahler und rufen und fotografieren. Auf der gegenüberliegenden Seite stehen Journalisten und rufen und fotografieren auch. Wir wollen den Sascha sehn, plärren drei vollschlanke junge Damen links. Ihr sollt zur Schule gehen, singen einige Journalisten rechts zurück. Das ist lustig und gemein.

Einige rufen Götz, Götz, juhu. Angenehm. Oh, jetzt ich: Was dürfen wir erwarten, fragt Matza, nimm die Hand von meinem Smoking, Bursche: Zusammenhängende Sätze in deutscher Sprache, entgegne ich. Das ist natürlich toll, sagt Matza.

Susann ist schon verkabelt. Gleich geht es los. Mein Mikrophon macht Schwierigkeiten, wegen der Fliege, mit einigen Metern weißem Klebeband versiegelt ein Tonmann meinen Oberkörper. So geht es nicht. Meine Band trinkt Bier und isst Garderobentisch-Schokoriegel. Eine fingerfertige Dame näht das Ansteckmikrophon an meinem Revers fest, und da kommt auch schon Regieassistentin Steffi, die mir den Weg weisen wird, wenn ich nach einer Moderation die Bühne verlasse und durch einen Seitenausgang hinausgehe, dann durch die Katakomben, um bei der nächsten Moderation wieder auf die Bühne zu gelangen. Immer im Kreis. Ich laufe hinter Steffi her, sie flüstert exakte Kommandos in ein Funkgerät und hat die Lage im Griff, sehr beruhigend. Wir gehen durch lauter Türen mit der Aufschrift Durchgang verboten.

Es beginnt. Naumann hält eine sehr lange Rede, offenbar lustig, wir hören nur das Publikum lachen, von der Rede selbst nichts, wir stehen auf einem Roll-Podest hinter dem Vorhang, ich am Klavier, Susann liegt darauf gegossen, fabelhaft sieht das aus, und dann rollen wir hinein, singen ein Liedchen, und der Anfangsapplaus ist für ein solches Fachpublikum überraschend herzlich. Ah, in Reihe eins sehe ich gleich Johannes Rau, der ist wie ich Ehrensenator im Münsteraner Karnevalsverein. Auch Möllemann ist dort Mitglied. Da, Jürgen Tarrach, Karasek, Michael Stich, Hannelore Elsner, Ochsenknecht, Iris Berben – alle da. Ein Preis nach dem anderen, es sind ja nicht gerade wenig. Und immer hinter Steffi her.

Alles geht glatt, nur eine Irritation gibt es, als der Teleprompter und ich vergessen, mit wem genau Heiner Lauterbach einen Preis überreicht, aber ich rette elegant: Meine Damen und Herren – Heiner Lauterbach, und jetzt schauen Sie mal, wen er da mitgebracht hat. Die Leute schauen, Steffi und ich gehen ab.

Gleich singt Bryan Ferry. Ich begrüße ihn hinter der Bühne, und er lobt meinen studiolinierten Haarschnitt. Die Frisur, schmeichle ich zurück, sei inspiriert vom Foto auf der ersten Roxy-Music-LP. Das glaubt er mir aber nicht, wird dann per Podest auf die Vorderbühne gerollt und singt wunderschön live zu konservierter Musik. Meine Band und ich spielen komplett live an diesem Abend, ein Lied geben auch BAP, da kommt alles vom Band, bis auf Niedeckens Schellenkranzgerassel. Wim Wenders stellt sich zu den Kölnern, zwischen Schlagzeug und Keyboard, und wackelt ausgelassen mit den Knien. Die stecken in einer schwarzen Hose mit roten Rallyestreifen. Auch dies macht Wenders besonders.

Detlev Buck kommt auf die Bühne und sagt: Kinder, schöne Veranstaltung, aber das müsst ihr noch ganz schön schneiden. Es wäre schön, wenn dieser Satz drinbleibt.

Der letzte Preis, eine Million Mark für Oskar Röhlers „Die Unberührbare", ich mache einen leicht obszönen Witz über Naumanns Spendierhosen und einen darin befindlichen Goldsack, der stand so nicht auf dem Teleprompter, die Kamera fährt um mich herum, ich trete fast auf Diepgens Schuh, und dann ist die Verleihung vorbei, ich rufe erst mal meine Frau an und wechsle das Hemd. Meine Band trinkt schon wieder Bier.

Da kommt ein Kamerateam angelaufen und fragt mich, ob es toll war. Von links latscht Ulrich Wickert ins Bild und sagt, man solle mir kein Wort glauben. Doch, doch, heißt es von der anderen Seite, Roger Willemsen ist das, alles könne man mir glauben. Das Kamerateam reckt begeistert die Daumen in die Luft, Wickert beginnt Homers Odyssee zu zitieren, gibt ab an Willemsen, der De bello Gallico runterrasselt. Ich sage schließlich den einzigen russischen Satz, den ich noch aus der Schule kann. Schnitt. Dann esse ich einige Meeresfrüchtepastetchen und trinke Sekt und Bier im Wechsel, unterhalte mich und alles geschieht genauso, wie es am kommenden Donnerstag in *Bunte* und *Gala* nachzulesen sein wird.

Anderntags fahre ich mit meiner Band nach Thüringen. Wir treten im Rahmen des Arnstadter Jazzweekends auf, und anders als am Vorabend gehe ich auf die Bühne und weiß wieder ganz genau, was zu tun ist. Keine nette Steffi muss mich führen, meine Haare mache ich mir selbst und der Abend muss auch nicht geschnitten werden, keinerlei Staatsmacht im Saal, nur wir und unsere Lieder. Was auch reicht. Am Dienstagabend werde ich mit meiner Frau die Videokassette angucken, ohne vorzuspulen. Mal sehen, wie es war.

Mallorca
Magazin
BÜRO
LIBROS

Urlaubslektüre

Heinz Hoenig sucht eine Pferdepflegerin, na immerhin, sagt Nils Müller, Klatschkolumnist des *Mallorca Magazins*, eine Meldung sei das allemal. Der Drucker pustet die nachts verschickte, jeden Satz mit bis zu zehn Ausrufungszeichen beendende e-mail des bei Niederschrift offenbar gut gelaunten deutschen Schauspielers („Hallo Piraten!!!!!!“) in Müllers wartende Hand. Den Heinz Hoenig kennen die Leser, das ist schon mal gut, und dass er eine Pferdepflegerin sucht, indiziert einen individuellen Bezug zur Insel, das ist dann sogar sehr gut – Nils Müller ist zufrieden, schließlich ist es selten, dass ein deutscher Prominenter ihm anderes liefert als (er lehnt sich zurück, schließt die Augen, pustet Marlborolightsrauch aus und imitiert grinsend): „Mallorca ist so gut erreichbar, tolles Klima, tolle Menschen, abwechslungsreiche Landschaft, Palma hat ein besonderes Flair, die Ballermann-Klischees haben mit dem Großteil der Insel nichts zu tun.“ Und, zum tausendsten Mal dabei, bitte nicht mehr wählen: die schönen Ecken. Er kann es nicht mehr hören. „Ich schreibe es natürlich trotzdem immer mal wieder“, sagt er schulterzuckend, schließlich erscheint das *Mallorca Magazin* wöchentlich, und nicht jeder könne ja so vielschichtig und zugleich mitteilsam sein wie Heinz Hoenig.

Seit 30 Jahren existiert das von einem spanischen Verlag herausgegebene deutschsprachige Magazin. Da Mallorca flächendeckend mit quietschrädrigen Drehständern voll aktueller deutscher Tagespresse bestückt wird, berichtet das Magazin den deutschen Kaltfrontflüchtigen eben nicht über zu Hause, sondern über andere Deutsche auf der Insel und über die Insel selbst, hin und wieder sogar über einen Spanier, denn auch die gibt es ja auf Mallorca, man vergisst das immer wieder. Und es ist ja immer was los, was Deutsches: Filme werden gedreht, Grundstücke gekauft, Läden eröffnet, neue CDs oder Ehefrauen präsentiert, auf der Finca das Olivenölloblied oder unten am Strand, bei den Ganzjahresoktoberfestschmerbäuchen, irgendein Tittenlied gesungen – oder eben Pferdepflegerinnen gesucht.

Das Autorenfoto über seiner Kolumne zeigt Nils Müller mit zwischen Ohr und Schulter geklemmtem Telefonhörer, denn er muss sich das ganze Zeug ja anhören. Gestern war er bei Ebby Thust zum Kaffee eingeladen, morgen muss er das Geschehen auf irgendeinem RTL2-Realityboot interessant finden. Zwischendurch mit einem für die ARD auf Witzsuche sich begebenden Bonner Kabarettisten Kaffee trinken. Statt „interviewen" sagt Müller grundsätzlich „Kaffee trinken", denn es geht ja in jeder seiner Geschichten um den so genannten Menschen: „Ich sage immer, ich mach die Storys nicht über die, sondern MIT den Leuten. Schnappschuss, Kaffee trinken, fertig." Zwar seien die meisten seiner Kaffeemittrinker hier in der Sonne besser gelaunt als in Deutschland und ausnahmslos immer gern in der Zeitung, doch müsse er ihnen zunächst stets begreiflich machen, dass er ihnen nicht viel ihrer Urlaubszeit stehlen wolle – „wenn es sein muss, bin ich in einer Viertelstunde durch". Ein Kurzinterview also, beziehungsweise dann wohl ein Espresso.

Ob Schmerzensgeld auf Müllers Gehaltsabrechnung gesondert ausgewiesen ist, fragt man sich, wenn man ihn den Satz „An Jürgen Drews kommt man nicht vorbei" sagen hört und dabei seinen Schreibtisch besichtigt: Es stapeln sich Freiexemplare gänzlich unfassbarer Mitgrölhymnen, der Besitzer der Bar „Golden Door" hat, ganz unverbindlich, ein Perlweißfoto geschickt von sich und Miss

Germany, und unterm Aschenbecher liegt – mit vielen Lesezeichen versehen, denn jedes Kaffeetrinken will vorbereitet sein – Ebby Thusts Buch „Glanz und Elend". Glanz also auch.

Die Redaktion ist untergebracht in einem zweistöckigen gelben Flachdachzweckbau auf einem Hinterhof in Palma, auf dem man eher eine Autowerkstatt mit unverkrampfter Einstellung gegenüber Schwarzarbeit und Altölentsorgung erwarten würde. Ein paar Meter weiter in Richtung der Prachtstraße „Passeig des born" betreibt der Berliner Friseur Udo Walz einen Salon. Über dem Redaktionsfaxgerät ist eine Hausmitteilung angebracht: „Udo Walz bietet allen Redaktionsmitgliedern einen Rabatt von 30 Prozent auf alle Frisierarbeiten." Darüber hat jemand handschriftlich „Freiwillige vor!" ergänzt. Bislang habe erst eine Mitarbeiterin von diesem Angebot Gebrauch gemacht, erzählt eine Redakteurin. Dass diese Kollegin von zu Hause aus mitarbeite, stehe aber nun wirklich in keinem Kausalzusammenhang mit der rabattierten Frisierarbeit.

Das *Mallorca Magazin* begeht nicht den Fehler des gerade eingegangenen *Palma Kuriers*, das Blatt an den ihre Heimatstadt mit Muscheln in Sandwälle buchstabierenden Pauschaltouristen vorbeizukonzipieren. Doch um auch Anzeigenkunden zu überzeugen, die anderes anbieten als Bier, „DZ/VP 599,-" oder Sonnenöl, muss die Berichterstattung nicht nur für die jährlich 3,5 Millionen deutschen Urlauber, sondern auch für die ca. 70.000 dauerhaft auf Mallorca lebenden Deutschen von Belang sein. Der Chefreakteur nennt das „Spagat", und die zwischen Berlin und Mallorca pendelnde Moderatorin der Sendung „Sabine Christiansen" spreizt sich vorbildlich, denn sie liest das Blatt, so war in der 30-Jahres-Jubiläumsausgabe zu lesen, gerne, „weil ich über den aktuellen Stand der regionalen politischen Themen informiert sein will", und wer will das nicht. Diese Begründung ist ja universell verwendbar, auch als Jägermeisterwerbung zum Beispiel oder in einem Pferdepflegerinnenbewerbungsschreiben.

POLIZEI

Drogenfahndung

Drogen arbeiten nicht, wissen wir von Richard Ashcroft, Drogenfahnder hingegen arbeiten natürlich ziemlich viel, und ihre Einsatzzeiten sind unbedingt unchristlich zu nennen. Frühester Morgen, Hamburch pennt noch, aber Herr Streckwald von der Bereitschaftspolizei ist schon wach und bester Laune, fährt angenehm zügig („Jetzt ham mich die Hunde doch geblitzt, man, man, man!") zum Hamburger Hafen, wo heute wie alle paar Tage ein aus Südamerika kommendes Schiff routinemäßig vom Zoll durchsucht wird. Streckwalds Kollegen von der Tauchgruppe werden sich ins Hafenbecken plumpsen lassen und den Schiffsrumpf abtasten, ob nicht vielleicht irgendein Unhold eine Kiste Betäubungsmittel anmontiert und den Frachter als Kurier missbraucht hat. Streckwald fährt noch einen kleinen Schlenker, eine Kollegin abholen, die ihre Morgenzigarette bitte auf dem Gehsteig aussohlen soll, danke. Weiter geht die Fahrt, ein bisschen Fahndertratsch über einen erfolgreichen Zugriff tags zuvor in Rotterdam. Streckwalds Kollegin nennt ihn „Strecki", und statt „festnehmen“ sagt Strecki „hopsnehmen“, was ja eher niedlich klingt, aber da kann ein Beruf noch so aufregend sein, irgendwann banalisiert die ewige Wiederkehr noch alles. In der Grundlagendefinition jedoch bleibt Strecki äußerst genau: Statt von Drogen spricht er von „Rauschgift“, und die Schmuggler und Dealer nennt er „die Bösen“. Eingewurstet in einen spinatfarbenen Overall springt er aus dem Auto, begrüßt die Kollegen vom Zoll, die Taucher, Moinmoinmoin, schallt es, schönste Morgensonne lässt die Warnfarben auf Containern, Gabelstaplern und Helmen strahlen, ein Schiff hat vergessen, das Öl auf See zu verklappen, und nun also schillert eben das Hafenwasser blaumetallic. Das Meer sieht tatsächlich aus wie der Acrylfarbenspastizismus eines im Kundenbereich einer Bank ausstellenden Künstlers, mit dem die Ehefrau des den Unsinn finanzierenden Filialleiters diesen obendrein betrügt, doch das nur nebenbei.

Dann wollen wir mal, frohlockt Strecki. Eine internationale Vereinbarung zwischen Reedern und Behörden legitimiert die Beamten, sich auf jedem Schiff ohne gesonderten Durchsuchungsbefehl umzusehen. Sie melden sich beim Kapitän an, der gerade ein Rührei isst und kauend winkt, der Besuch überrascht ihn nicht, man kennt sich, man grüßt sich, der Kapitän isst weiter, und die Suche beginnt. Ein Maschinist kommt in Badeschlappen um die Ecke, eine Waschtasche unterm Arm, schlurfig, müde, aber nun reißt er die Augen auf und guckt so verunsichert und geständig wie jeder vernünftige Mensch, der urplötzlich einer Horde Uniformierter gegenübersteht. Moinmoin. Einige Zollbeamten haben eine goldene Kordel auf der Mütze kleben, die innerhalb ihrer eigenen Hierarchie für überhaupt nichts steht, bloß Eindruck aufs Schiffspersonal machen soll. Funktioniert.

Die Zollbeamten führen ihren Spürhund Gassi: an Deck, unter Deck, im Maschinenraum, bei den Rettungsbooten. Es bleibt bei

Zufallsfunden und Heißsteinbetropfungen, sinniert Strecki, natürlich würde es die Personalsituation nicht erlauben, jedes infrage (also aus Südamerika) kommende Schiff zu kontrollieren, und die stattfindende Kontrolle kann bei den Ausmaßen eines normalen Containerschiffes auch nur oberflächlich bleiben. Tausende von Containern können selbstverständlich nicht im Einzelnen auf Drogen untersucht werden. „Hauptsache, die Gegenseite weiß, dass wir am Ball bleiben", sagt Strecki und zeigt belustigt auf eine Buntfotostrecke, die jemand auf der Tischtennisplatte im Matrosen-Freizeitraum hat liegen lassen: Eine Hamburger Tageszeitung hat die Wochenendnachtlebennachberichterstattung bebildert mit gesichtsverzerrten, aus Funk und Fernsehen bekannten Ausgehmenschen. Man könne, merkt Strecki lakonisch an, also davon ausgehen, dass an den Kontrollen vorbei durchaus immer mal wieder kleinere Mengen Rauschgift die Hansestadt erreichen.

Strecki guckt über die Reling zum Schlauchboot der Taucher, die zu zweit langsam den Rumpf abtasten. Nichts gefunden bislang, wie meistens. Das Risiko für die Händler sei gering, die Gewinnspanne bei erfolgreichem Transport nämlich gewaltig, rechnet Strecki vor: Ein für ca. 5000 Mark gekauftes Kilogramm Kokain bringt im Weiterverkauf hierzulande gut das Zehnfache ein, also ist es für „den Geeechna" (Streckwald) eine gut kalkulierbare Investition, kleiner Ausfall im Riesengeschäft, wenn hin und wieder eine Ladung beschlagnahmt würde. Nicht jeder ist ja leider so dumm wie der „Trottel" (Streckwald), ein älterer deutscher Herr, weich gequatscht von einer hübschen Dame, der neulich für eine Woche mit nichts als Handgepäck nach Curaçao fuhr und zurückkam mit drei extrem übergewichtigen Koffern, gefüllt, wie er am Zoll angab, mit Gabelstaplerersatzteilen. Braucht man ja immer mal. Der Zöllner, dem all das seltsam vorkam, nahm die Ersatzteile auseinander, das darin lagernde Kokain in Gewahrsam und den Mann natürlich gleich mit.

Die Kollegen vom Zoll haben noch zu tun, die Taucher kommen immer mal kurz zur Lagebesprechung an die Wasseroberfläche geblubbert und tauchen dann wieder ab. Zeit für eine kurze Hafenrundfahrt: Strecki entert das Schnellboot eines Wasserschutzpolizisten und moderiert höchst unterhaltsam den kleinen Törn, unter Berücksichtigung spektakulärer, aktenkundig gewordener Vorkommnisse rund um den Hafen. Erklärt, warum Bananenfrachter besonders geeignet sind für unfreiwilligen Rauschgifttransport, zeigt das Asylbewerberwohnschiff, auf dem es einige Wochen zuvor eine große Razzia gegeben hat, bei der viele Kleindealer während Abpackarbeiten gestört und „hopsgenommen" wurden. Streckwald ist um Differenzierung bemüht, meidet Verallgemeinerungen, kann jedoch aus der Erfahrung etlicher Dienstjahre heraus ernüchternde Fakten ableiten. So sieht es halt aus. Der Drogenhandel ist in fest organisierender Hand, die Polizei hat keine Chance und müht sich doch redlich, was sonst soll sie tun.

Die Taucher kommen aus dem Wasser, recken den Daumen: Gefunden! Was denn, was denn? Drogen, Rauschgift? Nein, nein, einem von ihnen war die Tauchbrille verloren gegangen und die hat sein Kollege jetzt bergen können. Ein Teilerfolg. Auf Wiedersehen, Herr Kapitän. Der Spürhund pisst an den VW-Bus, Strecki fährt in die Hamburger Innenstadt, vorbei am Hauptbahnhof, wo zwischen Steakhouse und Stadtrundfahrtsdoppeldeckerhaltestelle ziemlich offen gedealt wird. Die zwei Polizisten, die dort patrouillieren und manchen Junkie oder Händler zu einem für beide Sprechrollen streng ritualisierten, immer gleichen Dadadialog auffordern oder für ein paar Stunden vom Platz stellen, wirken wie Schauspielschüler bei einer Außenübung.

„Da ist unser Job am Hafen doch befriedigender", sagt Strecki und fährt zurück zu den anderen, zweites Frühstück. Ein paar Fischbrötchen hopsnehmen, dann geht's weiter.

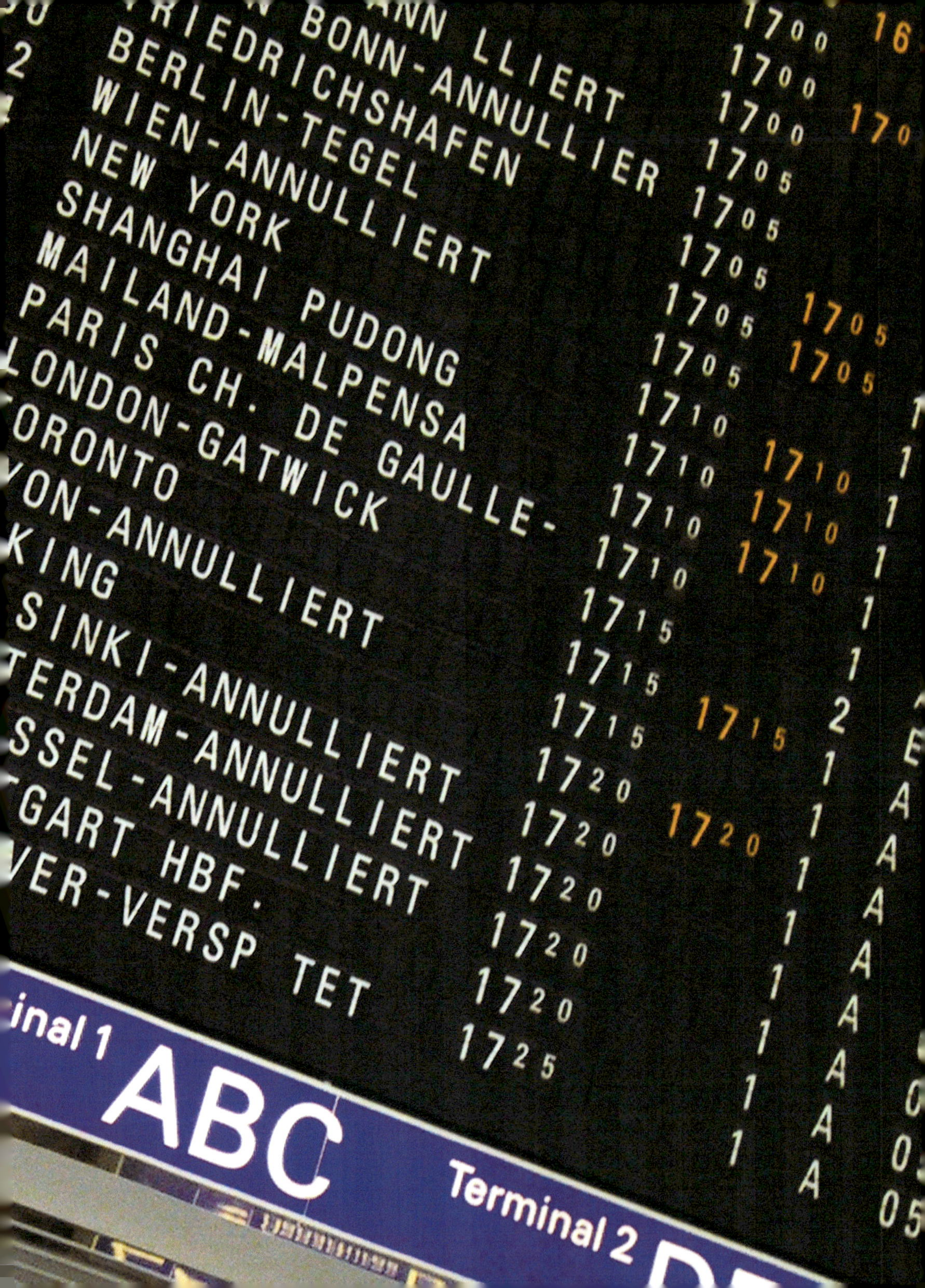

BONN-ANNULLIERT 1700
FRIEDRICHSHAFEN 1700 1700
BERLIN-TEGEL 1705
WIEN-ANNULLIERT 1705
NEW YORK 1705
SHANGHAI PUDONG 1705 1705
MAILAND-MALPENSA 1705 1705
PARIS CH. DE GAULLE- 1710
LONDON-GATWICK 1710 1710
ORONTO 1710 1710
YON-ANNULLIERT 1710 1710
KING 1715
SINKI-ANNULLIERT 1715
TERDAM-ANNULLIERT 1715 1715
SSEL-ANNULLIERT 1720
GART HBF. 1720 1720
VER-VERSP TET 1720
1720
1725
inal 1
ABC
Terminal 2

Verspätung

Vor Kurzem hatte ich aus beruflichen Gründen eine Reise zu unternehmen, Berlin–München und zurück, ganz normal. Dachte ich. Doch aus dem nur vermeintlich niedlichen Grund „Witterung", dessen zeitloses Chaospotenzial 99 % der gegenwärtigen Forschungsgegenstände absurd erscheinen lässt, waren allerlei Flüge gestrichen und verschoben worden. Die umfangreiche Wartezeit wurde mir mit organisatorischen Herausforderungen kurzweilig vertrieben. Sieben Stunden lang war ich bestens damit beschäftigt, umzubuchen, rumzufluchen, nach meinem Gepäck zu fahnden, ein- und wieder auszuchecken und, Warteschleifenmelodien schließlich mitsingend, auf telefonische Auskünfte zu warten.

Um mich herum kollabierte die Solidargemeinschaft: Kleinkinder machten Geräusche wie Ziegelsteinsägen, Ehen scheiterten, und der Volkswirtschaft entstand ein beträchtlicher Schaden – so zumindest interpretierte ich die zornigen Ausbrüche einiger Geschäftsmänner, die die Verspätungen anzeigenden Monitore bespuckten und mit ihren Budapesterschuhen auf Check-in-Automaten eintraten, derweil sie in die Freisprechschnüre ihrer Telefone hineinschrien.

Meine Verabredung in München war längst unerreichbar geworden, doch ich durfte das nach vier Stunden endlich einsteigbereite

Flugzeug nicht mehr verlassen. Noch einmal drei Stunden verstrichen bis zur Starterlaubnis. Am Franz-Josef-Strauß-Flughafen endlich angekommen, wollte ich am liebsten direkt zurück nach Berlin fliegen, was konsequenterweise nicht möglich war.

Um das Kofferband herum nahmen die anderen Reisenden sich eine nicht zu beneidende Mitarbeiterin der Fluggesellschaft vor, die ihrerseits versuchte, mit 15-Marks-Gutscheinen für so genannten „Verzehr" im Flughafengebäude die Menschen zu besänftigen. Für 15 Mark bekommt man in Flughafenausschänken beinahe einen Kaffee. Obwohl ich aufgrund irgendwelcher Bestimmungen berechtigt war, auf diese Frau einzuargumentieren, bis sie mir ein Nachtquartier organisiert hätte, verließ ich schleunigst den Brüllpulk und fuhr mit der S-Bahn in die Stadt, die telefonische Reiseauskunft der Deutschen Bahn hatte mir nämlich einen Platz im Nachtzug nach Berlin zugesichert. Ich hatte immer vermutet, dass eine Telefonauskunft einem viel erzählen kann, wenn der Tag lang ist, und wenn dieser Tag eines gewesen war: dann lang. Der Bundesbahnbedienstete bestätigte meine Vermutung im Zug – den er dann ohne mich nach Berlin begleitete.

Es war spät geworden, und nunmehr als Atheist betrat ich das erstschlechteste Hotel. Der Portier schien Teilnehmer eines für bayerische Verhältnisse ausgesprochen randgruppenfreundlichen Resozialisierungsprogramms zu sein. Er wies mir ein 99-Marks-Zimmer zu, dessen Preisleistungsquotient mich darin bestärkte, meine ruhende Mitgliedschaft im Deutschen Jugendherbergsverband beizeiten zu reanimieren. Ich hätte es zwar noch geschafft bis zum Etagenklo, doch der Blick aus dem mit einer brandlöchrigen, orangebraunen Stoffbahn halb gardinierten, undichten Gründerzeitfenster ließ mich sämtliche Rudimentärmanieren vergessen. Bei der Einfahrt in die Hölle ist es schließlich egal, ob man den Hut abnimmt.

Ich pinkelte also ins Waschbecken und fühlte mich in dieser so zu nennenden Absteige wie ein Haftentlassener in den ersten Sendeminuten eines Tatorts, wenn er mit einem Pappkoffer eine schäbige Unterkunft bezieht und vom Kommissar observiert wird, weil von Großteilen der Beute bis heute jede Spur fehlt: Vor dem braunen Pressholzschrank stehend klaubt er zwei Hemden, eine Bibel, 300 Mark vom Tütenkleben, Ausweis, Socken, ein vergilbtes Foto und einige längst ungültige Telefonnummern aus dem Koffer. Irgendwann erreicht er doch jemanden, der sich sehr erschrickt, und die Frau ist mit dem Komplizen und der Beute durchgebrannt und so weiter.

Das Rezeptionsfaktotum hatte Vorkasse verlangt und auf die Dusche im vierten Stock hingewiesen, ebenfalls auf die Frühstückszeit von ungefähr 5 bis 6 Uhr 30 in der Früh. Ich legte mich hin zum Sterben. Daraus jedoch wurde nichts, da im Nachbarzimmer gestritten wurde. Damit die anderen Hotelgäste nicht jedes Wort mitbekamen, war voller Rücksicht der Schwarzweißfernseher laut gedreht worden. Die Nacht zeigte, dass die Tonspur von RTL2 unbedingt als Wunderwaffe für den Verteidigungsfall vorzumerken ist. Kino im Kopf – am nächsten Morgen eher Popcorn.

Stunden vor Ende der Kampfhandlungen im Frühstücksraum machte ich mich auf zum Flughafen, wo sich noch viel interessantere und folgenreichere Katastrophen als am Vortag zutrugen. Zentralcomputer waren ausgefallen, Piloten erkrankt, Landebahnen vereist und so weiter, das alles deutschlandweit. Ohne auf erneute Essensmarken zu warten oder auf irgendeinen alliierten Rosinenbomber umzubuchen, fuhr ich zum Bahnhof. Es ist ja nicht so, dass man nicht auch mal neun Stunden lang stehen kann, sah ich ein, und noch bevor mein ICE-Team viermal gewechselt hatte, betrat ich schon Berliner Boden, der inzwischen wieder aufgetaut war, sodass auch der Betrieb in Tegel wieder planmäßig vonstattenging, wie ein Anruf ergab.

Ich notierte sämtliche Zumutungen der vergangenen 48 Stunden, kaufte eine unauffällige Billigreisetasche, legte das Protokoll meiner seelischen Auslöschung dort hinein und fuhr mit dem Fahrrad nach Tegel. Ich stellte die Tasche auf zentrales Terminallinoleum und informierte umgehend einen Sicherheitsbeamten über das herrenlose Gepäckstück. Nach einigen natürlich folgenlosen Ausrufen wurde der Bereich um die Tasche herum weiträumig gesperrt. Feuerwehr und Notfallhelfer postierten sich, Ankunfts- wie Abflugzeiten mussten aus Sicherheitsgründen gehörig verschoben werden, und eine astronautisch kostümierte Spezialeinheit sprengte schließlich die überschätzte Tasche. Schlaffe Nylonfetzen übersäten den Boden unter den Wolken, ich ging fort und summte ein altes Lied für die tote Tasche: „Alle Ängste, alle Sorgen/denkt man/bleiben darunter/verborgen."

Berlin Ostbahnhof
Verpackung

PASTILLES

Wind of Change

Mit schwarzer Ledermütze, Lederhose, Lederjacke, erwartungskonform auch mit einer Sonnenbrille, tritt Klaus Meine, Sänger der deutschen Rockformation „Scorpions“, aus der mattsilbernen, mit einem Plingpling sich öffnenden Aufzugtür und geht auf einen bärtigen, merklich, dennoch unaufdringlich mit einem hochgehaltenen Schnellhefter winkenden, in der Mitte der Hotellobby wartenden Herrn zu. Händeschütteln, Uhrenvergleich, kurzes Auflachen. Der Mann bleibt mit seinem Schnellhefter in der Hotellobby zurück, Meine steigt in eine vor dem Hotel wartende Leihlimousine des Konzertveranstalters, die Wagentür stand offen, war genau in dem Moment geöffnet worden, als Meine aus der Hoteldrehtür spazierte, für die Dauer des Rückbankbesteigens aufgehalten von einem mafiös kopfnickenden anderen Mann, dessen Gesicht sich einzuprägen unmöglich erschien, und als Klaus Meine seine beiden in Lederstiefeln, kompletter Berufskleidung also, steckenden Rockstarbeine auf das schwarze Wagenbodenwaffelgummi gestellt hatte, war die Tür zugeschnappt, und der Mann, der sie mit einem eleganten Schubser hatte zuschnappen lassen, war in Sekundenschnelle mit eckenlosem Raubtierhuschen von der Wagentür hinten rechts zur Fahrerplatztür vorne links geeilt, drehte am Zündschlüssel und steuerte den Wagen zum Gendarmenmarkt. Das Wageninnere: klimatisiert, leicht verdunkelt, ruhig. Ein Rockstardienstwagen.

KLAUS MEINE Ich bin gerade aus einem zweiwöchigen Portugalurlaub gekommen, von der wunderschönen Algarve, nun kurz Berlin, bevor ich mich mit der Band in der nächsten Woche auf eine ausgedehnte Asientour begebe. Wir waren das erste Mal da unten an der Algarve, meine Familie und ich, es ist sehr schön dort, nicht ganz so weit entfernt, und es war wunderbar: bisschen relaxen und sehr viel Tennis spielen mit meinem Sohn, der, das muss ich gestehen, so gut geworden ist, dass er mich das eine oder andere mal richtig weggeputzt hat. Da muss ich mich mittlerweile richtig anstrengen, der ist richtig sehr gut geworden, der junge Mann, was mich natürlich sehr freut. Das Wort Urlaub haben wir Scorpions eigentlich aus unserem Wortschatz verbannt, weil wir eigentlich immer im Studio sind oder konzertmäßig auf Achse, wir waren gerade in Paris, haben zwei Konzerte in Albanien gemacht, Tirana, im Fußballstadion, und weil uns das so gefallen hat, planen wir für den Herbst eine Balkantour, aber jetzt ist erst mal Asien angesagt: Seoul, Singapur, Kuala Lumpur, Manila, Indonesien, Bangkok – und zum Schluss geht es irgendwo nach Indien. Ich brauche ständig neue Reisepässe. Denn mit den ganzen Visa und Stempeln und Arbeitsgenehmigungen, alles, was da so reingestempelt wird, sind die immer ziemlich schnell voll. Ich habe mir gerade wieder einen neuen machen lassen, man kann sich ja zwischendurch für ein Jahr oder so einen machen lassen, einen vorläufigen, das ist ja alles kein Problem.

Die Fahrt geht vorbei am Bundeskanzleramt. Gerhard Schröder und die Scorpions kennen sich gut, oft sah man sie zusammen in Zeitungen abgebildet, Tennis spiele man hin und wieder gemeinsam, war zu lesen, und dass „Wind of Change" Gerhard Schröders, ja auch und sogar Doris Schröder-Köpfs Lieblingslied sei, obwohl in einer anderen Zeitung, unter einem Foto des Kanzlerehepaares beim italienischen Essen mit Udo Lindenberg, geschrieben stand, Udo Lindenberg sei Doris Schröder-Köpfs Lieblingssänger. Aber – Zeitungen! Schreiben doch eh, was sie wollen. Nur weil der Regierungschef bei dem Postkartenvorlagenmaler Bruno Bruni urlaubt, wurde ihm ja zum Beispiel auch unterstellt, Bruni sei sein Lieblingsmaler, aber ja doch!, auch das stand in einer Zeitung, in irgendeiner.

KLAUS MEINE Gerhard Schröder und ich kennen uns seit Mitte der 90er-Jahre, er hat uns damals eingeladen nach Lissabon, nee, Quatsch, nach Sevilla, und zwar 1994 war das, glaube ich, zur Expo, und da haben wir kräftig Jam-Sessions hingelegt, und Schröder war damals dabei als Ministerpräsident und viele andere Vertreter des Rocklandes Niedersachsens auch, Hannover war immer Industriestadt, bisschen wie Birmingham, in Hannover gab es immer eine gute Szene. Und auf dem Rückflug sind wir beinahe alle zusammen abgestürzt, weil der Blitz eingeschlagen ist. Schröder hat uns nie für Wahlkämpfe ausgenutzt, wie viele andere das versucht haben, nein, nein, da wäre ich der Erste gewesen, der das gewittert hätte, doch er hat das nie gemacht, und deswegen, auch dafür: Respekt.

Er ist jemand, der einfach Mensch geblieben ist und der dieses Amt eben nicht vor sich her trägt. Ich kann doch nicht, nur weil ich aus der Rockmusik komme und eine Lederhose trage, jetzt plötzlich sagen, der ist nun Kanzler, das ist uncool. Wir mögen uns, und es ehrt mich natürlich, wenn ich lese, „Wind of Change“ sei sein Lieblingslied. Wenn das wirklich so ist, dann wahrscheinlich, weil das Lied diese politische Dimension hat. Dabei liebt er doch eigentlich nur Elvis. Wie auch immer, wir sind befreundet, und seinem Freund schickt man auch mal eine CD, da schreibe ich eine nette Widmung drauf, mit Lackstift, und ab geht's.

Pathosspezialist Klaus Meine, der im Auftrag von Gerhard Schröder „Moment of Glory“, das Lied zur Expo, schrieb, wird an diesem Abend den Zugabenblock des auf dem Gendarmenmarkt konzertierenden José Carreras bereichern, sie werden im Duett Gerhard Schröders Lieblingslied „Wind Of Change“ singen, ein Lied, das nach dem Fall der Mauer in ganz Deutschland, bzw. im seitdem so genannten Gesamtdeutschland, monatelang zu hören war. Das Lied beginnt mit einem Pfeifen, dieses Pfeifen ist unvergesslich, wie ohnehin, das weiß nicht nur die *Super Illu*, diese ganze Zeit damals, in die das Lied ideal hineinpasste, politisch, musikalisch, emotional, kommerziell – und überhaupt und sowieso.

KLAUS MEINE Die Erfahrungen, die wir 1988 bei unseren Konzerten in Leningrad gemacht haben und ein Jahr später, im August 1989 auf dem Moskauer „Music Peace Festival“ – das waren die wichtigsten Inspirationsmomente für die Komposition von „Wind Of Change“. Der Text beginnt mit der Szene, als wir mit Bands aus aller Herren Länder, aus Amerika, aus England, aus Russland, mit Soldaten der Roten Armee, Leuten von MTV, Moderatoren aus Amerika – also der ganzen Welt in einem Boot saßen und wir alle auf diesem Fluss runterfuhren zum Gorki Park. Ein Jahr vorher hatte man uns in Moskau ausgeladen, dann aber durften wir doch in Moskau vor 100.000 Menschen spielen, es wurde das olympische Feuer entzündet und irgendein älterer, weißhaariger Herr stand auf der Bühne und sagte: „Let Rock & Roll begin.“ Haben wir gemacht. Im Gorki Park hingen Lautsprecher in den Bäumen, eine schöne August-Nacht war das, so heißt es ja auch in dem Lied. Das war ein ganz besonderer Moment, die ganze Welt kam zusammen und hat eine Sprache gesprochen: nämlich Musik. Dass die Welt sich da vor unseren Augen verändert hat in Moskau, das war offensichtlich, nur war ich der Einzige, der es aufgeschrieben hat, und zwar in Hannover, unmittelbar nach der Rückkehr. Das Lied wurde zu unserem bislang größten Hit, war weltweit Nummer eins. Die Faszination des Songs gerade für Berlin ist, dass er die Ereignisse hier quasi vorweggenommen hat. Am zehnten Jahrestag des Mauerfalls haben wir

„Wind Of Change" hier begleitet von 160 Cellisten gespielt. Auch toll war unser Berlin-Auftritt bei „The Wall", vor 250.000 Leuten, die auf Hitlers Bunker saßen.

Ankunft Gendarmenmarkt. Autotür auf, Absperrgitter zur Seite, überall warten Männer, ein Rockstar wie Klaus Meine wird überall erwartet von Männern in Positionen, die ihm gerne weiterhelfen, mit allem, mit Feuer, Getränken, Telefonen, Richtungsangaben, Ratschlägen, Bestätigungen, mit pointenunabhängigem lauten Lachen, in den Mantel, aus der Tür, in die Tür, weit über den Hilfsbedarf hinaus wird geholfen.

EIN FAN tritt heran, reicht Meine schüchtern eine weiße Würstchentragepappe und einen Kugelschreiber: Entschuldigung, ganz kurz, für Oliver, bitte. Wenn Sie übrigens ein Würstchen haben wollen, ich verkaufe die da hinten.

KLAUS MEINE Im Moment nicht.

FAN Thüringer Rostbratwürste. Vier Mark, aber die Künstler kriegen sie auch umsonst, klar. Gut, ich bedanke mich.

KLAUS MEINE Kein Problem.

Gerhard Schröders Lieblingssänger drückt zwei schwarze Lutschpastillen aus einem Aluminiumträger, „Vocalzone – Keep a Clear Voice" steht auf der Verpackung.

KLAUS MEINE Die sind sehr stark, die bekommt man nur in England, zumindest in Deutschland gibt es die gar nicht.

Von einem der vielen hilfsbereiten Männer wird Meine zu seiner Garderobe geleitet.

DER HILFSBEREITE MANN Wenn Sie noch irgendwas brauchen, einfach Bescheid sagen.

Der Sänger sieht sich in dem kargen Garderobenraum um, der einer Gefängniszelle ähnelt, kahle Wände, ein kleines, sehr kleines Fenster, ein Tisch, ein Stuhl, zwei Flaschen, nein, Fläschchen Mineralwasser. Nasszelle separat.

KLAUS MEINE So leben die Rockstars, haha. Fairerweise muss ich dazu sagen: Auf die Frage, was ich bräuchte, habe ich gesagt, ein bisschen Wasser, sonst nichts, für den einen Song wäre alles andere ja wohl auch übertrieben. Garderobezertrümmern fällt heute flach, hehe. Ist ja ein schöner Brauch eigentlich, das gab es immer mal wieder auf all den Tourneen rund um die Welt, hier und da musste auch mal ein Fernseher dran glauben, der dann durchs Fenster flog. Zuletzt eine Garderobe zerlegt haben wir, das ist schon eine Weile her, irgendwann in den 80er-Jahren. Entweder weil das Catering so schlecht war oder es irgendwelche sonstigen Probleme gab. Dann war schon mal die kleine Schlacht backstage angesagt, das gehörte einfach dazu. Aber heute Abend sowieso nicht, da bewege ich mich ja im Bereich der Klassik, und weil José ein sehr lieber Mensch und mein Auftritt ja nur kurz ist und alle sehr nett sind, deshalb gibt es heute keinerlei Anlass für Randale.

José veröffentlicht im Herbst eine neue CD, auf der „Wind Of Change" das einzige Duett sein wird, und so entstand die Idee eines Fernsehsenders, mit uns beiden in Berlin an den authentischen Orten zu drehen, und da bin ich direkt aus Portugal hierhergekommen und wir haben einen ganzen Tag lang vor der Kamera gestanden: Bisschen an der Mauer lang, dann am Reichstag, am Gendarmenmarkt – leider ist das Brandenburger Tor ja zurzeit verhüllt, wir haben aber trotzdem dort gedreht. Und irgendwer flötete immer „Wind Of Change", und ich sagte: „Ey, José, bist du das?" Und er war es auch, er hat so eine ganz spezielle Pfeiftechnik, ohne den Mund zu bewegen. Supergut. Und, da wir nun schon beide hier sind, bot es sich an, „Wind Of Change" dann auch abends auf dem Gendarmenmarkt gemeinsam aufzuführen. Ich konnte das gut mit anderen Berlin-Terminen verbinden, war gestern bei Thomas Koschwitz in der Talksendung, und heute Abend ist ja auch noch ein runder Geburtstag, der 60., von meinem alten Freund Frank Fahrian zu feiern, da werde ich natürlich am späten Abend auch noch mal vorbeischauen, das passt also alles ganz gut zusammen. Ich komme immer öfter und immer lieber nach Berlin, Berlin ist einfach eine unheimlich spannende Stadt, eine richtige Weltstadt, einfach die Größe, die Großzügigkeit, die phantastischen Bauten – London, Paris, ich denke, in der Liga hat Berlin einen ganz guten Platz. Wenn man sieht, was allein aus dem Potsdamer Platz geworden ist in so kurzer Zeit!

Ein wiederum anderer hilfsbereiter Mann bringt Klaus Meine zur Bühne, auf der José Carreras schon probt, neben der Bühne wartet Klaus Meine, neue Männer eilen herbei, ganz vorneweg, sehr aufgeregt, der Festival-Direktor: Grüß dich, Klaus. Ich bin der Gerhard von der Echo-Verleihung, wenn du dich erinnerst, ja, das ist ja 'ne

dolle Sache, dass wir uns unter diesen Umständen wiedersehen, davon war ja damals noch keine Rede. Ich freue mich, du.

EIN TECHNIKER Hi, Klaus, wie machen wir es mit dem Mikro?

KLAUS MEINE Wenn du so einen schlanken Mikrophonständer hast, wie ich sie immer benutze, das wäre gut.

TECHNIKER Was heißt schlank?

KLAUS MEINE Na ja, nicht mit solchen Füßen. Aber alles easy.

TECHNIKER Ich gucke mal. Wenn nicht, geben wir dir ein Handmikro. Also, ganz wie du es willst, Klaus, das machen wir exakt so, wie du es gerne hättest, das ist ja ganz klar. Wir haben nur gedacht, dass du dich vielleicht wohler fühlst mit dem Ding in der Hand, da hast du natürlich auch mehr Möglichkeiten.

FESTIVAL-DIREKTOR Seit 1992 machen wir das hier, wir sind jetzt im zehnten Jahr. Heute ist das sechste Konzert in diesem Jahr, 35.000 Zuschauer bisher. Denk mal nach, wenn du da oben stehst, schau dich mal um, wir machen hier ja normalerweise nur Klassik, aber alles ist möglich, du, alles. Am Sonntag hatte ich hier einen großen Musicalabend, 7.000 Leute, und wir haben „Classics Of Swing" gemacht, Chaka Khan hat bei mir Mozart gesungen und „Ain't Nobody" – also, du siehst, die Crossover-Schiene. Vielleicht wäre das mal was für euch mit Orchester. 7.200 Plätze, eine schöne Location – einfach mal schauen, drüber nachdenken. Ah, das ist mein Sohn Max. Das ist der Klaus Meine.

MAX Hallo.

DER TECHNIKER (bringt einen Mikrophonständer herbei; keinen mit solchen Füßen): Na? Ist o. k. für dich, das Ding? Wie ist denn der Ablauf?

KLAUS MEINE Wie immer José sich das vorstellt. Ich bin ja nur zu Gast.

JOSÉ CARRERAS (guckt hinter einem Lautsprecherturm hervor, winkt Meine zu): I couldn't see you. One minute and we do it.

KLAUS MEINE No Problem.

FESTIVAL-DIREKTOR (spricht in Festival-Direktorenfachsprache mehr vor sich hin als zu Meine): Übrigens, in Magdeburg fliegen wir die X-Line zum ersten Mal, wollen mal sehen, wie es da kommt. Ja. Aber ich bin jetzt schon sehr zufrieden, das ist richtig geil.

KLAUS MEINE Bitte?

FESTIVAL-DIREKTOR Ich bin jetzt schon sehr zufrieden, das neue System hier, weißt du, diese Bananen. Wenn man bedenkt, dass wir vor vier Jahren für dieselbe Leistung einen Tower bis oben hin hätten bauen müssen. Aber diese Dinger haben eine unglaubliche Wucht. Du gehst 50 Meter weg von der Box und hast nie das Gefühl, dass da ein Verlust ist, wirklich gut. Sonst müsste man ja hier Druck machen für die Loge, und dann wäre es aber dort unerträglich. Bei Klassik sind die Leute ja sehr empfindlich, ein Problem ist auch die Reflexion durch die umstehenden Gebäude, nicht, das kommt ja alles zurück, aber ich muss sagen, die letzten fünf Abende hatten wir immer tolle Kritiken. Ganz toll war das bisher.

Klaus Meine versucht einen Witz, aber der Festival-Direktor hört nicht genau hin. Natürlich ist es auch sehr laut gerade, das Orchester, die Bananen (was auch immer die Bananen sind) – eine Wucht, ganz toll. Oder er findet den Witz nicht so gut. Nicht so gut wie die Tonanlage, die er hier hat aufstellen lassen, sensationell ist die, tolle Kritiken und nie das Gefühl eines Verlusts, auch in 50 Meter Entfernung nicht.

KLAUS MEINE Das ist übrigens eine Premiere heute – die eineinhalb Tenöre.

FESTIVAL-DIREKTOR Hm. Habt ihr schon festgelegt, an welcher Stelle der Zugaben ihr das macht?

KLAUS MEINE Die eineinhalb Tenöre – nicht drei, sondern eins Komma fünf.

FESTIVAL-DIREKTOR Ja ja, aber die eigentliche, die wirkliche Premiere ist noch eine ganz andere! Heute habe ich hier das 50. Konzert in diesen zehn Jahren, und es hat noch nie einen Vollplaybacktitel gegeben. Ich kann nur hoffen, dass das Orchester schön mimt, aber das machen die schon.

KLAUS MEINE (irritiert): Ach?

FESTIVAL-DIREKTOR (über Meines Verwunderung verwundert): Ja, klar. Die mimen dazu.

KLAUS MEINE Tatsächlich? Haben die die Noten nicht gekriegt?

FESTIVAL-DIREKTOR (beruhigend): Doch, haben sie. Die werden sicherlich drauf spielen, aber –

KLAUS MEINE (insistierend): Warum spielen die nicht live?

FESTIVAL-DIREKTOR (sich aus jeglicher Verantwortung stehlend, in leicht gehetztem Ton, der umso überzeugter wirken soll): I don't know, die Noten waren gestern da, ich habe gesagt, mir wäre es am liebsten, dass sie richtig live spielen, aber na gut.

KLAUS MEINE (enttäuscht): Wo kommt das Orchester her?

FESTIVAL-DIREKTOR (wieder sicherer, da Themenwechsel möglich): Aus Weißrussland und Polen. Gestern hatten wir das russische Nationalorchester aus Moskau da, mit denen habt ihr auch mal gespielt.

KLAUS MEINE (reingefallen): Ja, gerade im April.

FESTIVAL-DIREKTOR Ist das nicht ein geiles Orchester? Wow, das war was, hier gestern: 6.000 Leute, Tschaikowsky, da gingen Feuerfontänen hoch hier, ganz rundherum – das war ein rauschender Erfolg.

Probe, Konzert, ein rauschender Erfolg. Die zufrieden in die Nacht gehenden Konzertbesucher werden lange daran zurückdenken, vor allem diejenigen, die helle Beinkleider trugen – die Hauptsponsorenbeschriftung der Schaumstoffsitzkissen färbte ab, und in Spiegelschrift stand „Opel Classic Open Air" auf den Hosenböden, stand wiederum in der Zeitung. Und das, wo doch die Leute bei Klassik so empfindlich sind.

Violine 1
Wind of change - JC
Lyr. u. Mus. Klaus Meine
Arr. Christian Kolonovits
A
div.
pp
B
1. Vers
p
mf

ittelscharfer
Senf
MERCHANDISING AG // Geschäftsbericht

Aktionärsversammlung

Die Aktionäre leeren ihre Hosentaschen und geben am Eingang zur Hauptversammlung des Börsenhavaristen EM.TV auch noch ihr letztes Kleingeld ab. Diesmal allerdings gehen die Männer in dunklen Anzügen, denen sie ihr Kapital anvertrauen, damit nicht einkaufen – diese Männer in den dunklen Anzügen sind nämlich nur vom Sicherheitsdienst, der die anderen Männer in dunklen Anzügen, die mit dem düsteren Geschäftsbericht, schützen soll vor Wutentladungen der Anleger. Damit niemand den Vorstand mit Deospraydosen oder Messern bewerfen kann, muss eine Metalldetektorschleuse unpiepend passiert werden, jedes potenzielle Wurfgeschoss wird für die Dauer der Veranstaltung in Sicherheitsgewahrsam genommen, schließlich ist der Aktienwert des Unternehmens – nach zunächst rasantem Kursanstieg im letzten Jahr – vom dreistelligen in den einstelligen Eurobereich hinabgerauscht, nahe null, da ist ein Deodorantwurf nicht auszuschließen. Wen aber sollte man denn bewerfen?

Schuld am Desaster ist, darüber herrscht Einigkeit, Herr Haffa, der folglich auch nicht da ist, und sein Nachfolger, der Herr Klatten, ist ja eigentlich ganz nett. Tja. Aber. Genau. Die Aktionäre bekommen vor Betreten des Saals ihr Kleingeld zurück, dazu Brötchen, Kaffee und einen Biene-Maja-Kugelschreiber (Henson!), dann nehmen sie Platz und gucken hasserfüllt in Richtung Podium. Die dunklen Anzüge sprechen: ergebnisbelastende Faktoren, der Markt hat nachgegeben, Kosteneffizienz und -effektivität müssen im Unternehmen stärker gelebt werden. Seien Sie versichert! Wir wollen nichts beschönigen! Ich kann Ihren Unmut verstehen! Auch das noch. Wohin mit dem Zorn?

Ich bin entschlossen, sagt Herr Klatten, der ja nichts dafür kann. Er sagt auch, wie alt er ist und was er vorher gemacht hat, das macht menschlich und schafft Vertrauen. Die Männer sitzen aufgereiht hinter großen Namensschildern, die vermutlich Strukturtransparenz und persönlichstes Engagement symbolisieren sollen. Bis in den Sanitärbereich werden die Reden übertragen, sie übertönen Spülung und Handtrockner. Die Rhetorik von Bilanz und Perspektive ist geschminkt mit Sachlichkeitsfloskeln, unheimlich lange Sätze nehmen Kurven wie „Was ich sagen will“ oder „das heißt nichts anderes als“, und es klingt strategisch gewieft, im neuen Geschäftsjahr einen Schwerpunkt auf die Rückführung von Bankverbindlichkeiten legen zu wollen, aber man könnte es auch „Schulden abstottern“ nennen. Und gewinnträchtig klingen „signifikante Erlöszuflüsse im Falle eines Verkaufs“ erst mal, eigentlich bedeutet das aber nur, dass die mit Fremdgeld und Hoffnungen teilfinanzierten Trophäen der kurzen Monopolyphase nun, damit der Strom nicht abgestellt wird, mit großem Verlust verscherbelt werden müssen. EM.TV kommt einem vor wie eine Thüringer Spiegel-TV-Familie von 1990, die ein paar Monate lang rund um die Uhr Versandhäuser leertelefoniert hat und jetzt mit dem Bollerwagen zum Pfandleiher muss, mehrmals täglich.

Die Aktionäre sind gereizt, im letzten Jahr gab es Geschenke für die Kinder, besseres Essen, riesige Kermit-Puppen liefen herum, und Herr Haffa versetzte alle in Euphorie. In diesem Jahr gibt es nur labbrige Sandwiches, lieblos und pleite wirkt das, doch bei etwas weniger scheußlicher Bewirtung würde natürlich andererseits sofort ein wütender Sprecher des Kleinaktionärssonderschutzkomitees ein Wortmeldeformular am Wortmeldetisch abgeben und sich derartige Verschwendung verbitten. Ab 11:30 Uhr wird immerhin Bier ausgeschenkt. Die Aktionäre haben das Wort. Mundwinkel runter, Totschlagmetaphern raus: Herr Haffa habe ja nicht am Steuer gesessen in der turbulenten Zeit, sondern im Speisewagen, champagnertrinkend. Applaus, Applaus. Ja, sagt eine Dame draußen und beißt in einen ungetoasteten Salamiwitz, der Haffa, der hat ja auch immer nur Champagner getrunken. Drinnen werden Sonderprüfungen beantragt, es wird angeklagt und voll verstanden; am Aktienkurs ändert das nichts, aber die Einhaltung dieser Formalien beruhigt beide Seiten. Augen zu, und man wähnt sich beim Küchentischzerwürfnis einer Wohngemeinschaft über Telefonrechnung, Haushaltskasse und Putzplan. Statt mit Studenten gefüllter Zweimeterkermits sähe man in diesem Jahr gern den Muppets-Ältestenrat Waldorf und Stadler in einer Loge sich über die Darbietung kaputtlachen.

Draußen beim Bier verfolgen die Aktionäre die Neubefüllung des Büfetts (mit nun immerhin Weißwürsten) deutlich aufmerksamer als die Bild- und Tonübertragung der Redebeiträge. Eigentlich dachten alle, die Börse sei das große Geschäft. Jetzt wird man doch wieder nur übers Ohr gehauen, na ja, es ist inzwischen eher eine Art tägliches Pferderennen geworden (spielt eigentlich noch jemand Lotto?): „Du nun wieder, du mit deinen Fresenius", sagt einer kopfschüttelnd und ein anderer: „Siemens, ich schwöre!" Der mit den Fresenius kennt jemanden, der mit Klatten studiert hat, aha, aber der ist doch „von der Kirch-Truppe", soso, noch ein Bier, jedenfalls: SAP. Sichere Nummer. Ich sag mal: Blue Chip. Und vergiss Penny Stocks. Nee, klar. Bei Moksel gab es jahrelang keine Dividende, in diesem Jahr auf der Aktionärsversammlung immerhin eine Salami. Bei der Allianz sogar Regenschirme, bei Hutschenreuther eine Porzellantasse, aber dafür nichts zu essen.

Die Aktionärsversammlungen sind die neue Form der Butterfahrt, bei der einem statt Heizdecken und Tafelservice eben eine Bilanz verkauft wird: „Haltet uns bei Sixt einen Platz frei, wir kommen wie immer ein bisschen später", bittet das Ehepaar aus dem Allgäu die Hobbykomplizen aus Augsburg.

Auf ihrer Sammelstimmkarte kreuzt eine Dame mittleren Alters, deren „Rente der Haffa durchgebracht hat", 24-mal NEIN an. „Weil ich nicht einverstanden bin", sagt sie, holt ihr Deospray ab und geht nach Hause. Die machen ja eh, was sie wollen.

zum
nehmen
Portion:
Radar-
kontrolle
2,5t
Freizeitzentrum
P-L-K
Coca-Cola
Löschwassereinspeisung
Damen-
toiletten
Privathydrant
auf dem
Grundstück
2001
FKK-
Strand
Rockcafe'
Neu eröffne
Schneider
Sofortinstandsetzung
Gehwegschäden
Kein
Winterdien
Betreten au
eigene Gefah
Das
Wellness-Studio
ist geöffnet
Bade-Informatione

Kohlroulade, Kartoffel 8,80
Hackbraten, Rotkohl, Petersilienkart. 9,60
Bratwurst, Sauerkraut, Petersilienkart. 8,20
Grützwurst, Sauerkraut, Zwiebeln, Petersilienkart. 8,50

Monteur zimmer
ab 10 DM in Berlin
WWW.MONTEURZIMMER.DE
zentral - gepflegt - preisgünstig
auch große Kolonnen
030-26554444

CAFE AM SEE
HEUTE IM ANGEBOT

Institut
für Heimatforschung

14

Der Kitschmillionär

Werner Metzen, Elton John, Ebby Thust und Rudolph Mooshammer haben einen gemeinsamen Sohn; die Mutter ist nicht weniger zwielichtig: unsere Zeit. Der Junge heißt Michael Leicher. Hin und wieder sieht man ihn im Fernsehen oder in Zeitschriften, dann hat er gerade eine Frau gekauft oder sucht eine oder war mit einer in Champagner baden. Als Bezeichnung seines Berufs hat sich der Begriff „Kitsch-Millionär" etabliert. Auf Fotos zeigt er gern seine erigierten Erfolgsdaumen, überhaupt zeigt er gern immer irgendwas vor: eine Frau, ein paar Autos oder einen Whirlpool. Leichers barocker Leib wird zusammengehalten von Phantasieuniformen, seine große Brille färbt ihm die Welt im Blauverlauf. Um sich hat er drei Leibwächter und einen Herrn Meier. Fragt man bei dem nach einem Interviewtermin mit Leicher, ist er sehr bemüht, „dass wir das eingestielt kriegen". Das kriegen wir hin, ich ruf Sie zurück, ich habe ein Gespräch auf der anderen Leitung, da bin ich wieder, sorry, so, das sollte kein Problem sein. Eigentlich möchte man nur ein Interview, aber nach dem Telefonat hat man den Eindruck, gerade einen Gebrauchtwagen gekauft zu haben. Und zwar: supergünstig!

Während des Interviews mit Leicher führt Herr Meier, diskret kopfgebeugt, mehrere Hundert Telefonate, im Ton überwiegend gönnerhaft, hin und wieder scharf, dann ist von Regeln die Rede und von Spaß, den schließlich alle haben wollten. Beim Einstielen muss Herr Meier immer fürchterlich husten, das kommt wohl vom Stressrauchen, gerade hat Leicher wieder eine Frau gekauft, zumindest behaupten das er, die Frau und deren Ehemann, Christian Anders, der Schlagersänger, der von dem Geld seine Schulden bezahlen möchte, weil er doch bald sterben muss, meldet er, und der außerdem – so ein Zufall aber auch – gerade eine neue CD herausbringt, was PR-technisch – Sachen gibt's – ebenfalls von Herrn Meier eingestielt wird. Viele glauben an eine PR-Finte, aber irgendwer hat eben angefangen, die so genannte Geschichte zu „bringen", und deshalb müssen nun alle mitmachen. Meiers Ohr glüht, die Lunge rasselt.

Leicher bestellt Rotwein und gibt schon mit der Bestellung („dann wäre das schon mal geklärt!") seine schwarze Kreditkarte ab, „die meines Wissens nur 15 Leute in Deutschland besitzen". „Lebenslauf und Vita", poltert Leicher weiter, könne man auf seiner Homepage nachlesen. Dabei, zwinkert der kontinuierlich mobiltelefonisch irgendwas einstielende Herr Meier, solle man unbedingt eine Sonnenbrille aufsetzen, so funkle die Seite.

Leicher trinkt zügig Rotwein und skizziert dann doch Vita und Lebenslauf. Eine Art Sonnenbrille für die Ohren wäre jetzt nicht verkehrt. Also: Vater irrsinnig reich durch Immobilien, Bruder doof, Vater auch doof, aber Genie, Scheidung, spanische Haushälterin bringt Leicher das Beten bei. 13 Jahre Arbeit im väterlichen Imperium als Immobilienverwalter, dann Ausstieg, seitdem gutes Auskommen durch Zinsen. Gutes Auskommen heißt zusammengefasst:

35.000 Videokassetten, 600 Orgeln (damit „Europas größte Orgelsammlung"), 18 Autos. Ungefragt feuert Leicher Zahlen ab: Seine Brillengläser haben drei Dioptrien, morgens isst er sechs Eier und seine Cousine kann fünf Fremdsprachen und sein bester

Freund hat schon vier CDs herausgebracht. Leicher selbst möchte auch eine CD vollorgeln, doch sei es dafür noch zu früh, mystelt er. Das Cover der CD hat er aber vorsichtshalber schon fertiggestellt: „Two Hands – zwei Hände zaubern ein Orchester". Aus seinem MCM-Handtäschchen klaubt er nun Beweisfotos und knallt sie in Bankenwerbungsmanier auf den Tisch: mein Haus, meine Yacht, meine Frau. Leicher mit Siegfried & Roy, Bärbel Schäfer, Jürgen Drews. Dann ein Haufen Schmuck, ein Schiff (wohlgemerkt: nicht seins, aber immerhin und tolle Sache: „die teuerste Yacht der Welt: 101,5 Meter lang, 400 Millionen Mark teuer"). Dann wieder er, er, er, und zwar mit: Franz Lambert, Prinz von Hohenzollern, Joy Fleming und vielen anderen, die wahrscheinlich sehr berühmt sind. Und so weiter: eine ehemalige Verlobte, Zlatko, die Jacob Sisters, ein Haus in Spanien. Seins? Wer weiß.

Das älteste Foto zeigt den ungefähr vierjährigen Leicher im Kindergarten: Drei Kinder liegen auf dem Teppich, nur Leicher steht, neben sich einen hohen Turm Bauklötze, und guckt in die Kamera. „Kameras sind das Tor zur Welt", erklärt Leicher und nimmt noch einen Schluck. Dann belehrt er die wissbegierigen Umsitzenden, Käse schließe den Magen.

Die schwarze Kreditkarte kommt zurück, Leicher lässt sich noch zwei Flaschen Rotwein einpacken – und los geht es, die Autosammlung zeigen! Eine Scheune im Ruhrgebiet, Leicher lässt seine Leibwächter das Tor öffnen, streichelt ein paar Autos, lässt dann das Tor wieder schließen. Bei der Weiterfahrt scheint sich der Rotwein zu melden, übergangslos quillt plötzlich ein erratisches Verschwörungspüree aus Leicher heraus: Bill Gates, Hitler, der Russe, Mallorca, Nagasaki, Hans Meiser, Indianer, der Papst, der Vater, das Internet! Jedes Geschichtsbuch lügt zu 95 Prozent! Irritiert guckt Herr Meier in den Rückspiegel und warnt: „Michael, das war aber dein letzter Espresso."

Leicher dirigiert den Wagen auf den Wattenscheider Marktplatz und zeigt dort auf einen Glasbetonkasten: Dies sei das zweitgrößte Privathaus des Landes, da wohne, perfekt getarnt, sein Vater. Mit Pool, Dachgarten, Atombunker und allem. Auf 6.790 Quadratmetern erstrecke sich seines Vaters Sensationssammlung: Orden, Gemälde, Dokumente – lauter Beweise. Etwa dafür, so Leichers Rotwein, wer die Weltkriege eigentlich angezettelt und wer Kennedy in Wahrheit umgebracht habe. Doch sei für diese Enthüllungen – ähnlich wohl wie für seine Orgel-CD – die Zeit noch nicht reif: „Mein Vater sagt, er könne das doch keinem Volk zeigen, das Bismarck für einen Hering und Hindenburg für eine Zigarettenmarke hält!" Klingeln und Beweise angucken sei jetzt eher schlecht, auf jeden Fall müsse aber klar sein, dass sein Vater „kein Nazi, bloß historisch versiert ist". Auch „Schröder und Kohl" wüssten doch, was etwa in Moskauer Archiven lagere, aber – „alle schweigen!". Leicher ist jetzt sehr erregt, Herr Meier wird nervös. Dass Käse auch den Kopf schließt, hatte er auch nicht gewusst. Leicher quasselt weiter: Es sei nicht zum Besten bestellt für „unser Land, es ist immer noch mein Land". Und er sei höchstselbst nach Auschwitz gefahren, man könne im Internet das Foto besichtigen: er auf den Schienen; auch habe er Wiesenthal besucht, das wüssten alle, aber die *Bild*-Zeitung würde das „auch in hundert Jahren" nicht drucken. Und trotzdem könne man es nicht hinnehmen, dass die Deutschen, immer nur die Deutschen – lalala.

In Leichers Wohnung sieht es aus, als hätte jemand ein Elektrogeschäft und den Fundus eines Provinztheaters geplündert und daraus ein Mahnmal des Kapitalismus aufgetürmt. Stolz zeigt Leicher einen hochschwangeren Ordner mit Yellow-Press-Debakelmeldungen. Merkwürdigerweise auch dort abgeheftet: der Scheck, den doch angeblich Christian Anders – doch die Begründung dafür liegt wahrscheinlich in einem Moskauer Archiv.

Technics

Vier Abizeitungs-Redaktionsbesuche

BRAUNSCHWEIG

Die Redaktionssitzung findet in Christians Zimmer statt. Mindestens drei Julias gleichen Listen ab und reden durcheinander, natürlich fehlt es noch an allem, an Artikeln, an Fotos, an Geld, an Anzeigen, an Ideen – und an Zeit sowieso. Der Titel aber, das Motto der gesammelten Abschiedsbemühungen, steht schon fest: „A2K – der Moment gehört dir". Chefredakteurin Nina benutzt die Rückseiten langwieriger Erläuterungen über „Das mehrfache Integral" als Notizblätter und schimpft vor sich hin. Eine der Julias holt alle drei Minuten ihr mobiles Telefon hervor. Im letzten Monat hatte sie 943 Mark auf der Rechnung. In jedem Jahrgang gibt es so ein Weißejeansmädchen, das von ihren Eltern etwas unrealistisch budgetiert wird und vor dem alle ein wenig Angst haben. Mit dem Geld des Jahrgangs geht Julia deutlich sorgsamer um als mit dem ihres Vater, sie verwaltet die Etats und besorgt Anzeigen: Der Vater einer Freundin schaltet für 300 Mark eine Seite Werbung für Lasermanagement. Die anderen sagen

Na, ist doch was!

und versuchen so zu gucken, als wüssten sie, was das ist: Lasermanagement. Irgendwas mit Schönheit wohl. Ist ja klar – Julia. Die hat ein Leben, die kennt Leute! Arbeitet in einem Fitnessstudio, kennt eine Menge Cafébesitzer. Wird also schon werden mit den Anzeigen. So groß ist Braunschweig ja nicht, sagt sie. Die anderen nicken. Das Nicken sagt: Stimmt, Hannover ist größer. Julias Blick sagt: New York ist was anderes, Kinder. Und wenn die Ausgaben die Einnahmen übersteigen werden, legen einige Eltern was drauf:

Ich meine, sorry, sagt jemand, es ist ja nun mal eine Privatschule.

Was mit dem Sektempfang ist, fragt Christian.

Ja, sagt Julia, Problem! Der (es ist ja eine Privatschule) so genannte Sektempfang zwischen Zeugnisvergabe und Abiball kostet, Moment, Julia weiß es: 2000 Mark. Im Etat haben wir aber nur 500.

Was jetzt? Ah, so ein Glück, der Trainer der erfolgreichen Footballmannschaft Braunschweig Lions ist ein Freund von Julia, Wahnsinn, wen die alles kennt. Und der wiederum kennt etliche Sponsoren und ruft zurück, sobald er was weiß. Überzeugendes Problemmanagement. Die anderen mögen Julia nicht, weil Julia ein bisschen zu toll ist. Aber dass sie das mit den Lions regelt, ist natürlich nett.

Sind 2.000 Mark nicht ein bisschen viel, muss denn das sein?, fragt jetzt Nina, die privat im Monat 200 Mark ausgeben kann, wenn sie Glück hat, flüsterte sie, als Julia die 943 Mark Handykosten in die Runde warf. Also (Julia ist jetzt sehr ruhig, bedrohlich ruhig, sie holt Luft und bleibt gemeinerweise freundlich):

Die Braunschweiger Stadthalle berechnet 36 Mark pro Sektflasche.

Ob man keine eigenen mitbringen kann, fragt Nina.

Genau, sagt Christian, in der Sporttasche!

Julia guckt nur. Der Moment gehört ihr – der Blick sagt alles, die anderen lieber nichts mehr. Bleibt bei 36 Mark. Dann fährt Julia zu ihrem (sicherlich älteren) Freund ins Krankenhaus. Wahrscheinlich hat er eine gesellschaftlich angesehene, schicke Sportverletzung.

70 Seiten plant Nina im Moment. Probleme? Sebastian! Der beste Zeichner des Jahrgangs, derzeit stellt er einige Arbeiten sogar öffentlich aus. Aber Sebastian, heißt es einvernehmlich, sei faul. Ein Künstler eben. Eigentlich sollte er Buch-Cover und T-Shirt entwerfen. Um das T-Shirt haben sich aber vorsorglich eine der Julias und Sarah und Carolin gekümmert. Hinten kommen die Namen aller Abiturienten drauf, vorne das Motto. Das ist der Klassiker, vielleicht hätte Sebastian etwas Aufregendes hingekriegt, wahrscheinlich aber termingerecht gar nichts. Also die sichere Variante, und die teuerste: „Da druckt sonst Mercedes seine Shirts", ist zu erfahren. Es ist eben eine Privatschule.

COBURG

Auf dem Schulhof parken widerrechtlich Autos. Aber diese Autos dürfen das, statt KENWOOD klebt groß auf der Heckscheibe: ABI 2000. Schön, dass überhaupt noch jemand von denen zur Schule kommt, jetzt, da alles entschieden ist. Unterricht findet draußen statt oder gar nicht mehr, Lehrer spendieren Eis, alle verlieben sich ineinander. Wie harmonisch schon das geplante Abibuchcover ist: Die Abgänger heben zusammen lachend ihren auch lachenden Kollegstufenleiter in die Höhe. Vier arbeiten tatsächlich nachprüfbar am Buch, die anderen sind bloß so da, wo sonst (Coburg eben), und plaudern. Auflage: 600 Stück, Abgabepreis 5 Mark, 100 Seiten, davon 20 Seiten Werbung. Es wird mit einem erwirtschafteten Plus gerechnet, alles im Plan. Die Griechenlandfotos können sogar farbig gedruckt werden. Seit 26 Jahren fährt jeder Abiturjahrgang dieses Gymnasiums nach Griechenland. Farbbilder allerdings gab es noch nie.

Der Deutsch-LK wird das Buch zum Schluss Korrektur lesen,

einige Artikel werden per Volksentscheid redigiert: Kerstin liest ein Porträt über den Deutschgrundkurs vor. Vereinzelt wird gelacht, aber eher, damit Kerstin nicht nervös wird. Wird sie jetzt doch, liest immer schneller, bricht dann ab, sagt:

Na, und so weiter. Der wird auch noch ganz anders. Da sind schon noch Hämmer drin.

Na gut, sagen die anderen.

Kerstin hat einen Schnitt von 1,0. Dem Deutschlehrer, sagt sie, sei „fachlich nichts vorzuwerfen". Aber menschlich? Aber menschlich.

Olli kommt auf den Schulhof und grinst und stöhnt, als wolle er gefragt werden, wo er denn jetzt herkommt. In Coburg Outlaw sein geht so: bunte Hemden tragen, komische Mischung sein aus Proll und Schlaumeier, ein paar Geheimnisse haben, eigentlich trotz allem ganz nett sein.

Chefredakteurin Anna sagt Hey, Leute.

Die Leute heben die Köpfe, sogar Olli. Anna wäre eine tolle Lehrerin, später mal. Wie ihr alle gehorchen! Denn sie wissen ja, dass es um ihr gemeinsames Buch geht. Alle so wahnsinnig vernünftig in Coburg. Ein letzter Lehrer verlässt winkend den Hof, die Schüler verbleiben aufsichtslos, da passiert nichts.

Nicht mal im Computerraum. Andy sitzt vorne auf dem Chefplatz, es sind doch wirklich immer dieselben Jungs; die, über die vielleicht in der 10. Klasse gelacht wurde, dann gestaunt, und jetzt sind sie zwar keine Mainstream-Stars, aber Respekt bringt ihnen jeder entgegen. Auch besser so, denn ein Tastendruck von Andy, schon fliegen sie aus dem Netz.

Die 100 Seiten werden termingerecht zum Belichten gehen können, die Projektleitung ist mit der Doppelspitze Anna und Andy optimal besetzt. Es gibt nur noch Feinarbeiten zu erledigen: Der Artikel über Caro etwa muss noch leicht umgeschrieben werden. Da steht im Moment noch, dass sie die längsten und gefährlichsten Fingernägel Coburgs hat.

Es gibt in Coburg sogar ein Abilied, entstanden in Griechenland, auf die Melodie von American Pie: „Bye-bye, griechischer Wein“.

Wir haben's vor Madonna gecovert!, ruft Olli. Sie lachen nicht über ihren, sondern mit ihrem Outlaw.

And maybe
They‘ll be
Happy
For a while.

HAMBURG-BERGEDORF

Katharina hat wirklich darum gebeten, die Porzellankanne nach dem Einschenken auf eine Unterlage und nicht auf die Tischdecke zu stellen, bitte, das muss gehen. Die Hamburger Abiturienten sitzen apfelwangig und klarköpfig um den Esstisch im Wohnzimmer des Chefredakteurinnenelternhauses. Maik, der Computerbeauftragte des Jahrgangs, hat zur pünktlich begonnenen, von der Chefredakteurin straff durchmoderierten Konferenz neue Typographievorschläge für die Titelblattgestaltung mitgebracht. Abiogenese wird dort stehen. Maik hat die verschiedenen Möglichkeiten mal ausgedruckt, die ursprüngliche war eindeutig am schönsten, finden die anderen.

Jan-Friedrich berechnet den Anzeigenkunden für eine Viertelseite 80 Mark, für die Belegung der Rückseite 600 Mark. Die ist noch zu haben, ohnehin gibt es erst neun Anzeigen.

Noch Tee?

Ja, aber pass auf!

Ich weiß: die Decke.

Die Druckerei ist übrigens unfähig, kein Wunder, die sitzt ja auch in Schwerin, sagen sie und lachen verschämt, aber laut, wie über einen guten Behindertenwitz. Sind zwar konkurrenzlos billig, die Schweriner, haben aber nur das Programm QuarkXPress 3.0, und Maik arbeitet eigentlich lieber mit 4.0.

Ich kann nicht lachen und lesen gleichzeitig, sagt Christina, als sie den anderen einige so genannte Sprüche zur Endabnahme vorliest. Die anderen können aber bei den meisten Beiträgen nicht mal ohne zu lesen lachen:

Nicht wirklich!, befinden sie. Oh, Insider, lass mal gut sein! oder, der Gnadenschuss für jede Pointe: Muss man vielleicht dabei gewesen sein.

Um den Absatz der Auflage zu forcieren, wird erwogen, so wie der Jahrgang 1992 ein Präservativ auf das Buch zu kleben (nicht zutackern, ist ja klar), jetzt mal ohne Scheiß, hört mal zu, Ruhe jetzt (es war gar nicht laut): Die aus der Mittelstufe haben das Buch damals gekauft wie blöd.

Der Tee darf nur zwei Minuten ziehen. Ihre gemeinsame Wardochschön-Fahrt führte die Hamburger in die Lüneburger Heide. Ein, und jetzt kommt's, Wellnessaufenthalt, ein verlängertes Wochenende in – doch, das kann man nicht anders sagen – angenehmen Bungalows. Keine Skandale, bis auf die Geschichten von der einen, die heißt Blasie und ist heute, komisch eigentlich, nicht da.

Wie heißt Blasie denn mit richtigem Namen?

Na ja, sagen sie und lachen laut: Bratzie.

Reichst du mal den Kandis rüber?

Draußen schieben sich dunkle Wolken vor die eitle Sonne. Jetzt müsste mal jemand den Liegestuhl reinholen.

CHIEMSEE

Keiner da. Leere Zimmer, ein verwaister Hof. Die sind alle am See, sagt der Hausmeister. Wo denn da? Die finden Sie nicht. Ach? Die verstecken sich vor den unteren Jahrgängen, keine Chance. Der Hausmeister lächelt, als wüsste er über Orgien zu berichten. Doch er schweigt und fegt Zigarettenreste in den Rinnstein. Auf dem Schulhof ist Rauchen verboten.

Am See sieht es nicht nach Arbeit aus. Tausende Menschen,

sicherlich auch Abiturienten, aber an Drucktermine oder Korrekturlesen denkt hier niemand, dazu scheint die Sonne zu sehr. Und nicht für die Schule, sondern für das Leben. Sagen ja auch Mosaiksteine auf vielen Gymnasiumsmarmorportalböden. Zwar in lateinischer Sprache, aber das können jetzt, hochschulreif wie sie sind, ja alle übersetzen. Fast alle. Gelernt ist gelernt. Das war's, es ist vorbei, bye-bye.

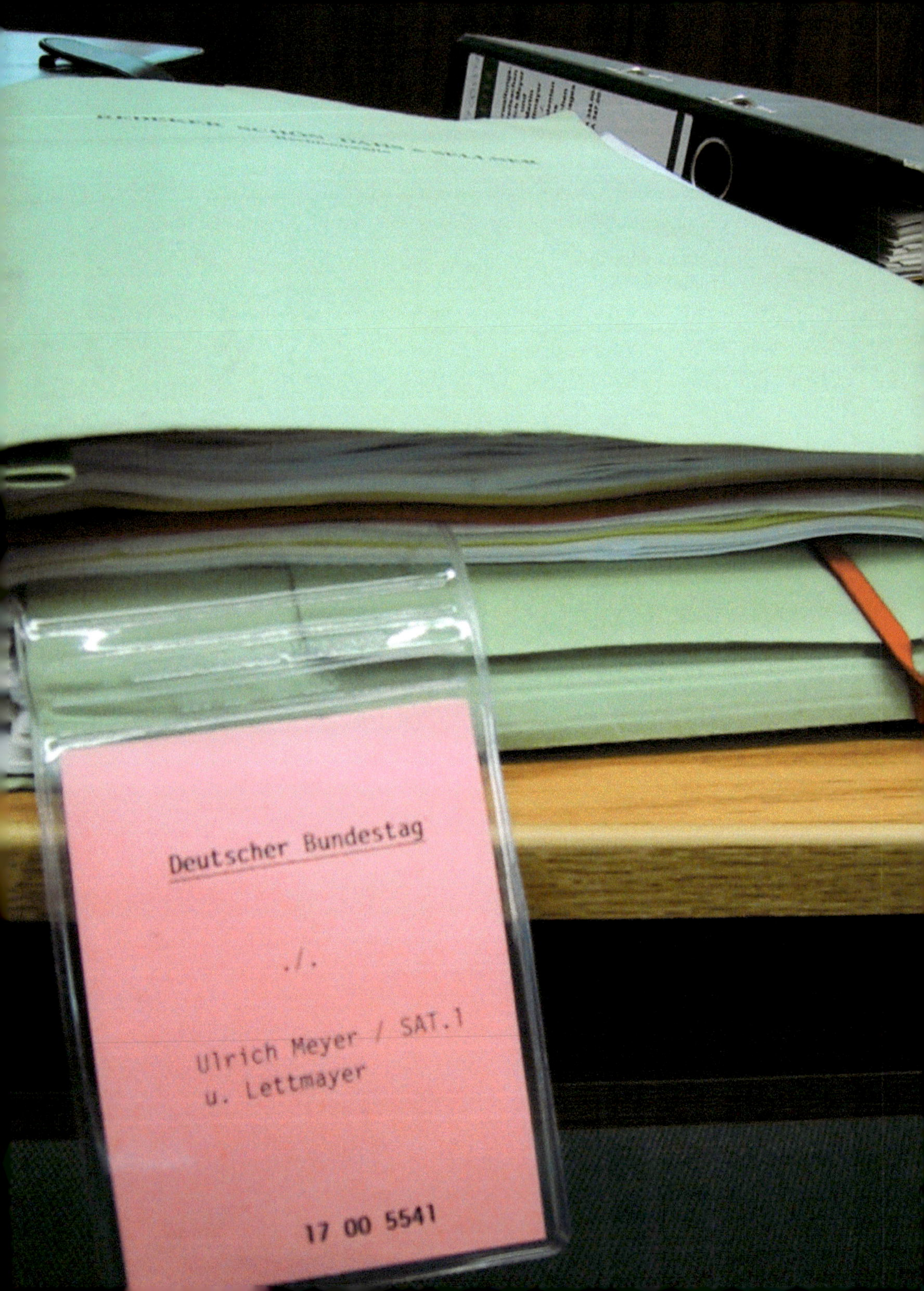
Deutscher Bundestag
./.
Ulrich Meyer / SAT.1
u. Lettmayer
17 00 5541

Schauprozess

Ein investigativ arbeitender Journalist muss sich im Dienste der Aufklärung in Gefahr begeben, muss ständig in Grenzbereichen wildern, lehrt uns das Privatfernsehen in seinen Reportermagazinen, in denen Laiendarsteller aufgeregt herumrecherchieren. Wenn die Kamera wackelt, das Bild unscharf wird, der Ton schlecht, dann, so lernen wir weiterhin, ist der Journalist gerade sehr mutig und der Schurke schon beinahe im Gefängnis. Für einen dieser aufrüttelnden Beiträge hatte sich ein Reporter der vom Dreiwettertaftbednarz Ulrich Meyer moderierten Sendung „Akte" mit Sagrotantüchern und hausordnungswidrig beigeführter Kamera auf 28 Klos des Berliner Reichstagsgebäudes eingeschlossen. Dort wischte und filmte er, eilte dann ins Labor – denn ins Labor eilen ist beim Reporterspielen immer ganz, ganz wichtig –, und schließlich konnte Meyer mit ums Land besorgtem Blick den Bericht „Koksen im Bundestag" seines Reporters Lettmeyer anmoderieren.

Hausherr Wolfgang Thierse, ein Freund symbolischer Handlungen, verhängte daraufhin ein einjähriges Hausverbot für den Reporter und auch für seinen Chef, den Herrn Meyer, dem man keinen größeren Gefallen hätte tun können, bot sich doch so die Gelegenheit, mal rasch den Bundestagspräsidenten zu verklagen. Schließlich bedeutete das Hausverbot, so Meyer, ein teilweises Berufsverbot, womit also offiziell ward, dass Meyer sich als Journalist versteht und keineswegs als Schmierenkomödianten. Nun mag der Fernsehzuschauer sich fragen, was denn Meyer, da die Klos einmal gewischt sind, so dringend für sein schmuddliges Karachomagazin im Bundestag recherchieren möchte, aber natürlich ging es nur ums Prinzip, und so erlebte man im Plenarsaal 0416 des Berliner Verwaltungsgerichts eine wunderbare Aufführung:

Als David die Herren Meyer und Lettmeyer, als Steinschleuder Meyers Steuerzahlerblick und seine so vortrefflich geheuchelte Sorge um die Pressefreiheit (also das Recht aufs Kloputzen); als Goliath der Staat, vertreten durch einen Anwalt, dem so viele formale Fehler und Versäumnisse nachgewiesen wurden, dass dem Prozesszuschauer bang wurde. Wer sucht denn die Verteidiger des Staates aus? Der von Herrn Meyer war viel eloquenter, sah auch besser aus, sprach laut, deutlich, fernsehtauglich – kurzum, als Zuschauer urteilte man, als wohnte man einer TV-Inszenierung bei. Vor der Verhandlung schon all die Kameras, nun vorn links der Herr Meyer, den man sich außerhalb des Fernsehens ja nun wirklich nicht vorstellen kann und will – und entsprechend sofasitznaiv und erdnussflipskaudröge begann man das Geschehen zu beurteilen. Schließlich war Gegenstand dieser Farce auch lediglich das Hausverbot, unberührt blieb die Frage, ob denn nun im Bundestag gekokst wird und ob darüber hinaus das unerschrocken wahrheitssuchende Aktereporterteam (dem es nach eigener Aussage doch darum ging, die Allgegenwärtigkeit von Drogenmissbrauch nachzuweisen) im Rahmen seiner Ermittlungen auch mal auf dem Redaktionsklo gewischt hat. Stattdessen zähes Schleifenziehen, narkotisierendes Spitzfindigkeitengetausche, ein ganz normaler Prozess, vollkommen langweilig.

Die Zuschauer fingen recht bald an zu flüstern, mit den Mägen zu knurren oder sonst irgendwie zu stören. Man wird doch von so Fernsehmenschen ein bisschen Show erwarten dürfen, etwas Drama, man hatte gehofft, Ulrich Meyer würde neue Beweise aus dem Koffer ziehen, jemand würde eingesperrt, die Todesstrafe verhängt oder wenigstens jemand rumschreien, so wie zwei Tage später bei Klaus Löwitsch. Da war mal was los! Aber diesmal: nichts. Zu loben ist allein die Sat1-Kostümabteilung, die Herrn Lettmeyer sehr gut hingekriegt hat: Er sah aus wie ein richtiger Reporter, mit Gelhaar, Hornbrille und Trenchcoat. Am Nachmittag wurde das Urteil verkündet, Meyer und Lettmeyer dürfen wieder in den Bundestag, und nun sind wir natürlich gespannt, was sie dort tun werden, die beiden Topjournalisten.

Wolfgang Thierse war klugerweise nicht erschienen, den Gefallen tat er Meyer nicht, er hatte schließlich auch schon vor Monaten, zwingend logisch im Fernsehen, das Hausverbot damit begründet, er könne „nicht zulassen, dass überall herumgeschnüffelt wird". Womit er natürlich in doppelter Hinsicht recht hat.

Einen Abend nach der Verhandlung stand Ulrich Meyer wieder im Fernsehen herum, wo die Dramaturgie zuschauerfreundlicher ist, wo was passiert und wo man vor allem umschalten kann, wo man dann auch Meyers Urteilsbeurteilung („Eine ziemliche Ohrfeige für die Juristen der Bundestagsverwaltung") bestaunen konnte und ihn wohl für seine Unermüdlichkeit loben und wiedereinschalten sollte, denn: „Für Triumphgeheul ist kein Anlass". Im darauf folgenden Beitrag sah man Lettmeyer verkleidet als Madonna-Manager, wie er in einem brandenburgischen Dorf die Belegschaft eines Gasthauses verarschte. Madonna wolle dort essen, so Lettmeyer unter seinem Cowboyhut, und nun solle bitteschön aufgeräumt und geputzt werden. Küche, Schankraum, Sanitärbereich, alles. Und so stand Lettmeyer schon wieder mit Kameras in einem Klo herum. Offenbar ein Leitmotiv bei ihm. Dann kam endlich Harald Schmidt.

Danke, liebe Mutti

Muttertag

Es riecht wie im Puff. Mit routinierten Handgriffen konfektionieren zwei Mitarbeiter der Berliner Firma „Handgebrannt" Muttertags-CDs „für die liebe Mutti": Für den Postversand wird die beigelegte Glückwunschkarte mit Veilchenkonzentrat besprüht. Matthias Reim hatte diesen Dienstleistungs-Schallallalaschlager („Nun bist du Großmama und immer noch so fit/.../und der Opa, der hilft mit") vor Jahren für Bernhard Brink komponiert, und im Zehlendorfer Industriegebiet, zwischen Dampfwäscherei und Sonnenstudio, wird daraus „die ganz persönliche CD" für 39 Mark 50. Vor das Lied wird eine Sprachsequenz gesetzt, in der eine Whisky-Erbschleicherstimme den Namen der Beschenkten brunftet, dazu schwelt das Veilchenaroma aus der Litersprühdose – Muttertag eben.

Die überwiegend im Proletarier-Betäubungsprogramm Super RTL geschalteten Fernsehspots für diese CD zeigen Jugendaufnahmen von Bernhard Brink, dazu läuft das Lied, und den Zuschauern wird erklärt, wie es geht: Muttis Name auf CD! Jetzt anrufen! Geschenk! Muttertag!

Das hat nun sogar Stefan Raab kapiert, er bestellte in seiner Sendung eine CD für den Namen „Schlampe", denn das ist Humor.

Brink, gegen den sogar Jürgen Drews noch schmerzempfindlich erscheint, bölkte daraufhin, er mache „jeden Scheiß mit", und alle waren wie stets bestens gelaunt in Raabs großer MKS-Show.

Produziert hat das Lied Tom Müller, der im Berliner Hansa Studio früher mit Bowie oder Nina Hagen zu tun hatte und heute mit Frank Zander und dessen Sohn die Firma „Handgebrannt" betreibt. Jedes Produkt aus deren Sortiment, ob Muttertags-, Geburtstags- oder Hunde-CD, wirkt wie ein nach dem zwölften Bier geplanter Quatsch. Die Nachfrage ist groß. Gestartet hatten sie 1998 mit der Geburtstags-CD, für die Zander demnächst eine Goldene Schallplatte bekommt. Natürlich sind die meisten Namen inzwischen einmal bestellt worden und müssen nur aus dem Archiv kopiert werden, aber immer wieder gibt es auch seltenere Namen, und beinahe täglich muss Zander deshalb ins Studio und dem lieben Soundso sagen, dass hier „der absolute Knaller" kommt, nämlich die ganz persönliche Geburtstags-CD, also: „Denk heut nicht an deinen Job/Der Goldesel kommt im Galopp".

Vor Frank Zander war noch niemand bereit, über 3.000 Variationen desselben Liedes einzusingen. Dass es so viele verschiedene Namen gibt, hatte er vorher wohl nicht bedacht, „aber da muss er jetzt durch", lächelt sein Sohn, und immerhin kam er damit auch in die Bibel der dezent Gestörten, für die Frank Elstner einst „Wetten dass?" erfunden hat: das Guinnessbuch der Rekorde.

An einer Tafel im „Handgebrannt"-Büro werden säuberlich nebeneinander die neu einzusingenden bzw. einzusprechenden Namen von Geburtstagskindern, Hochzeitspaaren, Müttern und Hunden notiert. Wenn eine Spalte voll ist, geht es ins Studio. Mit dieser individuellen Form des Tonträgervertriebs ist „Handgebrannt" wohl die einzige Plattenfirma, die Schwarzkopiererei und Internettauschbörsen nicht fürchten muss: Eher amüsiert berichtet Markus Zander, dass auf Napster schon mal die Geburtstags-CD für Caroline angeboten worden sei, mit der natürlich beispielsweise eine Claudia wenig anfangen kann. Doch ganz so speziell, wie einige Kunden es wünschen, kann auch „Handgebrannt" nicht produzieren. In einem Ordner sammelt Zander die lustigsten Bestellbriefe, allesamt abgefasst auf mechanischen Vorkriegsschreibmaschinen: Eine Dame möchte im Geburtstagslied erwähnt wissen, dass ihr Bruder „aus dem Nichts eine Zimmertürenfabrik aufgebaut" hat und dass er für seinen Hund Max „durchs Feuer geht". Ein anderer Gratulant nennt die Eckdaten „nach Stasi-Marathon 1985 umgesiedelt, stolzer Hausbesitzer, liebt die Berge und seine vier Enkelkinder (alles Mädchen)", und für „die Frau eines Försters" mögen bitte „Jagdsignale oder Hörnerblasen" verwendet werden. Selbstverständlich ist das nicht möglich, aber jeder Name. Am schwersten fallen Zander die zahlreichen tschechischen, aber auch da muss er durch, wenn er Spots bei Super RTL schaltet.

Das Geburtstagslied klingt, als sei es beim Betriebsfest einer Kreissparkasse aufgenommen, weit nach Mitternacht. Im Hintergrund hört man Flaschen klirren, die Menschen rufen „Hurra!", und Zander gelingt so offenbar der perfekte Kleinbürgerehrungssoundtrack: „Lass uns bitte noch 'n Stück Torte übrig", raunzt er am Ende des Liedes, und nicht selten bringt die Paketpost Zander solitäre Restkuchenstücke. Auf der Glückwunschkarte grüßt Zander mit einem seiner sogar für Jürgen von der Lippe zu bunten Hemden und einem Glas Sekt, denn heute wollen wir mal alle Sorgen vergessen. Man sieht die hinterm Lärmschutzwall in Ballonseide powerwalkende Hauptzielgruppe vor sich, wie sie angeschickert auf Feigenschnaps und Luftschlangen ausrutscht und in einer dunklen Ecke hinter dem Keyboardturm des schwarzarbeitenden Alleinunterhalters die Zunge in einen fremden, nach Kartoffelsalat riechenden Hals steckt. Dann ist die Party auch schon bald zu Ende. Und bald wieder Muttertag.

1703 1,93
NEMAX
n-t
n-tv
maischberge
EuroStoxx-50
3499 11,89
NEMAX Intershop 1,54

Berlin-Umzug

1. TAG Bisschen viel auf einmal: neuer Beruf, neue Aufgabe, neue Lebensphase, neue Stadt, neue Bushaltestelle, neuer Rhythmus, neue Weckstimme im Radiowecker, neue Telefonnummern, Freunde, Probleme – und all das Alte verharrt derweil geduldig besserwissend in der Erwartung, einspringen zu dürfen, wenn Not am Mann ist und Erfahrung die Verwitterung egalisiert; vergleichbar mit altem Eisen aller Art, Alterspräsidenten etwa, Klapprädern oder Reiseschreibmaschinen.

Sandra Maischberger hat die Angelegenheit aber so weit im Griff, ja, diesen Eindruck vermittelte sie noch stets, ob ganz früher in Jugendtalkrunden im Bayerischen Rundfunk oder etwas weniger früher in Greisentalkrunden an Böhmes Seite; als Moderatorin von Greenpeace TV wie auch als Spiegel-TV-Interviewerin oder Verantwortliche für den regelmäßig einzigen zu Recht so genannten Text in 300 Seiten Glanzmüll namens *Amica*.

Außerdem im Griff: Gepäck und ein wegweisendes Willkommensfax vom neuen Arbeitgeber. Das Gepäck ist für zwei Wochen kalkuliert, die Hamburger Wohnung bleibt Zweitwohnsitz für erstens alle Fälle und zweitens all das Zeug. Das Fax: Genauer geht es nicht, da fehlt nichts, nicht mal fromme Wünsche von der Sendeleitung. Maischberger zieht ihren Samsonite-Stewardessenrollkasten hinter sich her über den Heinrich-Heine-Platz, folgt der Fax-Wegbeschreibung und sieht nicht ängstlich aus. Obwohl sie allen Grund hätte, man hört ja so viel: Hauptstadt, alles neu, alles groß, Tempo, Tempo, und teuer soll es sein, ungefährlich sowieso nicht. Hilfe!

In Berlin neu anfangen, sich alles zusammensuchen müssen in kürzester Zeit und dann auch noch täglich im Fernsehen bestehen müssen, obendrein mitten im Winter, das ist ein Kaltwassersprung, Himmel, das klingt wie sofortige Rettung der Weltmeere als Zielvorgabe, wenn man es sich so überlegt. Oder verantwortlich sein für soziale Gerechtigkeit weltweit, und morgen muss der Abschlussbericht vorliegen. Aber langsam. Erstens hat sie früher schon mal in Berlin gelebt und kann durch die Stadt gehen und großäugig Herumirrende beeindrucken mit solchen Profisätzen: Da drüben war mal/Ist nicht das die Verlängerung von/Wenn man hier immer geradeaus geht/Vor der Wende gab es hier noch/In der Nähe habe ich damals immer. Kein Problem. Sandra Maischberger kommt zurecht, findet den Weg. Da, ein Bäcker, eine Reinigung, ein Kiosk, ein Geldautomat, alles beisammen. Die neue Stadt ist dann ja doch nur: dasselbe in Grün. Erst mal geht alles so wie überall. Erst wenn aus der Flut des Neuen fein geädert wiedererkennbare Muster hervortreten, ist der Neuankömmling in der Lage, zu entscheiden zwischen Ankerbereitschaft und Fluchtplänen. Um sich unwohlzufühlen, ist man aber zunächst gottlob schlicht zu überfordert.

Der Sender n-tv hat für Sandra Maischberger ein Appartement gemietet, von dem aus sie sich dann eine Wohnung in Berlin suchen soll. Muss, kann, darf? Wird. Zehn Tage, aber zunächst in Appartement Nummer 303. Rückwärts zählen, vorwärts blicken. Und wie heißt wohl die Parzelle, die jener Sender mit den durchs Bild laufenden Aktienkursen seiner Moderatorin reserviert? Nun, diese gewiss lieb gemeinte beigefarbene Keimfreihölle heißt natürlich „Management-Suite" und ist eingerichtet wie das Weltbild von Peter Hahne. Überhaupt keine Fragen. Alles an seinem Platz. Ganz schwierig, hier wohnend auf sich aufmerksam zu machen. Zeugnis abzulegen, Existenz einzuritzen. Wir kommen täglich zum Aufräumen, sagt die Dame an der Rezeption noch, bevor Frau Maischberger den rätselhafterweise mit 17 Personen belastbaren Fahrstuhl besteigt (denn wer würde je auch nur zu zweit hier einkehren wollen?). Das klingt drohend. Auch dass die Wäsche gewaschen werden könne, Post, Anrufe und Faxe angenommen und beantwortet, Einkäufe und, ach, im Grunde eigentlich alles erledigt werden könne, alles da sei, was man brauche. Alles, was man braucht, ist demzufolge:

Diverse Sorten Einpersonenheißgetränkzubereitungspulver. Ein Grundig-Fernseher, eine Grundig-Stereoanlage.

Da sagt Frau Maischberger: Kein Pürierstab, aber ein Fön!

Ein AEG-Ökofavorit, eine Flasche Gerolsteiner im Kühlschrank (3 Mark 50 und Herzlich willkommen, sagt ein Pappkärtchen). Besteck und Geschirr jeweils in zweifacher Ausfertigung, falls man sich verliebt oder bloß nicht gerne abwäscht. Eine Pfanne, ein Bild vom Gendarmenmarkt, ein Sieb. Ein Soßentopf, ein Bild vom Schauspielhaus, ein Spaghettitopf.

Da sagt Frau Maischberger: Keine feuerfeste Lasagneform!

Vielleicht fehlt wirklich nichts Wichtiges. Irgendwas aber stört hier. Richtig, der Mensch da. Frau Maischberger. Macht gleich alles unordentlich. Nett. Die einzige Möglichkeit, hier zu überleben. Braunen Samtschal auf den Tisch werfen, Koffer in die Wohnzimmermitte wie ein Lagerfeuer, und dann auspacken, verstreuen und aufhängen, aber nicht sich selbst, obwohl der Ausblick dazu einlädt: Hinterhöfe, aber nicht die aus Chansons, sondern die echten. Die mit alten Reifen, Fahrradwracks, müllgefüllten Pfützen und langweilig bemaltenReckswänden. Vorhang wieder zu, dann eben nicht rausgucken.

Tagsüber würde man Helligkeit und Großzügigkeit attestieren, jetzt am Ankunftsabend wirkt es bloß wie ein moderner Terroristenunterschlupf. Ob hier schon mal jemand gewohnt hat, gelebt, geschmutzt, geraucht? Keine Spuren davon. Beruhigend und auch nicht. Ganz still ist es. Angenehm und unwahr. Es ist praktisch, es ist ideal, es ist zum Verrücktwerden. Bücher gibt es hier auch, aber nur solche, die keiner klauen mag und lesen schon gar nicht; bloß das zum Lesen, was ein Bild vom Gendarmenmarkt zum Angucken ist.

Frau Maischberger bei der Expressdomestizierung:
Direktdurchgang vom Schlafzimmer ins Bad!
Eckgarderobe mit Heizstäben wie im Skiurlaub!
Ähnlicher Tisch wie zu Hause!
Ich hatte noch nie eine Mikrowelle!
Das ist doch wirklich sehr okay hier!
Das Bett sieht gemütlich aus!
Ich könnte mich dran gewöhnen!

Kofferauspacken. Das vom hier lebenden Bruder geschenkte Buch „Berlin: offene Stadt“ streicheln. Rührende Kitschsequenz. Gute Stadt, gute Nacht.

2. TAG Sandra Maischberger hat ausgezeichnet geschlafen in ihrem vorübergehenden Berliner Zuhause, dem Appartement 303, auch wenn die Bettdecke etwas zu klein ist – der erste Arbeitstag der neuen n-tv-Moderatorin beginnt ausgeruht. 18 Mark und eine

Quittung bitte, Taubenstraße 1, das Büro, Wiegeschritt auf der rotgrauen n-tv-Fußmatte und vorbei an den Pförtnern, über denen Uhren hängen: In Tokyo, London, Sydney und Moskau geht nämlich auch die Post ab. Gutes Stichwort, Sandra Maischberger trägt seit 24 Stunden einen Brief durch Berlin. Suchen, suchen, so werden die Tage vergehen, Briefkasten, Joggingstrecke und eine Wohnung, bitte. Am 20. Januar findet im Planet Hollywood das n-tv-Mitarbeiterfest statt. Schöner Antagonismus: Herzlich eingeladen (ohne Begleitung). Viel herzlicher ist der Empfang jenseits der Brandschutztür im 5. Stock. Blumenstrauß, Händeschütteln, Farbgeruch, Alles-Gute-Faxe. An den Bürotüren steht der Name der Sendung, der ja ihrer ist, die ja ihre ist, also: Maischberger. Ein Redakteur benutzt einen Medienkontor-Notizblock – Scherzbold oder Spion, schließlich ist das die Firma von Sabine Nachhakfrage Christiansen.

Neben Sandra Maischbergers neuem Schreibtisch liegen auf dem Boden alle wichtigen Zeitungen und *Die Zeit*. Blickt sie aus dem Fenster, sieht sie den Fernsehturm. Blickt Maischberger in den Kühlschrank, findet sie einen Becher Zott Starfrucht-Joghurt Heidelbeere, einige Kartons haltbare Vollmilch und Tip Grapefruitsaft. Blickt sie auf den Kalender, wird ihr schwindelig: Das Mindesthaltbarkeitsdatum des Heidelbeerjoghurts ist das des Appartements: 21. Januar! Maischberger verlängert um zehn Tage (ihre Appartementexistenz) und verkürzt auf neun Löffelhübe (des Joghurts Existenz). Dann zum Friseur, einem im Westen der Stadt praktizierenden Augsburger, der in London zu lernen angibt, ja, angibt. Wäre er mal in Augsburg geblieben. Frau Maischberger ist nicht zufrieden mit dem Haarschnitt, die Friseursuche wird fortgesetzt werden müssen.

Zurück ins Büro. Ein erster Autogrammwunsch: Andy aus 96104 Ebern. Im Hamburger Keller liegen noch RTL-Karten, in der

Laptoptasche fliegt noch eine Spiegel-TV-Visitenkarte herum. Es fahren ja auch noch Trabbis durch Berlin. Auf dem Schreibtisch stapeln sich die Dossiers der ersten Sendewoche: alles über Fischer, Rüttgers, Elstner, Kinkel. Zur Vorbereitung ihrer täglichen Talksendung hat n-tv Sandra Maischberger kurz vor Weihnachten nach Washington zu Larry King geschickt. Der war eine halbe Stunde lang sehr nett und hat ihr – und da waren sie sich schnell völlig einig natürlich, na sicher – gesagt, Neugier sei das Wichtigste. Dann musste er Stephen Hawking interviewen. Neugier nach so vielen Jahren findet Maischberger beneidenswert, genau wie Larry Kings Hosenträger: so simpel, so Markenzeichen. Sandra Maischberger möchte gerne aussehen wie französische oder italienische Moderatorinnen, sagt sie, kompetent und trotzdem wie eine Frau. Sagt sie! Männer hingegen usw.

Erste Proben im Studio und eine sehr entscheidende Frage: Wo sitzt die Moderatorin, links oder rechts? Links ist besser, heißt es, da schlage das Herz des Zuschauers, ja, tatsächlich, alle säßen links, müsse man mal drauf achten. Harald Schmidt allerdings – na ja, allerdings. Ach so. Also links? Links sitzend baumeln die neu geschnittenen Haare vor Maischbergers Gesicht herum. Umscheiteln, umsetzen, es ist sehr kompliziert. Dann wird telefonisch Essen beim Asiaten bestellt, weil man das so macht in so Firmen.

Die Türklingel des Appartements 303 funktioniert nicht. Morgen fährt Maischberger nach Spandau zum Sendungskleidungskaufen. Mit, das gibt es, einer n-tv-Stilberaterin. Sandra Maischberger möchte nicht 184 Kostüme kaufen für 184 Sendungen im Jahr, sie möchte die lieber geliehen bekommen oder leasen oder so, denn was soll man mit 184 Kostümen. Also wird ein Ausstatter gesucht. Und ein Friseur, wie gesagt. Ein so genannter Stammitaliener wurde schon gefunden, in der Kochstraße. Zweimal da, zweimal lecker. Aber teuer. Aber lecker. Noch ein Aber: Gestern war Beate Wedekind auch dort. Also noch mal überlegen, sagt Sandra Maischberger. Dann fallen ihre Haare vors Gesicht.

Chor: Es wird viel passiern
Nichts bleibt mehr gleich
Nicht bleibt beim alten
Wie gehabt

Kultursponsoring

„Ein wunderbarer Unfall, seht nur“, freut sich der Aktionskünstler HA Schult und klopft begeistert gegen das Busfenster. Auf der Kreuzung hat es gekracht, einige ratlos gestikulierende Chinesen stehen um drei kompliziert ineinander verkeilte Volkswagen herum. „Was für eine Skulptur“, schwärmt Schult. Ein wunderbarer Unfall: macht Lärm, stört und zieht Schaulustige an. Folglich gefällt er Schult, dessen Kunstaktionen auf genau diese Wirkung abzielen. Ob die mit Ikonen-Porträts dekorierte Hochhaus-Ruine, der zugemüllte Markus-Platz, ein auf einer Müllkippe abstürzendes Flugzeug oder ein vergoldetes Flügel-Auto vor dem Kölner Dom – an neuralgischen Orten inszeniert Schult seit Jahrzehnten pädagogische Kleinstnenner-Fanale, seine Kunst besteht im Brimborium. Man redet über irgendeine Stadt und Schult wirft beiläufig ein: „Da habe ich mal ein Auto an die Kirche gehängt.“

Diesmal sind es 1.000 aus Müll gestaltete Figuren (Wohlstandsgesellschaft! Achtung!), die Schult nach Stationen in Xanten, Paris und Moskau nun auf die Chinesische Mauer stellt, und demnächst auch auf eine Ölbohrinsel (Rio de Janeiro), die Friedensbrücke (Hiroshima) und in eine Stierkampfarena (Barcelona). Da wird die Welt schnell zu klein, und deshalb wird eine Miniatur-Müllfigur bald schon auf den Mond geflogen. Mehr als der aufdringliche Symbolgehalt der Aktion wird – so ist es immer bei Schult – die Menschen die Frage beschäftigen, wie er das nun wieder hingekriegt hat. Das China-Kunstwerk „The Great Wall-People“ hat – so ist es immer bei Schult – die Industrie ermöglicht. Schults großes Talent ist es, Vorstandsvorsitzende weich zu reden und Etats lockerzumachen. Er macht den Hampelmann, installiert irgendwas, Bilder davon gehen um die Welt – und gut ist's.

Den Transport der 1.000 durch dankenswerterweise von der Firma Henkel („Gabriele kenne ich gut“) bereitgestellten Montageschaum zusammengehaltenen Altmetallfiguren erledigte die Post-Tochter Danzas. Auch das von der Kirche hängende Auto war eine Sponsorengabe, Schult benötigt also die Verursacher der Weltzerstörung, gegen die er mit seiner Kunst protestiert (so sieht er es selbst), für die er zugleich wirbt (so muss er es den Firmen verkaufen). Bezeichnenderweise platzieren Medien die Berichterstattung über Schults Aktionen nicht im Kulturteil, sondern in der für auffällige Bilder stets dankbaren Rubrik „Vermischtes“. Man könnte auch Gewurschtel dazu sagen, und wenn man Schult fragt, wie er nun genau die Erlaubnis bekommen hat, wen man da in China so alles fragen muss, dann winkt er ab, hebt die Schultern und reibt den Zeigefinger am Daumen. Schult lebt in Köln und hat auch in Moskau Unfug treiben dürfen – ganz gleich, ob man honorarpflichtige Willkür dann Klüngel oder Mafia nennt, sich damit zu arrangieren versteht Schult ganz offensichtlich. „Das ist meine Kunst“, bekennt er, „das lernt man im Gegensatz zu Töpfern auf keiner Akademie.“

Sogar den vollkommen lethargischen Busfahrer gewinnt er im Handumdrehen: „You are a star, go! go!, wonderful“, feuert Schult ihn an, und plötzlich rast der in waghalsigem Slalom durch den Pekinger Berufsverkehr, bis zur Mauer.

Am nächsten Tag wird Schult dort seine Einwegarmee der lokalen Presse präsentieren, zwei Tage später kommen Journalisten aus aller Welt, denen er erklären wird, dass wir im Trash-Zeitalter leben, dass wir Müll produzieren und selbst Müll werden und dass also deshalb diese Figuren hier stehen. Der Pomp der Inszenierung lässt dem Betrachter keinen Millimeter Eigeninterpretationsmöglichkeit, und das macht Schults Kunst – so global bzw. demnächst ja sogar intergalaktisch er sie auch aufführt – eben so zutiefst rheinländisch. Der jeweilige Anlass ist schnell gleichgültig, Hauptsache Volksfest.

Als in Moskau nach zähem Anlauf das Werk vollendet war, wollte plötzlich auch der deutsche Botschafter mitprosten, der Schult im Vorfeld nicht mal zurückgerufen hatte. „Wenn es was zu essen gibt, kommen die Wichser“, weiß Schult.

Vorher kontrolliert er ein letztes Mal den Stand der Dinger. Wie „Der Durstige Mann“ auf der natürlich auch verarbeiteten Tuborg-Dose steht Schult erschöpft am Mauerhang, die Knie tun ihm weh vom dauernden Hoch und Runter, und schon wieder klingelt das Telefon. Wie jeder subventionierte Künstler ist Schult umgeben von einem Wust unselbstständiger Nervensägen: Die Basis in Köln meldet einen Computerabsturz, kurz darauf erkundigt sich jemand, ob er einen Pullover mit nach China bringen solle, wie so das Wetter sei und ob es reiche, vor Ort Geld zu tauschen.

Werbeunterbrechung: Im neuesten, traditionell unkomischen Post-Werbespot stehen die beiden Gelbaktiensupernasenbrüder Gottschalk auf der Mauer und finden das allerhand; sich selbst zunächst, und dass außerdem die Figuren bis nach China geschickt werden konnten. Es ist Betrachtungssache, ob nun die Kunst sich in die Postwerbung geschlichen hat oder umgekehrt. Es profitieren beide. Relativ sogar die chinesischen Hilfsarbeiter, die den Müll schließlich aus den Containern heben und auf die Mauer tragen: Sie haben gelbe Mützen geschenkt bekommen und erhalten pro getragenen Müllmann ein paar Pfennig Lohn. Go! Go!

Ende August wird jeder Bundesbürger von Schult gebeten werden, sich in Form eines Liebesbriefes an seinem nächsten Projekt, dem „Loveletters-Haus“, zu beteiligen, einem – so Schult – „Denkmal der Gefühle“. Und wie kontaktiert er die Bürger? Na? Na? Ja: per Post. Wer den Brief in den Müll wirft, sollte nicht zu sicher sein, damit nicht zu einem anderen HA-Schult-Kunstwerk beizutragen.

NZAS
GREAT
WALL PEOPLE
HA SCHULT 2001
Deutsche Post
GREAT
WALL PEOPLE
HA SCHULT 2001
Deutsche Post

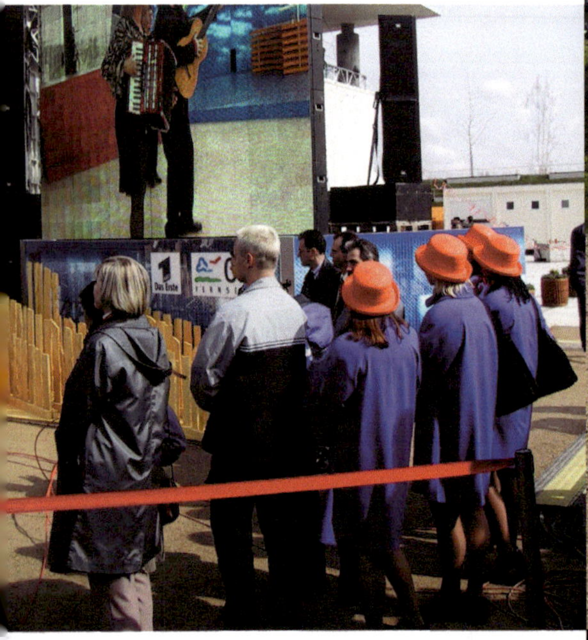
Das Erste

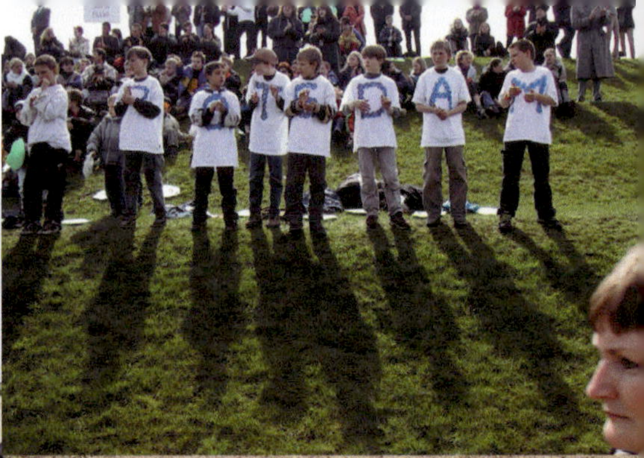

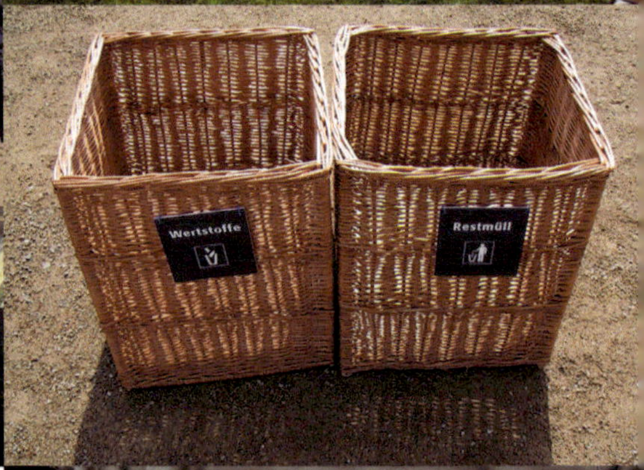
Wertstoffe
Restmüll

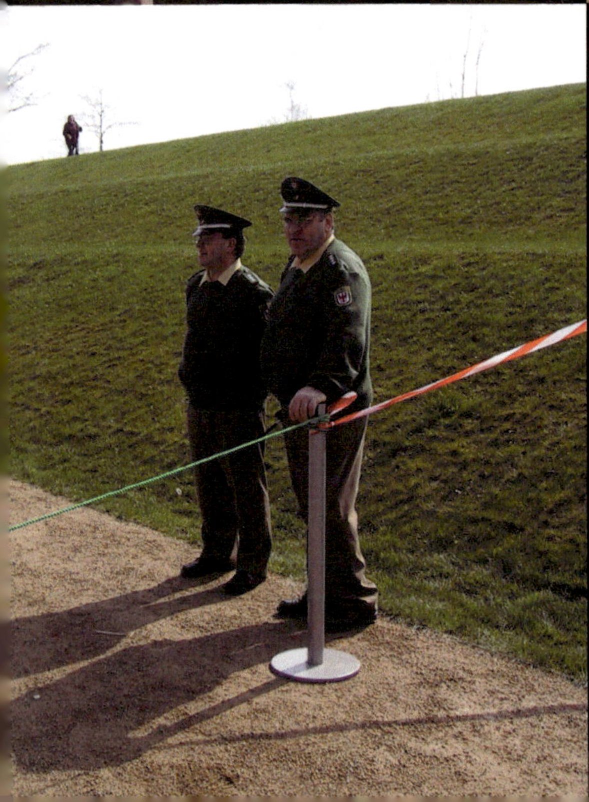

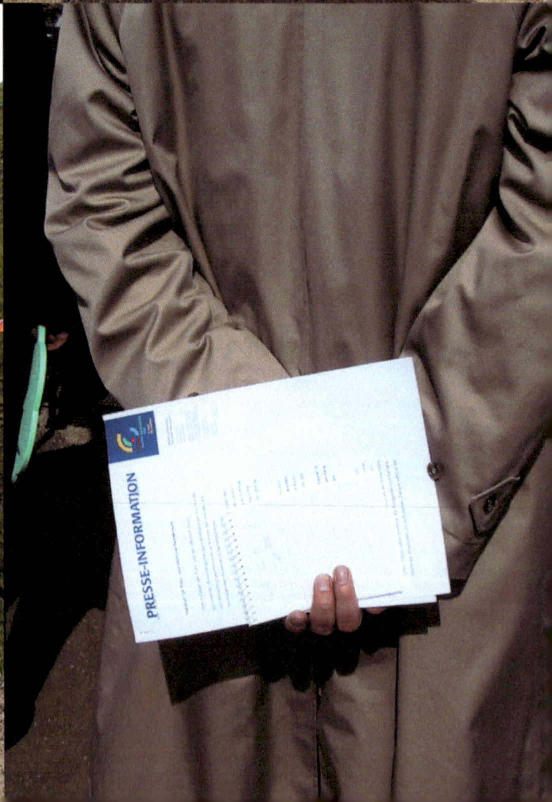
PRESSE-INFORMATION

potsdam
bundes gartenschau
2001
ORB

SCHEIBEN
WISCHER

Politisches Kabarett

Als Gebührenzahler sollte man hin und wieder ein öffentlich-rechtliches Sendezentrum besuchen. Es macht danach tatsächlich wieder mehr Spaß, Gebühren zu zahlen. Wie charaktervoll diese Bauten wirken im Gegensatz zu den feuerwehrgaragenartigen Privatsenderstudios in den Gewerbegebieten, vor denen Reisebusse im Minutentakt Applaudierhundertschaften auskotzen und allzu bunt gekleidete, scheinselbstständige Hysteriker Coca-Cola-Light-trinkend keine Sendungen betreuen, sondern „Konzepte umsetzen", kompliziert reglementierten Schwachsinn in Serie, der ordentlich knallt im Fernsehen, aber für den Livezuschauer vor Ort immer ernüchternd ist. Man sieht so schlecht, der Moderator spricht ja nicht zum Publikum, sondern in die Kameras hinein, und dann ist es schon vorbei, und man hatte gedacht, es kommt noch was – was genau das hätte sein können, wusste man allerdings auch nicht. Auf dem Weg zum Parkplatz kommt einem schon die nächsten Kulissenkolonne entgegen. Na ja.

Als Zuschauer von Dieter Hildebrandts Scheibenwischer ergeht es einem völlig anders, die Veranstaltung wäre sogar ohne Kameras denkbar, man darf sich auf einen normalen Stuhl setzen, der angenehmerweise über keinerlei Interaktionsvorrichtung verfügt, der Stuhl wird während der Sendung nicht hoch- oder runtersausen, kein Abstimmknopf muss gedrückt werden, man wird sich nicht auf der Bühne mit der Stiefschwester vertragen, keinen Dampfbügelautomaten mit nach Hause nehmen, keine Geldkoffer anwinseln müssen, niemanden heiraten, muss keinmal sagen, wie man sich fühlt, und auch nicht, dass man mit vielem, damit aber nicht gerechnet hätte. Man kann einfach so dasitzen. Es kostet sogar Eintritt!

In der Pförtnerloge sitzt keine gut gelaunte Zumutung, auch kein schinkennackiger Securityschnäuz, sondern ein herkömmlicher, graubrotkauender Stahlstegbrillenherr mit Vorstopperblick, vor sich ein NICHT tragbares Telefon, den Sportteil eines Drecksblattes, Thermoskanne, neben dem Wandkalender kleben lustige Kollegenurlaubspostkarten. Festangestellte passieren grüßend, pro Sendung 37 Redakteure, keine Headsetallzwecknichtskönnsatinhosen, und sie nennen den Pförtner beim Namen, weil das unarrogant wirkt.

Das Scheibenwischerpublikum hat nun an den Tischchen Platz genommen, wer keinen Stuhl abbekommen hat, könnte sich mit einem Trick behelfen und rufen: „Alle Lehrer mal bitte aufstehen", dann würde ordentlich was frei. Das politische Kabarett gilt als erledigt, aber wer oder was tut das nicht. Also muss man die Dinge immer wieder neu überprüfen. Was genau ist nun so ermüdend am Scheibenwischer, warum ist die Sendung so irrelevant? Geht es da nicht, dort wenigstens noch!, um was? Die Erwartungen des Publikums und die Absichten der Aufführenden sind doch durchweg guter Natur! Und trotzdem ist jede Quizsendung politischer.

Die Bühne ist unheilkündend vollgerümpelt mit sprechenden, ja schreienden Requisiten, einem Sonnenschirm für den Kanzler-im-Urlaub-Sketch, einem Globus wegen der Globalisierung, der alten Sau, einer Mistforke für den Landwirt und einem Babytelefon für die Bürokratenverarsche, um also hineinzubrüllen, ins Babytelefon, man sei nicht zuständig, und der Kollege zu Tisch, jawohl. Bruno Jonas bittet Jürgen am Klavier, so a jazzige, ganz a schräge Nummer noch bis zum Start der Livesendung hinzulegen, Jürgen klimpert, Prösterchen, Wein gab's am Eingang gratis.

Dann stottert Dieter Hildebrandt los, und die Pointen erlauben es dem Zuschauer, sich aufs Daumendrücken zu konzentrieren, Daumendrücken, dass Hildebrandt diesen vor ein paar Minuten begonnenen Satz – und dann, äh, also, jedenfalls, sagt also der Schröder, nein!, hallo, und da fragt man sich natürlich, nächster, ganz a jazziger Tusch, der Pianist hat ja den gesamten Text vor sich liegen, schließlich wurden all die Lesebrillenwitze mehrfach aufs Wort genau geprobt, also hebt er kurz vorm Stichwort den geröteten Kopf, und sie dengeln los, Applaus, Jawohl! So ist es! Endlich sagt es mal jemand! Wer nicht klatscht, wählt CDU.

Mützen aufsetzen, Dialekt imitieren, Debatten in den Sandkasten verlagern – die Kritik-Instrumente des Scheibenwischers, die das ohnehin schon Lächerliche ins Lächerliche ziehen sollen, sind unerträglich borniert, alles Dampfgeplauder mündet in frustriertem Gelalle, in einem konsensseligen Kopfschütteln über die da oben, die sie ja nicht mehr alle haben, und der kleine Mann zahlt die Zeche, die CSU ist betrunken, Scharping eine Null, Westerwelle und alle anderen auch: Witzfiguren!

Ja doch, ist ja schon gut. Wenn die Kritisierten mit dem Fallschirm in Fußballstadien springen und nichts sagen, bloß „18!" schreien, wenn ihre einzige Wahlkampfidee ist, schwul zu sein und Pandabären zu retten, dann muss doch die Kritik umso ernsthafter sein. Stattdessen ist auch bei Dieter Hildebrandt das Rabattgesetz gefallen, billiger waren die Späße nie.

Wir schlagen die Beine übereinander, trinken den viel zu gelben Wein und gucken minütlich auf die Uhr. Einer geht noch: „Der amerikanische Präsident klopft auf den Busch!" Nein so was. Gerhard Schröder raucht Zigarre. Hu, heißes Eisen, hier wird angeeckt, hier werden unbequeme Wahrheiten serviert. Jürgens Schlussgejazze ist sehr schräg. Aber das SFB-Gebäude ist trotzdem schön. Im Ernst. Genau dort.

Fahnen
Klein m. Stiel
mittel
groß
groß m. Stiel

Gastspiel

Der Artist auf dem Trapez wird von seinem Publikum weniger für erlernte Geschicklichkeit als für anerzogenen Mut bewundert. Je größer das eingegangene Risiko, desto tosender der Applaus; sich dem Drama gefährlich zu nähern, um ihm schließlich triumphal zu entkommen, das ist der Auftritt „ohne Netz“ – im Zirkuszelt ebenso wie in der vernetzten Welt. Kein Netz zu haben heißt, potenziell zu verschwinden. Wie einen Schnorchel recken Besitzer von Mobiltelefonen die Antennen in die Luft, vor allem in unbekannter Umgebung, und die standardisierte Gesprächsbeginnfrage lautet nicht mehr „Wie geht's?“, sondern nunmehr „Wo gehst du?“. Und ein Funkloch ist heutzutage ein deutlicher Standortnachteil. Wer kein Netz hat, ist nicht existent. Das Gerät bescheidet „Keinen Empfang“, unmöglich ist somit auch das Gegenteil, das Senden. Die Mär von der so genannten „Erreichbarkeit“: Die Welt käme ohne einen aus, keine Frage, bloß umgekehrt wäre es schwierig. Hallo, hallo! Hallo?

Der Theaterregisseur Christoph Schlingensief steht in der Wüste. Er hat kein Netz, aber er sendet. Denn die Bühne, auf der er inszeniert, befindet sich dort, wo das Stück spielt. In der Vergangenheit waren das u. a. Wahllokale, Fußgängerzonen, Polizeireviere, Fernsehstudios oder der Wolfgangsee. Die Berliner Volksbühne ist so genannte Kostenstelle, nicht aber Austragungsort der Schlingensief'schen Stücke. Die Welt ist es, die die Bretter bedeutet.

Nun also die Wüste Namibias, ehemals Deutsch-Südwest, hier endete mit dem Jahreswechsel 99/2000 Schlingensiefs Projekt

„Deutschlandsuche“ zielsicher dort, wo wie in einem Deutschlandmuseum Klischees dieses Landes angehäuft sind. Im direkten Vergleich versprühte das Vereinsheim eines schwäbischen Kegelvereins internationales Flair. Schlingensiefs Idee: eine Art Freistellungsantrag, umtrieben auch von der Frage der Stunde, danach, was bleibt, ist diese Suche wie immer bei ihm auch eine Vereinfachung, die zugleich veranschaulicht und der Groteske zuarbeitet: Die urdeutsch erscheinenden Fundstücke, Straßennamen, Sitten und Gebräuche wirken besonders durch den Kontrast zu den Erwartungen eines Afrikareisenden. Mitten in der Wüste heißt ein Blumengeschäft Blumen Margot – der Namibiareisende muss bizarre Wahrnehmungsdiversifizierung betreiben und wird schnell zum Verschwörungstheoretiker, wenn Schlingensief in der „Pension Christoph“ einkehrt und in der Nähe der Wagnerallee tatsächlich ein „Schröder-Haus“ steht, das garantiert nichts mit dem derzeitigen Kanzler zu tun hat. Oder doch?

Der Regisseur hat diesen letzten Akt mit fünf Begleitern besetzt. Jeder von ihnen spielt eine Rolle in Schlingensiefs Stück, einige auch in seinem Leben, auch wenn er das Private laut Eigenauskunft eigentlich abgeschafft hat; wahrer ist: Er hat es ausgeweitet. Die Zusammenarbeit mit diesem Regisseur ist für den Mitreisenden oder auch Mitspieler (je nachdem) Überforderung und Zumutung. Das ist das Konzept. Man konnte sich nicht vorbereiten, keinen Text lernen, keine Angst durch Übung mindern, denn das Stück entsteht erst während der Uraufführung. Das kann nicht nur, das muss scheitern – und spätestens dann wird es interessant. Denn ein Ende gibt es nicht. Jeder hat sein Textchen zu tragen, dies die Arbeitsanweisung, man muss bloß die Starttaste finden. Der Regisseur hilft dabei und lässt die stets griffbereite Digitalkamera mitlaufen. Was der entgeht, hat nicht stattgefunden – oder muss nachgedreht werden. Die Welt dreht sich.

Eine 40-köpfige deutsche Reisegruppe, eine andere, ist einem Bus entstiegen und möchte nun gerne ein Schloss besichtigen. Gerade wollen sie sich noch wundern, dass es draußen viel wärmer ist als im Bus, und überlegen, ob vor oder nach der Besichtigung Kuchen gegessen wird, da sehen sie sich mit einem aufgeregt armrudernden Christoph Schlingensief konfrontiert, der ihnen Dinge erzählt, die zunächst harmlos erscheinen, kruder, frei erfundener Historienquark, also folgen sie ihm. Menschen, die in die Nähe Schlingensiefs geraten (oder, gemäß seiner Bühnenverschiebung: in deren Nähe Schlingensief gerät), reagieren entweder mit brüsker Ablehnung oder aber mit nicht selten religiös anmutender Gefolgschaft. Das macht ihn sehr anstrengend, vor allem für sich selbst. 40 Menschen hinter sich, wird die Rede des Regisseurs zusehends hektischer und absurder. Er führt die Gruppe dreimal im Kreis um den Bus herum. Stellt ihnen Fragen, bietet Antworten an, filmt, behauptet, macht einen guten Eindruck. Sie glauben ihm alles. Leider! Also muss er die Schraube weiter anziehen. Redet von der Abschaffung Deutschlands, der Entwertung des Euros, dem Ende der Zeit. „Nie wieder Zukunft!", kreischt er fröhlich. Die Busreisenden hoffen, dass sie nur veralbert werden, suchen versteckte Kameras und Blödshowmoderatoren und sind nun doch verunsichert. Was ist das, wer ist das, und was wird, wenn er recht hat? So kurz vor 2000 – wer weiß? Das Schloss, krakeelt Schlingensief, sei übrigens bloß eine Filmrequisite, auch sei dies nicht Afrika, sondern Babelsberg. Dann dreht der Regisseur die Musik lauter: Wagner. Die Menschen fliehen zurück in ihren Bus.

Nach einem Tag auf Schlingensiefs Bühne wünscht man sich, zwecks Wappnung, einen Blick ins Drehbuch des nächsten Tages werfen zu dürfen. Gibt es nicht. Nach zwei Tagen wünscht man sich eine Pause. Die gibt es ebenfalls nicht. Nach drei Tagen wünscht man sich nichts mehr. Das gibt es nicht. Das gibt es doch: Am vierten Tag beginnt man, ansatzweise zu begreifen, was gemeint sein könnte. Es ist ja auch sehr warm, andererseits. Aber die Mitreisenden haben ihre Rolle nun akzeptiert, spielen, ja, spielen mit. Suchen plötzlich Deutschland. Überlegen nicht mehr, wie das klingt – sondern wo das liegt. Versuchen, die Ränder der Bühne zu entdecken. Die Kamera läuft, läuft immer. Und wie andere Menschen in den Spiegel, so guckt Schlingensief auf den Kontrollmonitor: Was machen wir da? Wie sieht es aus, was täuschen wir vor? So wird ein Gespräch mit ihm zur Gegendarstellung, er hilft dem Gegenüber auf die Beine eigener Sprache; natürlich vergreift er sich dabei immer wieder im Ton und an Sakrilegen.

Schlingensief hantiert mit Stereotypen, mit beladenen Begriffen und Namen, testet ihre Definition, indem er sie austauscht, überführt sie, indem er sie dekontextualisiert. Sein Plan, mit sechs Millionen Arbeitslosen in den Wolfgangsee zu steigen, musste scheitern, rührend, dass die Berichterstattung die paar ganz harmlos planschenden – obendrein natürlich fast durchweg nicht arbeitslosen – Aktivisten tatsächlich zählte; das Ergebnis zu erreichen war niemals Ziel, vielmehr ein Bild zu liefern, ein Thema zu setzen. Und dann zu sehen, was das Land damit anfängt, beziehungsweise das Land mal zu fragen, was es eigentlich noch für einen tun kann.

Vielen Bürgern mag das Pay-TV-Angebot Premiere World als Sieg des mündigen Gebührenzahlers erscheinen. Endlich gucken, was man möchte. Wenn man aber schon weiß, was man sehen möchte, wird man auch nichts anderes sehen, und dann heißt Mündigkeit bloß noch Müdigkeit und kurz darauf Verblödung. Schlingensiefs Programm ist das genaue Gegenteil von Premiere World, es ist World Premiere: bleibt alles anders.

Natürlich hat das Spuren von Klamauk, diese Deutungmöglichkeit: absolute Harmlosigkeit, muss liefern, wer nicht eitel zuallererst ernst, sondern im besten Sinne wahrgenommen werden möchte. Es ist ein nettes Bild, als Schlingensief und einer seiner Darsteller am Silvesterabend mit großer Geste im dramatischen Licht des letzten Sonnenuntergang dieses, jenes Jahrtausends aus Legosteinen den „Prototyp des neuen Menschen“ kreieren: mit Prellblock vor dem Kopf und Blaulichtern statt Schuhen. Laut plärrt dazu der Walkürenritt. Das alles ist immer auch der große, nie endende Kindergeburtstag. Genau wie abends, als das Gespräch zunehmend von Größe und Giftigkeit befürchteter Insekten handelt und Schlingensief eine Plastikspinne im Schlafzimmer zweier stimmstarker Frauen platziert. Die Angst ist echt, das Tier zunächst nicht, später dann sogar auch das, und was war dann der Spaß anderes als eine warnende Vorwegnahme?

In wahnwitzigem Tempo wird vom Regisseur der Jeep gefahren, das Zelt aufgebaut, das Gespräch geführt, und alle machen euphorisiert mit, es ihm nach, bis er freudig grinsend am Abgrund steht, die Straße sich als Sackgasse erweist, das Zelt zusammenknickt, das Gespräch in Stille oder Streit mündet. Dann zieht er sich zurück und beobachtet, lacht, springt zur Seite und bald schon wieder zu Hilfe, denn zynisch ist er weiß Gott nicht, im Gegenteil, ein großer Moralist und Humanist, der die Verhältnisse dauerprüft, Konflikte forciert, auf Sichtbarmachung drängt und Verantwortlichkeit einklagt. Das Überdrehte, der 24-stündige Auftritt, wird von ihm zu keinem Zeitpunkt geleugnet. Schlingensief spricht in die Kamera und seine Gegenüber blicken nach kurzer Irritation gleichgültig ins Objektiv statt in sein Gesicht. Und da stehen seine Begleiter dann und sagen Text auf, ihr Scherbengedicht. Wenn es allzu glattläuft, kommt ihm die Technik zu Hilfe: Fehler, ruft er dann, könnten Sie das nochmal genauso sagen? Verstörend, dass kaum einer dies je ablehnt. Was die panische Annahme nährt, Teil einer allumfassenden Inszenierung zu sein. Man hätte es so gerne eigenes Leben genannt.

Doch nimmt dieses Land kaum jemand ernster, als Schlingensief das tut. Als dem Suchenden in Ulm Wochen zuvor niemand zuhören mochte, weder Beschimpfung noch Komplimente, nicht Geschenke, ja nicht mal Wagnerbeschallung Wirkung zeitigten, da verkündete er, soeben seien sämtliche Privatvermögen der Bürger entwertet worden, schuld sei die Sparkasse. Kurz darauf hatte er weit über 100 Bürger hinter sich beim Marsch auf das Kreditinstitut. Was sie dann riefen, hatte er ihnen nicht etwa vorgesagt; die Angst, die sie ohnehin in sich trugen, hatte er bloß freigelegt, und so ist Schlingensief eigentlich ein begnadeter Tauchsieder.

Um sich Gehör zu verschaffen, lanciert Schlingensief stets große Parolen. Deutschland ist nirgens rekonstruierbar, das geriete peinlich, hieß es auf der Deutschlandsuche. Und wieder schien es einigen als Spinnerei, als großmäulig-ironischer Vorwand für einen neuen Schelmenstreich. Anderen jedoch hatte er eine Kernfrage von den Lippen gelesen: Wo stehen wir, was ist das Netz, haben wir Empfang, was sind die Verbindungen?

Was anderes als Deutschlandsuche ist es, was in Namibia betrieben worden war und fortwährend wird? Die Installation der Kolonie als Deutschsetzkasten einst und die Reviermarkierungen der Urlauber heute, wenn jemand auf dem Toilettenspiegel einer Raststätte inmitten der Wüste einen „Schwarzwaldverein"-Aufkleber anbringt oder am Mülleimer der Flughafenhalle einen mit der Aufschrift „Magdeburg – hier wachsen Ideen". Ein T-Shirt trägt mit der Aufschrift „Fränkisches Seenland" oder Werbung für ein Antennenbaufachgeschäft in Uelzen?

Der Suchtruppführer steht im Sandsturm und schreit. Sein bevorzugtes Stilmittel ist die Hysterie. Und bald schreit die ganze Gruppe, zum Teil vielleicht bloß, dass er zurück zum Jeep kommen soll. Aber sie schreien, und später führt er Bilder schreiender Menschen vor, die er durch Kommentartext in einen anderen Zusammenhang überführt. Und alles wirkt, nun ja: echt. Der versteckten Kamera von „Verstehen Sie Spaß“ setzt Schlingensief die demonstrative Kamera entgegen: „Verstehen Sie das?“

Wenn ein Passauer Busfahrer Bier trinkt, während seine Busladung ein Schloss besichtigt, wenn er sich den Rundumdenmundbart kratzt und derbe Witze reißt – wer vermag da noch festzustellen, wer jetzt wem nachfolgt, das Klischee diesem Mann oder umgekehrt. Draußen bringt Schlingensief einen freundlich nickenden Einheimischen in wunderbar schlechtem Schulenglisch dazu, sich euphorisch zu Richard Wagner zu äußern. Ein anderer Bus fährt vorbei. „Ja, fahrt schon mal vor, wir kommen nach!“, schreit Schlingensief hinterher, läuft ein paar Meter hinter dem Bus her und winkt. Gefilmt sieht es danach so aus, führt er stolz vor, als gehöre der Bus dazu. Wozu? Zur Suche, zum Stück. Durch eine Mischung aus vorgetäuschter Tollpatschigkeit und wahrhaftiger Freundlichkeit gelingt es dem Regisseur, alles und jeden auf die Bühne zu locken, jeden zum Sprechen zu bringen. Plötzlich über sich selbst, und dann versteht es Schlingensief in seinen besten Momenten, sich zurückzuziehen, und der Text läuft weiter. Der Besitzer einer Bar darf minutenlang in die Kamera sprechen, was ihm Werder Bremen bedeutet, bis es dem Ensemble gelingt, das Thema zu wechseln, und der Warmgeredete, dankbar über Publikum, schwadroniert, tümelt, lallt, „gerechter Rassismus“, sagt er in die Kamera, sei nötig für eine gesittetes Nebeneinander der Kulturen. Und so weiter.

Manchmal heißt es, Christoph Schlingensief sei gar nichts peinlich. Richtiger ist: Alles ist ihm peinlich, der Verklemmung setzt er Exhibitionismus entgegen und stellt sich zur Verfügung, wirft sich den ersten und zweiten Stein gleich selbst mitten ins Gesicht, gibt als Versehrter allen die bequemere Möglichkeit, die Unzulänglichkeit, den Defekt nicht als Alleinstellungsmerkmal, sondern als Zwangsläufigkeit zu begreifen. Schreit, predigt, singt, sabbert, stört – und befreit. Aus einem Autoradio plärrt Michael Jackson. Schlingensief schlurft spastisch durch den Sand und schreit: „Moonwalk!" Seht her, zeigt er, ich kann es nicht, und das ist nicht schlimm, denn es ist normal. Und das legt er so offen, dass das Zusehen schmerzt, und dieses Ausmaß an Reaktion überhaupt noch hervorzurufen ist schon eine Leistung. So war auch die Grundidee seiner eigenen Talkshow „Talk 2000" das Versagen, der Stillstand im Überdrehten, seine Leistung war die Störung des gewohnten Ablaufs. Nicht der kalkulierte Eklat, der allseits übliche, eingeübte Tabubruch (den er freilich auch nicht ausließ), sondern die Pause, die Offenlegung von Ratlosigkeit.

Am Silvesterabend steht die Reisegruppe etwas hilflos im Sand, Wunderkerzen in der Hand, und diese erlöschen allesamt in der Mitte. Ein guter Moment. Der Super-GAU als Urszene. Und so passt es auch, dass ein Darsteller um kurz vor zwölf bereits lauthals von 10 rückwärts zu zählen anfängt, woraufhin der gesamte Campingplatz sich zu streiten beginnt, einige schon gehorsam losküssen, -böllern und trinken, andere dann alles verpassen und insgesamt bis fünf nach zwölf circa 19-mal jemand glaubt, es sei gerade null Uhr. Doch an diesem Abend gab es nichts Wichtigeres, als pünktlich zu sein. Und weil es nicht klappte, merkte man, wie blöd der Versuch war. Aufklärung, könnte man sagen. Einsicht durch Auffahrunfall.

Schlingensief als Provokateur abzutun ist leicht begründbar, aber falsch, definiert man einen Provokateur als jemanden, dem die Geste Tat genug ist, der niemals verantwortlich zeichnet. Doch dazu ist Schlingensief zu naiv. So hat er beispielsweise die Finanzen seiner Partei (bzw. seiner Inszenierung) Chance 2000 über sein Privatkonto abgewickelt und für den programmatischen Bankrott („Scheitern als Chance") persönlich haften müssen.

Am Ende der Reise sind die Batterien leer, die Filme voll, und die Gruppe ist durch zermürbende Grabenkämpfe zu einem untrennbaren Klumpen verschmolzen. Die Energie eines mit Schlingensief Reisenden muss heißen: Vorstellungskraft.

Und plötzlich gibt es wieder ein Netz. Schlingensief hat Empfang, Kurznachrichten, und nach sieben Tagen ohne Beweis, dass Deutschland dort, wo es laut Globus bei Abreise lag, immer noch liegt, erfährt das Ensemble: Schmitt springt erfolgreich in den Schnee, Schäuble muss eine Menge erklären, Jelzin fürderhin gar nichts mehr und alles in allem ist der Übertritt ins neue Jahrtausend problemlos vonstattengegangen.

Die Suche ist beendet. Der Weg war die Bühne. Schlingensiefs Vorgehensweise ist vergleichbar mit einer Internet-Suchmaschine: Ein eingegebener Begriff wie „Deutschland" bietet unzählige Anwahlmöglichkeiten, von denen aus es wiederum zahllose Verweise und Stichwege gibt. Man kann alles bekommen, bloß keine Garantie, alles kann stimmen und auch falsch sein. Schlingensief spielt den Anführer, dann den Suchenden, kommentiert oder schweigt, übernimmt stets den vakanten Posten, darin tatsächlich gänzlich uneitel, immer auf der Suche nach einer Art momentaner Wahrheit, die es daraufhin zu dekonstruieren gilt. Das Entlarven von Unregelmäßigkeit und Scheinbarkeit ist immer eine Kettenreaktion. Helmut Kohl zum Beispiel kann ein Lied davon singen, warum nicht das Deutschlandlied, und wenn es nach Schlingensief ginge, wahrscheinlich am besten mit den Fischer-Chören.

Der Pilot der Rückflugs-Chartermaschine hatte es mit seiner Deutschlandsuche gewiss leichter, hatte er doch geeichte Suchgeräte zur Verfügung. Das unterscheidet die Natur- von der Geisteswissenschaft.

Entsorgung

Schon wieder in Schrittgeschwindigkeit fahrende, laute Wagen, wieder umsäumt von Menschen in greller Kleidung. Sternförmig nähern sie sich der Siegessäule, aber Musik ist keine mehr zu hören, nur noch ein monotones Brummen, verursacht weder durch an Plattentellern hantierende Problemkinder noch durch tanzende Nackte oder auf was die schockierten Fernsehkameras sonst so zoomen. Es brummen bloß die Kehrmaschinen. Und die diverses Räumgerät bedienenden, grell ausstaffierten Männer haben die orangefarbenen Westen und Hosen mit den silbergrauen Reflektoren nicht auf Geheiß der Fernsehübertragungen vergangener Jahre folgsam im Berufsbekleidungsgeschäft gekauft, sondern von ihrem Arbeitgeber, der Berliner Stadt-Reinigung, zur Verfügung gestellt bekommen.

Berlin atmet auf, die Parade ist vorüber. Es ist Sonntag früh, der Himmel so sauber wie einige Stunden später auch die Straßen wieder, wahrscheinlich, die Erfahrung spricht dafür, nur der Anblick gerade dagegen: überall Dosen, Plastik, Papier, als hätte ein Orkan eine Müllkippe aufgewirbelt und die endgelagerten, schwer verdaulichen Zivilisationsspaltprodukte über die Stadt verteilt. Die Straße, das Randgebüsch, der angrenzende Tiergarten – alles überzuckert mit Müll, mit leeren Versprechungen aus dem Werbefernsehen, Verpackungen. In dieser Menge hat der Müll nichts Schmutziges, die flächendeckende Verwüstung wirkt in sich absolut geordnet. Verstreut liegt dort das Möglichkeitenmosaik einer Industrienation, alles, was man kaufen kann, verbrauchen konnte und dann nicht mehr gebrauchen.

Wären nicht Sommerferien, könnte man denken, Jürgen Trittin ließe hier einen spektakulären Werbespot drehen. Umweltorganisationen haben immer wieder Marktplätze des Landes anklagend mit über Wochen gesammeltem Abfall dekoriert, um auf die Vermüllung unserer Erde hinzuweisen. Dosenberge wurden in Fußgängerzonen aufgetürmt, Rathauseingänge mit Müllpyramiden versperrt, doch Gier ist durch Vernunft und symbolische Warnung nicht zu besiegen, erst der Kollaps kann Einsicht bewirken. Dazu allerdings müsste der Müll ein bisschen liegen bleiben, Ratten anlocken und zu stinken beginnen.

Doch vor allgemeiner Wahrnehmbarkeit wird das Problem verlagert, der Kehricht zusammengeschoben und in die vorläufige Unsichtbarkeit abtransportiert. Der Schneepflug treibt Verpackungen zur zentralen Kippstelle, die Froschmauldüse des Spülwagens legt die Straßendecke wieder frei. Denkt man sich Berlin an diesem Morgen als verkaterten Menschen, so ist die Stadtreinigung die elektrische Zahnbürste, die er sich mit halb geschlossenen Augen reflexartig in den zerschossenen Kopf steckt.

Letzte Kamerateams filmen die Schlusssequenz ihrer Paradenberichte, erste Fotografen erfreuen sich am Goldglanz des Frühlichts. Ein paar übrig gebliebene Raver torkeln durchs Gebüsch, ihr Körper noch im Dialog mit der Chemie, ihr Kopf geflutet von nun ergänzend ausgeschüttetem körpereigenen Hochwirkstoff, der Euphorie, die Nacht ausgetrickst, die Wiederkehr des Lichts abgewartet zu haben. Der Gegenschnitt zum Vortag: Wie schön die Welt ohne so viel Menschen ist, wie gut Stille klingt. Noch ist nicht viel gelogen worden, ja gesprochen kaum, der Tag erscheint noch als Möglichkeit, bald wird mit jeweils heiligem Ernst hier und da, und dort wie hier, eine heisermatte Stimme das Vorhaben skizzieren, heute mal nichts zu trinken, heute wirklich mal.

Aus Sicherheitserwägungen und aus Erfahrung hatte man dieses Mal entlang der Paradenstrecke auf die Extraanbringung von Entsorgungsbehältnissen verzichtet. Derart viele Menschen machen nun mal Dreck. Wo sie gehen, stehen, tanzen, hinterlassen sie Spuren, und die in den Anfangsjahren der Parade aufgestellten Container waren stets durch freundliche Übernahme zerstört und somit zusätzlicher Müll geworden: Auf und in ihnen wurde natürlich auch getanzt, gehüpft, geküsst – und später geschlafen. Die Kritik, bei der Parade handle es sich, wenn überhaupt um eine Demonstration, dann um die allgemeiner Infantilisierung, bewahrheitet sich insofern, als die Menschen faktisch dazu ermuntert werden, vorübergehend das Handlungsfolgebewusstsein eines gewickelten Babys anzunehmen und ihren Müll einfach dort fallen zu lassen, wo er passiert.

Der dieses Land seit Gerhard Schröders Amtsübernahme kennzeichnende offensive Umgang mit Problemen, das taktische Affirmieren, das in der Praxis zu einer Entwaffnung jeglicher Opposition führt, wird hier besonders deutlich: Wachstum wird unbedingt als Fortschritt verstanden, als Bestätigung, als Läuftdoch – und die Konsequenzen, nun, das „muss man sich dann in Ruhe angucken", beziehungsweise „da wird ganz sicher eine Lösung zu finden sein".

Das herrliche Motto des Meisterkomponisten Westbam, „We'll never stop living this way", ist, was das Musikglück betrifft, eine schöne Utopie. Für den Müll müssen wir uns etwas anderes überlegen.

Vollpension

Als Bürger der Bundesrepublik Deutschland hat man die Möglichkeit, Prominente bei der Ausübung ihrer meist zahlreichen, gesetzlich gestatteten Nebentätigkeiten zu kontrollieren, da es in den allermeisten Fällen Ziel und Inhalt dieser Geschäfte ist, das Publikumsinteresse am bekannten Namen in Kaufimpulse fürs egale Produkt zu transformieren. Einerlei, ob als Kompensation unterstellter einseitiger Begabung oder Steuersparmodell entstanden – man kann eine Probefahrt mit dem Boris-Becker-Autohaus vereinbaren, sich eine Platte von Heiner Lauterbach oder Katja Riemann kaufen und diese (als Variante für die ganz Furchtlosen) sogar anhören, man kann ein von Udo Lindenberg selbst gemaltes Bild anschauen, in Ben Beckers Kneipe ein Bier trinken oder in Iris Berbens italienischem Restaurant zu Abend essen. Oder Verona-Feldbusch-Unterwäsche tragen oder die Talkshow eines Politikers ansehen. Und so weiter. All diese Angebote zielen auf die Sehnsucht des Bürgers, die – das Begehren bedingende – Distanz zu mindern. Da sich Engagement und Präsenz der Namensgeber zumeist auf einige Foto- und Signiertermine beschränken, ist ihr Hauptberuf nur selten in Gefahr, und die Distanz bleibt erhalten. Anders verhält es sich im Fall Hera Lind.

Im letzten Jahr verließ sie unter sorgfältig selbst geschürter öffentlicher Anteilnahme ihren Ehemann in Richtung eines pomadigen Schiffsoffiziers namens Engelbert Lainer, dessen größter Wunsch immer schon ein eigenes Hotel in den Bergen gewesen war. Mit dem Herzblatthubschrauber überquerten die beiden (ihren Interviews zufolge) von der Liebe vollends Verblödeten die Alpen und wurden alsbald fündig. Jetzt kann man sie im „Eichenhof" im Chiemgau besuchen, um Lind bei der Ausübung dieser ihrer gesetzlich gestatteten Nebentätigkeit zu kontrollieren.

Als Erstes tat das eine Kollegin der *Neue Revue*-Autorin Jutta Ditfurth, nämlich die verwirrt wirkende Ex- oder Wiederehefrau von Klaus Jürgen Wussow. Sie setzte sich eine Perücke auf und recherchierte im Frühstücksraum, doch Engelbert Lainer konnte sie überführen, wie er stolz bei jeder Gelegenheit erzählt. Patent überwacht Lainer den Alltagsbetrieb im Eichenhof, für jeden Gast hat er ein aufmunterndes Wort, für alle Fälle ein tragbares Telefon am Bund seiner Lederhose klemmen, sein Haar ist wie seine Rhetorik bestens geölt und als Gast wird man „Willkommen an Bord" geheißen. Dazu muss man wissen, dass Lind und Lainer sich auf einem Kreuzfahrtschiff kennengelernt haben und der dort entstandene Lind'sche, na ja, Roman „Mord an Bord" heißt. Findet Hera Lind (dass man das wissen muss) – zumindest ist es bekannt. Das ist ein Käse, denkt man, eingedenk der Werbung für die unweit beheimatete Firma Bergader.

Einzelzimmerübernachtend zahlt man im Eichenhof 141 Mark, inklusive Frühstück mit Liveschaltung in die Daily Soap „Big Mother": Hera Lind spielt glückliche Familie, in weiteren Rollen die zwei ihr zugesprochenen Töchter von insgesamt vier Kindern aus der zugunsten (ja?) von Lainer aufgelösten Vorgängerfamilie, und Lainer selbst, der seine Rolle gut, ja zu gut spielt, den Hotelgästen einmal zu oft Prosecco anbietet, derweil Lind mitteilungsbedürftig durch die an den Vorführraum eines Baumarktes erinnernde Gaststube trompetet, dass sie sich („wir uns", sagt sie natürlich) Alkohol inzwischen ganz abgewöhnt habe, was – wie alles andere auch – sehr gut funktioniere und so weiter. Nicht ganz so glückliche Echtpaare an den anderen Tischen schweigen eingeschüchtert, rühren in ihren Tassen/und können es einfach nicht fassen.

Statt ins Honigbrötchen möchte der Hotelgast schon bald viel lieber in die Tischkante beißen, so penetrant lobpreist die Zauberfrau ihr neues Glück. Für ihre die Emanzipation in der Märchentheorie durchaus befürwortende Leserschaft mag es ein Genuss sein, Leben und Werk der Autorin so anschaulich amalgamieren zu sehen.

Um auch einmal kurz über Literatur zu sprechen: „Dass die Leute, wenn ich nicht gleich öffne, bösartig werden und die Fenster einschlagen", beklagte sich der große Thomas Bernhard einst verwundert bis verbittert über neugierige Leser, die bis auf seinen Hof wallfuhren („Wie bei einer Giraffe, die kann man anschauen, die ist öffentlich zugänglich") und vor denen er floh, um Ruhe, Leben und Werk zu schützen. Ganz anders als Thomas Bernhard, dessen „Untergeher" die deutsche Sprache das Wort „Verrammlungsfanatismus" verdankt, hat Hera Lind (nicht dass irgendeine Vergleichbarkeit bestünde) sich im letzten Jahr verrammelt, ja sogar „verliebt" (Lind), in den „hammerhart" (Lind) daherkommenden, angeblich häufig mit „Bill Clinton" (Lind) verwechselten Lainer, seines Zeichens – den liebesbegleitenden Interviews zufolge – Rammelfanatiker. Und auch ins Haus lässt sie jeden hinein, verkauft und signiert an der Rezeption ihr Œuvre und erzählt ausdauernd und lautstark aus dem Leben einer so genannten Powerfrau, und selbst wenn sie ihre Töchter, sind sie nicht süß?, am Frühstückstisch wund streichelt, lobt sie auch damit wieder nur sich selbst – wie habe ich das nur wieder gemacht, zwei so süße Kinder, wo ich doch so viel um die Ohren habe? Und leider eben nicht ganz so viel dazwischen.

Des Weiteren erfahren die Hotelgäste ohne jedes vom normalen Menschenohr verschiedene Abhörgerät, ohne sich eine Perücke aufsetzen zu müssen und natürlich ohne zu fragen, dass Lind sich hervorragend eingelebt und sogar einen Chor gefunden habe, in einer kleinen Extrawohnung ganz herrlich zum Schreiben am neuen Buch käme (ob das wohl in einem ländlichen Hotel spielt?), dass ihr aus der Handtasche heraus das Portemonnaie mit allen Karten und 12.000 Mark drin in Freiburg auf dem Markt gestohlen wurde, dass sie die 12.000 Mark kurz zuvor in bar dafür bekommen hatte, kurzfristig für Harald Juhnke einzuspringen und ein Hörbuch aufzunehmen, und dass der Spitzname „Engelbär" für Lainer sich schon ziemlich herumgesprochen habe und sie mit ihm unbedingt „mal am Wochenende New York und London machen" will und dass sie vor Kurzem mit dem Nachtzug nach Köln gefahren ist, um mit der Lehrerin ihrer Söhne zu sprechen, was trotz Bahncard, die sie geschenkt bekommen hat, 800 Mark gekostet hat, und dass sie es sich nicht erklären könne, wie die Geschichte vom Freiburger Portemonnaieklau in die Zeitung geraten sei, was manche ihr als Promotiontrick ausgelegt hätten, was ziemlich bösartig sei. Komm, mein Lieber, setz dich zu uns, du fehlst uns, hollondaised sie, und Engelbär tut wie ihm geheißen und wuchtet seine hammerharte Ledertracht auf die Holzbank.

„Das Literaturische" möge er nicht beurteilen, sagt der Kellner und bringt einen „Gruß aus der Küche": pappiges Brot mit öliger Terrine, verziert mit einem müden Feldsalatstrunk. Dann kommt Lainer und fragt zum 100. Mal, ob alles in Ordnung sei. Ja, sagt man und nimmt sich ganz fest vor, beim nächsten Mal zurückzufragen: „Und selbst?"

Einige Tage später lassen LindLainer den „Hoteltraum platzen" (*Bild*). Herrje. Noch bevor das Idyll perfekt ward und „Hera Lind Joggingkurse geben" konnte. Lind sah ihre „Privatsphäre und Sicherheit meiner Kinder nicht mehr gewährleistet".

Die Arschlöcher von der Schweinepresse – nee, nee, nee. Aber echt.

Hera Lind
Die Zauberfrau

SIEMENS
Be Inspired
Internet
Menu
M 35
SIEMENS
Menu
M 35
AMD
KULT

Promotion

Ich bin weit über zwei Meter groß, ich bin aus Gummi, und die Menschen zeigen mit dem Finger auf mich. Ich soll ihnen zuwinken. Sie lachen mich aus, was ich verstehen kann, wer nimmt schon ein so großes, noch dazu laufendes Mobiltelefon ernst. Ich winke. Man hat mir einen Batteriegurt um die Hüften gelegt, damit wird eine Pumpe angetrieben, die mir ständig Frischluft um die Ohren bläst. Das bringt keine Kühlung, gewährleistet nur die Spannkraft meines Kostüms. Bis zum Anpfiff in zwei Stunden muss ich gemeinsam mit einem anderen Telefon durchs Berliner Olympiastadion laufen, auf dem Vorplatz die Fans begrüßen, auf die Ränge winken, winken, winken – und bloß nicht über Premiere-Kabel stolpern. Meine Schuhe sehe ich nicht, beugte ich mich nach vorne, um an meinem Tastenbauch vorbeizugucken, ob etwas meinen Weg stören könnte, ein Schlagloch, eine Pfütze, ein Kleinkind oder Fankotze, dann knickte das, wo man sein Ohr dranhielte, wäre ich echt, nach vorne, bedeckte die kleine transparente Gummischeibe in Augenhöhe, ich verlöre das Gleichgewicht und wäre geliefert.

Man kann uns bei einer Event-Agentur buchen, und was wir hier machen, also kostümiert als übergroßes, in jeder Form denk- und buchbares Warenmodell über Messen, durch Fußgängerzonen oder eben Stadien zu laufen, heißt offiziell „walking-act“, was (das ist ja bei Scheißberufen der ganz neue Trick) elegant und ausgebildet klingt. Ich schwitze wie ein Schwein, bin aber natürlich lieber ein Handy im Stadion als sonst was auf einer Erotik-Messe.

Hier drinnen ist es wie zu fünft in einem Zweimannzelt. Nach einer Minute im Handykostüm ist man komplett durchnässt, aber den Schweiß kann man sich nicht aus den Augen reiben, da man seine würstchenartig abgeschnürten Arme nicht in diesen aufblasbaren Siemensschlafsack hineinbekommt, außerdem muß man ja sowieso dauernd winken. Wir sind nicht die einzigen Witzfiguren hier: Es gibt das Herthamaskottchen Herthinho, ein O.tel.o-Plüschtier und noch ein paar andere – und wenigstens die winken mal zurück. Viele andere Wesen mit unnatürlichem Gang und komischer Hülle, die man für Leidensgenossen hält, entpuppen sich bei näherem Hinsehen als normale Fußballfans. Der im anderen Handy hat mir vorher erzählt, ein Kollege von ihm sei mal hinterrücks von so jemandem angepisst worden.

Wir winken am Stand eines Radiosenders vorbei, wo ein Spaßvogel Spielchen mit biergefüllten Schreihälsen veranstaltet: Sie müssen Nägel in einen Baumstamm donnern, Bierkrüge stemmen oder zwei zuvor in Essig eingelegte Tischtennisbälle in den Mund nehmen und dann sagen, dass dieser Sender den Supermix spielt. Dann bekommen sie eine Luftmatratze geschenkt.

Aus den Augenwinkeln sehe ich eine Spinne auf der Innenseite meines Kostüms entlangkrabbeln. Wahrscheinlich legt sie gleich Eier in meinem Ohr ab, ich muss trotzdem winken. An der O.tel.o-Fanbox lässt ein Kind seine Eltern ausrufen, und ein Mann, der hoffentlich nie Kinder zeugen wird, singt wurstspuckend „Oh Tannenbaum, oh Tannenbaum, die Hertha geht heut Punkte klau'n".

Im Stadion laufen wir über die Tartanbahn. Man hatte uns vor einer bestimmten Kurve gewarnt, in der „die Hardcorefans" stünden, und als wir fragten, was das für uns bedeute, hieß es knapp: „Die werfen." Die Hunde der Ordner drehen durch, als wir an ihnen vorbeispazieren, sie zerren an ihrer Leine und sabbern den Maulkorb voll. Ich schwitze, habe Durst, überall juckt es, ich gehe also zur Bande und reibe mein Display daran.

Da kommt Herthinho und hakt sich bei mir ein, wir tanzen ein bisschen herum vor den zum Glück durch einen Zaun von uns getrennten Hertha-Fans, unter denen so auf den ersten Blick durchs inzwischen beschlagene Fensterchen die Grundgesetzbefürworter keine Mehrheit bilden. In Frakturschrift haben die anderen nationalistische Drecksparolen auf Fahnen gemalt und schreien so inbrünstig „Sieg", wie es nur Verlierer können. Noch werfen sie nichts, aber sie rufen uns zu, wir möchten doch bitte woanders hingehen. Sie formulieren das etwas griffiger. Aus den Stadionlautsprechern dröhnt ein den IQ dieser Menschen berücksichtigendes Unterhaltungsprogramm.

Mir ist schwindelig, das Zusammenspiel der Sinnesorgane funktioniert nicht mehr in diesem aufgeblähten Sponsorenganzkörperkondom – alle Geräusche werden ein einziger indifferenter Lärm, und um zur Seite zu gucken, muss man sich im Ganzen drehen, jetzt schreien sie hinter mir oder an der Seite, nein, das ganze Stadion brüllt, pfeift, trommelt, was aber gottlob nichts mit uns zu tun hat, die Spieler laufen nur gerade ein, und das heißt für uns, schnell die Ecke der nach einer schweren Kindheit eben so was gewordenen Glatzköpfe verlassen, das hatte man uns vorher eingeschärft, denn genau hier wird gleich eine „Bengalische Choreographie" abgefackelt, und wir brennen sicher ganz gut. Irgendjemand zündet zusätzlich private Nebelraketen, der Stadionlautsprecher tadelt den unbekannten Deppen, Schwefelgeruch steigt im Telefoninnern auf, ich muss husten und mir gegen die Gesprächsannahmetaste klopfen, dann endlich: Anpfiff. Winke, winke, Feierabend.

Wo sind die so genannten Hagelschnüre
zu finden?
A: Wetterkarte
B: Webstuhl
C: Vogelei
D: Gardinensaum

Literaturkritik

Den Vorhang auf, Fragen zu Freitagabend. Kurz nach acht, Hamburg-Harvestehude, im Erdgeschoss eines Mehrparteien-Altbaus. Helmut Karaseks Ehefrau öffnet die Tür und bittet ins Wohnzimmer, ihr Mann föhnt sich gerade noch die Hose. Er tut: was? Ja, er habe sich auf einen nassen Stuhl gesetzt und sich dann geweigert, eine andere Hose anzuziehen, schüttelt sie den Kopf. Im Fernsehen verliest Jens Riewa die Nachrichten. Am Vorabend habe sie sehr lachen müssen, erzählt Frau Karasek, wegen der Harald-Schmidt-Show. Schmidt hatte mit dreien seiner Redakteure dem Quartett vorgegriffen, nämlich die angekündigten Bücher besprochen, und dies sehr ernst, ganz seriös, dabei überaus komisch, berichtet Frau Karasek. Schmidt habe Reich-Ranicki imitiert, ansonsten keine Gags, alle Beteiligten schienen die Bücher wirklich gelesen zu haben, das sei ganz unglaublich gewesen. Ein fürchterlicher Platzregen hatte sie, auf dem Motorroller heimfahrend, überrascht, bis auf die Haut durchnässt hatte sie sich dann schon an der Wohnungstür ihrer Kleider entledigt, da wäre Föhnen zwecklos gewesen, und dann, nichtsahnend, hatte sie sich vor den Fernseher gelegt – und dort lief das Quartett! Bei Schmidt! Im Ernst! Das Beste sei gewesen, tags drauf im ZDF würden Kabarettisten zu sehen sein, habe Schmidt betont, die solle man nicht weiter ernst nehmen – ach, wunderbar sei das gewesen.

Auf dem Glastisch des Karasek'schen Wohnzimmers liegen die trotzdem am Abend im Quartett zu besprechenden Bücher: Kundera, DeLillo, Bunin, Enquist – nur Roth fehlt –, daneben eine Schale Dörrobst, einige Zeitschriften, die Fernbedienung. Karasek, er, betritt den Raum, soll bitte mal die Hose zeigen, sich drehen. Er sagt, es gehe doch, nein, entgegnet seine Frau, aber natürlich, beharrt er und dreht sich folgsam im Kreis. Der Stuhl scheint wirklich sehr nass gewesen zu sein. Wollen Sie mit uns Millionär gucken?, fragt Karasek und befühlt linkshändig den Nässegrad seines Hosenbodens, oder nehmen wir es auf, ja, wir nehmen es auf, ich bin zu nervös. Wir haben keine Kassette, sagt seine Frau, außerdem sei Jauchs Quizshow doch gut gegen Nervosität, das stimmt, sieht er ein, sie schaltet um auf RTL, er geht eine andere Hose suchen. Das komme davon, murrt er, dass er auf dem Balkon rauchen müsse, deshalb der nasse Stuhl, die nasse Hose und nun die frische. Und ein neues Hemd, bittet Frau Karasek, eins nach dem anderen, fügt er sich.

Bei Jauch geht es schon um 16.000 Mark. Gerade hatte Karasek selbst eine Woche lang im Fernsehen mitraten dürfen, mit Hella von Sinnen, Marcel Reif und Hape Kerkeling. Hape Kerkeling sei sehr gescheit, erzählt er, und dünn ist er geworden, sie habe ihn gar nicht wiedererkannt, merkt Tochter Laura an, die mit ihrer Freundin, Juliane von nebenan, hinzukommt. Laura hatte ihren Vater bei der Aufzeichnung begleiten dürfen und hat Fotos gemacht, mit Jauch, mit Kerkeling, die Abzüge hat sie gerade abgeholt und verteilt sie nun schwungvoll zwischen Dörrobstschale und Quartett-Büchern.

Jauchs Kandidat ist unterdessen nicht sicher, welchen Adelstitel Richard von Weizsäcker genau trägt. Karaseks wissen es sicher, B, Freiherr! Aber wenn man da sitzt, ist es was anderes, Brett vorm

Kopf, erinnert sich Karasek, er habe so versagt bei einer Frage nach Autos. Wo die so genannten Hagelschnüre zu finden sind, weiß er auch im Wohnzimmer nicht, da hätte er danebengelegen. Und wo das Roth-Buch ist, weiß auch keiner. Ein Artikel aus der *Woche* von Tilman Spengler liegt oben auf dem Zeitungsstapel: „Frau Löffler und der Sex". Karasek steht vor dem Bücherregal und greift ein Lexikon. Mein ganzer Stolz, sagt er, ich sammle Lexika, hier und hier und hier und dort. Sogar das einzige Nazi-Lexikon habe ich da, das aber bei R endet, weil da die Nazizeit zu Ende war, 45, bei R!

Eine Seltenheit, ein richtiger historischer Roman ist der Enquist, erklärt Karasek und schlägt noch etwas in Meyers Lexikon nach. Notizen hat er sich nicht gemacht, man müsse alles im Kopf haben. Ab 1721 sei tatsächlich schon geimpft worden, er habe immer gedacht, erst ab der Robert-Koch-Zeit, aber nein, 1721 und ab 1790 dann mit Kuhpocken, ja, das wird er nachher sagen. Er schließt den Buchschrank und bestellt ein Taxi. Karasek, einen Wagen bitte. Er betont seinen Nachnamen auf der zweiten Silbe, ja, sagt seine Frau, macht man bei slawischen Namen immer. Er sei allerdings nicht sicher, ob das auch für Kundera gelte, bemerkt Karasek, doch, natürlich, glaubt Frau Karasek. Laura möchte nicht mitkommen ins Hamburger Literaturhaus zum Literarischen Quartett. Nur zu Jauch kommst du mit, spielt Karasek beleidigter Vater, das kann einen Vater doch retten, der Anblick seiner hübschen Tochter – Quatsch, nein, du hast was Besseres vor. Laura nickt. Sie soll dran denken, die ausgeliehenen Stühle mit zu Juliane zurückzunehmen, bittet Frau Karasek. Deshalb sei sie da, sagt Juliane. Karaseks Krawattenwahl wird einstimmig unterstützt, er sucht eine Zigarre, findet nur noch die angerauchte vom hosennässenden Balkonrauchen, schlägt den Aschebatzen ab und steckt sie in die Hemdtasche. Es klingelt, das wird schon das Taxi sein.

Nur 50 Mark hat Frau Karasek einstecken, ich hab noch Geld,

beruhigt er und meldet an, man müsse noch irgendwo vorbeifahren, Zigarren holen, nein, wird widersprochen, man sei zu spät dran, schade. An der Alster entlang!, wird der Taxifahrer um einen kleinen Umweg gebeten. Der schönste Blick auf die Stadt, so fahre ich immer, wenn ich vom Bahnhof komme, aus Berlin, erzählt Karasek. Im Taxiradio läuft Santana. Das war ein tolles Stück, ruft Karasek, auf derselben Platte wie „Black Magic Woman", das war die erste Santana-Platte. Er sagt etwas Spanisches. Genau, sagt seine Frau auf Deutsch. Und: Sieh, dort drüben auf dem Bürgersteig, unter der Platane! Frau Karaseks Schwimmpartnerin. Morgen gehen wir schwimmen, frohlockt Helmut Karasek, von mir aus, willigt seine Frau ein.

Literaturhaus Hamburg, hier halten wir, ja dort. 21 Mark 20, bitte – eine Quittung auf 23 bitte, danke. Wiedersehen. Moment, das Wechselgeld, ach, richtig.

Ist Reich schon da? In der ersten Etage ist ein Raum zur Garderobe funktioniert, hinter einem Paravent die Maske, davor ein lang gestreckter Tisch, in der Ecke ein kleines Büfett, mehrstöckig belegte, mit farbigen Plastikdolchen zusammengehaltene Mundgeruchkanapees und Getränke. Karasek bekommt einen Champagner.

Habt ihr gestern Schmidt gesehen? Niemand hat Schmidt gesehen, aber alle haben schon gehört – es soll sehr gut gewesen sein. Nein, nicht böse, überhaupt nicht böse, eine Parodie zwar, aber liebevoll. Vor allem ernst, erstaunlich ernst. Und lang! Er hat ja auch schon mal Faust gespielt, mit Playmobil-Figuren. Ach? Schmidt würde ja immer ernster. Es zieht ihn mit aller Macht zur Kultur, hat jemand, sagt das auch so: das Gefühl. Das muss ein schönes Gefühl sein. Das ist so radikal, weiß Herr von Bergen, ZDF. Aber ja! Es ist, als käme ein verlorener Sohn mit blutenden Knien einsichtig vom Bolzplatz zurück, um, sich seines Irrtums bewusst, demutsvoll stundenlang Klavier zu üben und unregelmäßige Verben zu lernen, so reden sie über Schmidt, ohne zu merken, dass er ihnen Konkurrenz macht, dass er kurz davor sein könnte, das Quartett blutig zu putschen. Genug davon.

Und: Wer kommt? Ist die schon da, hast du das schon gehört? Ja, habe ich bekommen. Liegt auf meinem Nachtisch. Die neue Hahn, der neue Kirchhoff, Leseexemplar. Dies und das. Nein, noch nicht. Ein großer Wurf, ein schlechter Witz, weit aus dem Fenster gelehnt, ein verdienter Preis, ein misslungener Versuch. Wie spricht man Kundera aus? Haben Sie eine neue Brille, wird Karasek mehrmals gefragt, hat er aber nicht, es ist die alte, kaputt ist die neue. Steht Ihnen aber gut.

Reich-Ranicki betritt den Raum, alle wenden sich zu ihm, er ist das Licht, wollen Sie sitzen, trinken, geschminkt werden, etwas essen? Natürlich essen, aber nicht jetzt. Natürlich nicht jetzt. Mein Lieber! Was gibt es zu berichten?

Kundera betreffend, muss Karasek nur überakzentuiert äffen: NATÜRLICH in Prag geboren! Betonung auf natürlich – da winkt RR ab, ja ja, natürlich. Eine Anspielung auf Siegrid Löffler, das war's, was zur Trennung führte, dieses NATÜRLICH. So war sie. Karasek ahmt es nach, die abfällige, wiedererkennende Geste von Ranicki ist der Applaus fürs Vorturnen. Gut gemacht, setzen. Reich-Ranicki verteilt gefaltete Zettel aus seiner Jackettinnentasche, wie ein Großvater beim Weihnachtsfest Schecks: die Zuordnung und Reihenfolge der Buchvorstellungen, sie erfahren es tatsächlich erst unmittelbar vor der Sendung, eine Vorsichtsmaßnahme, lacht Karasek, damit man auch wirklich alle Bücher liest.

Kundera werde NATÜRLICH auf der ersten Silbe betont (natürlich in Prag geboren), belehrt Ranicki nun. Ach, trauert Herr von Bergen, ich habe mein Leben lang KunDEra gesagt. Ja ja. Der Sinn des Quartetts ist doch, die Bücher festzulegen, die danach alle besprechen, erläutert Ranicki. *Der Spiegel* habe sich solche Mühe gegeben, noch schnell Patrick Roth zu besprechen, was kümmere es ihn, so sei es in Ordnung, vollkommen. Manfred Eichel kommt herein, Schmidt, ist zu erfahren, hat ihn sehr amüsiert, ob es denn jemand gesehen habe. Frau Karasek erzählt von ihrer Motorrollerfahrt durch den Regen. Dieser Wahnsinnsregen?, fragt Herr von Bergen, genau dieser, bestätigt Frau Karasek. Wie auch immer, sagt Herr Eichel, eins vorweg, das sei das Wichtigste, es sei eine Hommage gewesen, keinesfalls eine Veralberung, im Gegenteil, von großem Respekt war es getragen, die anderen drei waren schwach, aber Schmidt war gut, sehr gut, er hat zum Teil Ansichten geäußert, richtet er sich in Ehrfurcht tastend, jederzeit kniefallbereit, an Reich-Ranicki, die Ihren literarischen Geschmack annähernd wiedergeben könnten, zum Teil, hatte ich das Gefühl, ich halte die ganze Geschichte für eine tiefe Verbeugung!

Wie auch immer, es ist o.k., findet Karasek friedfertig. Es ist besser, dass ich es nicht gesehen habe, es hätte keinen Zweck, wenn ich mich dann extra gegen Schmidt oder wie Schmidt äußern würde, ich wäre befangen, sagt Reich-Ranicki. Das in jedem Fall, meine Frau hat es aufgenommen, nur der Anfang fehlt, ich schicke Ihnen gerne das Band, eilt Eichel. Und im Internet, das habe er sich heute, ZDF-Redakteur müsste man sein, vorlesen lassen, dort also, auf Schmidts Homepage, habe dieser Kaufbefehl für die im Quartett besprochenen Bücher erteilt, das sei doch enorm. Es hört aber jetzt niemand mehr zu.

Ranicki äugt listig um den Paravent herum – das dauere ja wieder mit der Maske, ob Frau Radisch heute eine Dauerwelle bekomme? Hast du Kaiser über Wallenstein gelesen? Menschlich! Henrichs über „Die Möwe“ jedoch, ich kann das nicht lesen, das ist ja fast so lang wie „Die Möwe“. Und der Kerr-Preis ist jetzt wirklich verliehen worden – die hatte ihn doch schon vor 20 Jahren. Ein Handy klingelt. Alle gucken, wer ist es, wem gehört es? Karasek hat vor Kurzem einen Preis verliehen, dabei hat sein Telefon geklingelt, und leider sei es ihm nicht eingefallen, den Anruf anzunehmen und einfach ins Telefon zu sprechen: Ich habe doch gesagt, du kriegst den Preis nicht. Dann auflegen! Das wäre gut gewesen, aber so was fällt einem ja in der Situation nie ein. Wittstock in der *Welt* über den 80. Geburtstag von Fried – die beste Glosse, die ich seit Langem gelesen habe! Fabelhaft! Ein Autor ist gestorben, Strahl, aus der DDR, ich habe diesen Namen nie gehört! Klaus von Dohnanyi öffnet die Tür, grüßt kurz, schließt die Tür. Hamburg. Ranicki wird geschminkt, auf dem Kontrollmonitor wird testweise Beethoven eingespielt, Ranicki tönt vorfreudig, ah, eben sei er noch erschöpft gewesen, aber jetzt: wie ein Zirkuspferd, wenn er das höre.

Bei jeglicher Debatte über das Literarische Quartett darf man nie vergessen, dass die Kritiker vor ihrer Arbeit geschminkt werden. Schon das namentliche Unterzeichnen einer Kritik ändert den Blick des Lesers, ordnet die Stimme, die da kritisiert, ein. Was natürlich der Stimme selbst auch immer bewusst ist, deshalb mitgelesen werden muss. Und Schminke, Licht und schiere Zahl der Zuhörer potenzieren diese Verzerrung der reinen, parteilosen Kritik, die es auch deshalb nicht geben kann.

Karasek wird also gepudert, das bereitstehende Spray „Kyrell – für Trendfrisuren" benötigt er nicht. Die Haare?, fragt die Maskenbildnerin, ich mach immer so, erklärt Karasek und fährt willkürlich mit der Hand hindurch. Er steckt einige Papiertücher „Budni classic/soft & sicher" in die Hosentasche, er schwitze doch immer so während der Sendung. Er könne doch die ganze Schachtel mitnehmen, bietet die Maskenbildnerin an, bloß nicht, sagt Karasek, neulich sei er beim Wurstverkäufer Stefan Raab veralbert worden, es seien Bilder gezeigt worden, wie er, gerade über Onanie in einem Buch sprechend, unter dem Quartettledersessel nach der Papiertuchdose fingerte –

Beethoven. Es nehmen teil wie üblich, eröffnet Reich-Ranicki. Helmut Karasek, *Der Tagesspiegel*, Berlin. In der Sendung variiert Karasek die Kundera-Betonung. Doch ohne Dauerwelle: die mit Armgeruder pro Wort-Bedeutsamkeit reklamierende Radisch, die sich müht, Ranicki alles recht zu machen, des Weiteren mit allen Mitteln die sympathische Antje Kunstmann auszustechen. Reich-Ranicki gelingt es einmal mehr, sein eigenes Buch zu erwähnen, viele Rezensenten hätten es zwar gut besprochen, jedoch gefragt, warum er denn nichts über Julius Cäsar geschrieben habe – tja, da hätten sie nicht beachtet, dass es doch MEIN Leben heißt. Fast scheint es, als habe er sich zum Ziel gesetzt, zu diesem Eigenwerbungsblock jedes Mal noch verwegener hinzuleiten. Bei Erlösungsgeschichten geht's mir wie dem Hund vor dem Laden, da muss ich draußen bleiben, erklärt Karasek bald darauf. Hinterher darf er einmal sogar „Das Magazin" signieren, unglaublich, es hat also wirklich damals jemand dieses Buch gekauft.

Nach der Sendung am Stehtisch. Frau Kunstmann trinkt Bier; Karasek: was es so gibt, Champagner, Wein, dazu raucht er den wiederbelebten Balkonstumpen. Unentwegt kommen Menschen herbei, die glauben, unbedingt einmal erzählen zu müssen, was ihnen andere erzählt haben, dass Schmidt es getan hätte am Vorabend. Die Dame vom Literaturhaus mit ihrer Literaturhausfrauenfrisur bringt das Gästebuch: Ein heißer Abend, schreibt Karasek. Bekräftigend tropft Schweiß von seiner Stirn auf das Geschriebene. Es wird getrunken, schließlich gewettet, um teure Flaschen, wie es sich mit der Betonung bei Bulgakov verhalte. Die zweite Silbe, immer! Aber Kundera? Zum morgigen Welttag des Humors habe ihn die Münchner *Abendzeitung* angerufen, berichtet Karasek, als ihm das Ende eines Witzes nicht einfällt. So was gibt es? Ja, er wisse auch nicht, wieso sie da ihn befragten (das behauptet er wirklich), und jetzt fällt Karasek ein anderer Witz ein. Dann Gerumpel, Geschrei,

Karasek läuft zum Büfett und reißt Servietten vom Stapel, tupft damit das Gästebuch ab.

Natürlich er! Natürlich Rotwein! Natürlich auf die einzige nicht mit Kugelschreiber beschriebene, sondern mit Tusche kunstvoll verzierte Gästebuchseite eingedenk eines Shakespeareabends mit Corinna Harfouch! Man sieht doch gar nichts, sagt Karasek, und außerdem hätten die Mosaike in Pompeji sogar Vulkane überlebt. Die Literaturhausdame lächelt gequält, Welthumortag ist erst morgen. Karasek möchte durch die frische Luft zum Taxistand gehen, seine Frau friert, also bestellen sie einen Wagen zum Literaturhauseingang und fahren für 23 Mark heim. Vielleicht ist dort mittlerweile die andere Hose getrocknet.

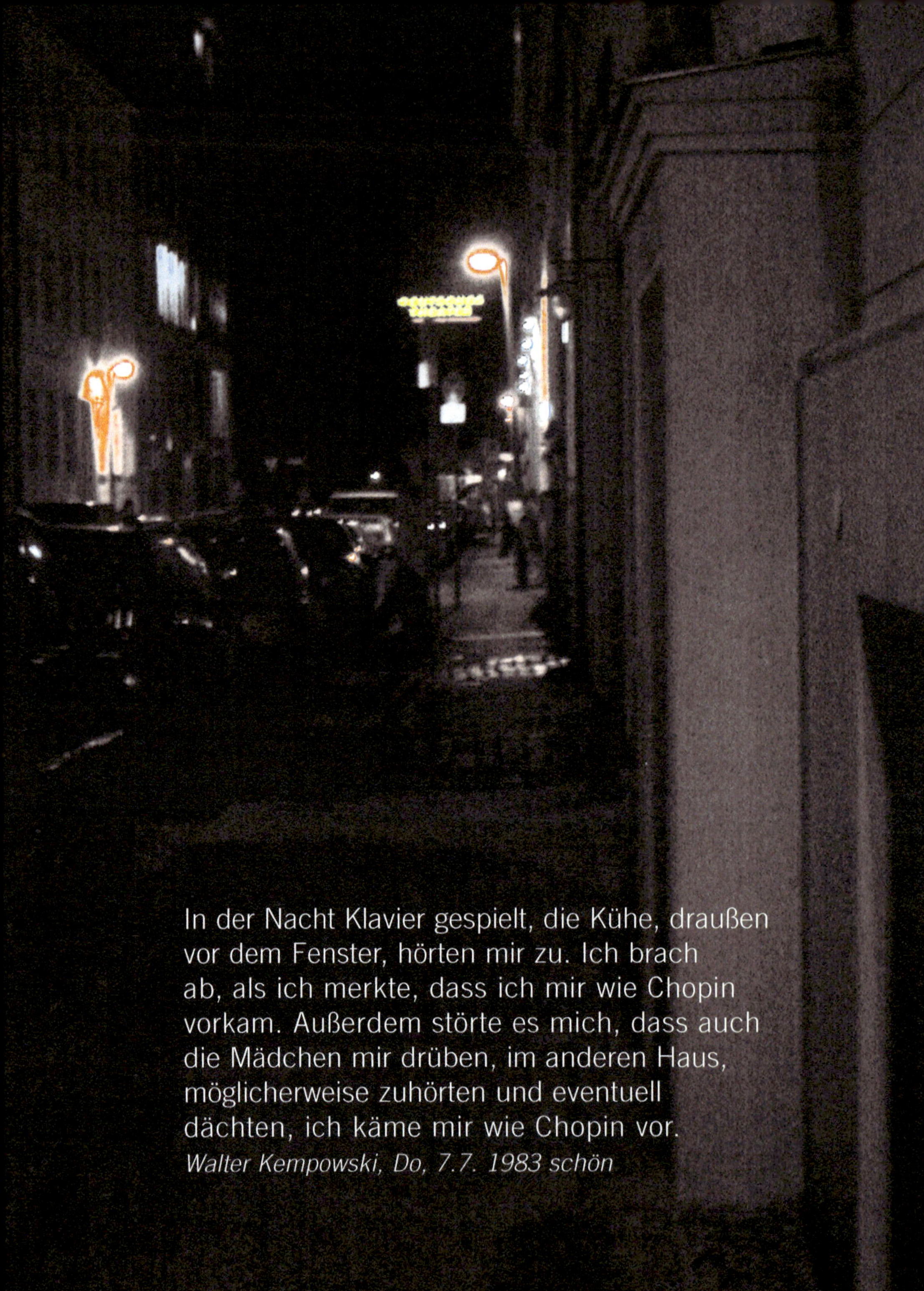

In der Nacht Klavier gespielt, die Kühe, draußen vor dem Fenster, hörten mir zu. Ich brach ab, als ich merkte, dass ich mir wie Chopin vorkam. Außerdem störte es mich, dass auch die Mädchen mir drüben, im anderen Haus, möglicherweise zuhörten und eventuell dächten, ich käme mir wie Chopin vor.

Walter Kempowski, Do, 7.7. 1983 schön

Die Sache Löwitsch

ANRUFBEANTWORTER-MONOLOG I, 10 UHR 05. Hier ist Löwitsch: Ich bin telefonisch nicht zu erreichen. Vielleicht können Sie mir ein kurzes Fax schicken an folgende Nummer: 0043 für Österreich, ich wiederhole noch mal, 0043 (es folgt eine achtstellige Nummer). Das ist die Faxnummer. Ihr von meinem Anwalt weitergeleiteter Brief hat mich persönlich noch nicht erreicht, der liegt an einer anderen Adresse. Ich bin grundsätzlich zu einem Gespräch bereit, aber vielleicht können Sie mir kurz faxen, wo ich Sie wann unter welcher Nummer in der nächsten Zeit erreichen kann. Ja? Danke vielmals. Auf Wiederhören.

ANRUFBEANTWORTER-MONOLOG II, TEIL 1, 13 UHR 39. Hier noch mal Löwitsch: Ich möchte noch zwei, drei Bemerkungen machen. Vorher. Es waren ja nun reichlich Journalisten beim Prozess zugegen, die die Aktionen der Richterin Ariane Faust mit heftigem Kopfschütteln und Aufstöhnen und zum Himmel geworfenen Blicken begleitet haben, aber ich habe davon nichts in den Zeitungen gelesen. Ich glaube, man hat, als man die Pressefreiheit in das Grundgesetz aufgenommen hat, wohl eher daran gedacht, dass die Presse nicht schonungslos irgendwelche Persönlichkeiten des öffentlichen Lebens diffamiert, sondern dass sie als zusätzliches Kontrollorgan fungiert, als Beobachter demokratischer Vorgänge. Es wäre an der Presse, nun von dieser Pressefreiheit mal in dieser Richtung Gebrauch zu machen, und das würde ich gerne jetzt mal erleben, und wenn das nicht der Fall ist, dann müssen wir uns auch nicht unterhalten. Dann bin ich nur noch eine Privatperson. Das heißt, ich finde für die deutsche Öffentlichkeit nicht mehr statt. Was nicht heißen soll, dass ich, falls von irgendwo auf dieser Welt, und sei es aus Deutschland, ein interessantes Angebot kommt, dieses nicht wahrnehmen werde. Wenn ich nach Chile zum Drehen gerufen werde, dann fahre ich da, so es eine interessante Rolle ist, auch hin, ohne mich mit dem Staat Chile zu identifizieren. Darüber hinaus gibt es eigentlich nichts weiter zu sagen.

POST VON FRANZ JOSEF WAGNER, VIA BILD-ZEITUNG: Lieber Klaus Löwitsch, da sind Sie ja mit einem blauen Auge davongekommen, eine Vollrauschtat, 27.000 Mark Geldstrafe. Darauf trinken wir einen. Lieber Klaus Löwitsch, Ihr angenehmes Urteil stört meine bürgerliche Sicherheit.

ANRUFBEANTWORTER-MONOLOG II, TEIL 2: Nur partizipieren daran, wie jemand ins Verderben gestürzt wird und diffamiert, indem man ihn in der Berichterstattung schlecht aussehen lässt, und des Weiteren auch noch daran zu partizipieren, wie der Betroffene sich wehrt, wie er wieder versucht, Land zu gewinnen – da, glaube ich, bin ich nicht der richtige Partner. Ich wünsche Ihnen einen schönen Tag. Auf Wiederhören.

ANRUFBEANTWORTER-MONOLOG III, 15 UHR 55. Ja, hier ist Klaus Löwitsch: Wenn Ihnen der Sonntag nicht heilig ist, dann würde ich den kommenden Sonntag für ein Gespräch vorschlagen. Das wäre sehr angenehm. Das wäre mir am liebsten. Ich hoffe, er ist Ihnen nicht heilig. Und dann schlagen Sie ganz einfach vor, wo. Ja? Tschüß.

ORTSTERMIN MIT LÖWITSCH IN MÜNCHEN. Als Treffpunkt wurde eine thematisch passende Kulisse gewählt: das Bayerische Staatsministerium der Justiz. Eine Holzbank auf einem freitagnachmittäglich leeren Flur, hin und wieder schiebt jemand Bohnerwachs vorbei, ansonsten alles ruhig.

KLAUS LÖWITSCH: Ich glaube, ich fange mal an. Ich halte diesen Prozess für eine einzige Schweinerei. Und auch sein Ausgang ist ein Skandal. Ein juristischer, ein ganz konkreter, brutaler Angriff auf die Menschenrechte und die Grundrechte der Demokratie ist diese Geschichte. Und die Begleiterscheinungen seitens der Presse sind es dito. Mein Problem ist nicht der im Augenblick nicht gewonnene Prozess; ich habe den Prozess gewonnen, denn für mich hat dieser Prozess eindeutig ergeben, dass diese Geschichte über den Abend in der Kneipe „Emil", in der Nähe des Deutschen Theaters Berlin, so wie sie vor Gericht erzählt wurde, zu weiten Teilen erfunden ist.

AUS DEM URTEIL DES AMTSGERICHTS BERLIN-TIERGARTEN: Die geschädigte Zeugin hatte sich vom „Emil" aus zu der unweit gelegenen Reinhardtstraße begeben. Dort wartete sie darauf, ein preisgünstiges „Winketaxi" anhalten zu können. Während der Wartezeit rauchte sie insgesamt ungefähr eineinhalb Zigarettenlängen. Der Angeklagte sah die Zeugin in der Reinhardtstraße stehen. Von hinten zog er ihr mit der einen Hand an dem zum Zopf zusammengebundenen Haar den Kopf nach hinten. Mit der anderen Hand umfasste er die Zeugin in der Art eines Würgegriffes um den Hals. Die Zeugin rief: „Was soll das!" Der Angeklagte hielt sie weiter fest und sagte: „Ihr Ostbräute wollt und braucht das!" und schlug sie von hinten mit seiner rechten Hand dreimal ins Gesicht auf die rechte Gesichtsseite. Dabei traf er auch das Ohr der Geschädigten. Die Geschädigte versuchte, sich zur Seite drehend dem Griff des Angeklagten zu entziehen. Dabei fasste der Angeklagte von hinten um die Zeugin und griff ihr in den Schritt an das bekleidete Geschlecht.

KLAUS LÖWITSCH: Die Schuldfrage stellt sich mir nicht mehr. Und über etwas, das sich mir nicht mehr stellt, diskutiere ich nicht. Auf diese Ebene lasse ich mich nicht ein. Die Verhandlung hat in fünf Sitzungen ergeben, dass keine Schuld besteht. Aber die Repräsentanten des Rechtsstaates, die Staatsanwältin und die Richterin, haben dem nicht entsprochen, sondern sie haben sich ihre eigene Wahrheit, ihre eigene Gerechtigkeit gebastelt.
AUS DER B.Z.: Der renommierte Berliner Gutachter Dr. Ulrich Giese gestern vor Gericht: „Herr Löwitsch hatte 5,15 Promille intus. Die Menge entspricht 342 Gramm reinen Alkohols." Ein Zuhörer im Gerichtssaal flüstert perplex: „Ist man da nicht schon tot?" Die Richterin fragt: „Deuten über 5 Promille auf erhebliche Alkoholgewöhnung?" Der Gutachter antwortet: „Könnte man so ausdrucken."
KLAUS LÖWITSCH: Die Richterin hat sich selbst über das medizinische Gutachten eines der angesehensten Gutachter der Berliner Justiz hinweggesetzt und hat mir in ihrer Urteilsbegründung etwas unterstellt, was man mit 5,15 Promille gar nicht mehr hinkriegt, selbst wenn es nur 4,5 Promille sind.
AUS DER BILD-ZEITUNG: Wie trinkt man sich 5,1 Promille an? Angeblich hat Löwitsch an dem Tatabend getrunken: 10 Glas (0,2 l) Rotwein, 1 Glas (0,2 l) Weißwein, 16 doppelte Grappa, 1 doppelten Kräuterschnaps.
KLAUS LÖWITSCH: Mit meinen 5,15 Promille soll ich nachts durch Berlin geirrt sein und, als ich diese Frau da gesehen habe, mich an ihr stellvertretend für irgendwas revanchiert und sie ganz einfach verdroschen haben und dann noch irgendwas. Wobei die Abschwächung des sexuellen Antriebs durch diesen erheblichen Promillewert von 5,15 bzw. das Nichtvorhandensein des sexuellen Antriebes in einem solchen Zustand vom Gericht überhaupt nicht berücksichtigt wurden.
AUS DEM URTEIL DES AMTSGERICHTS BERLIN-TIERGARTEN: Um einen anderen so zu schlagen, dass er Hämatome und ein Gehörtrauma

davonträgt, um einen anderen am Haar zu ziehen, festzuhalten und in den Schritt an das Geschlecht zu fassen, ist keinerlei libidinöse Eigenleistung oder Wunschvorstellung des Täters erforderlich.

KLAUS LÖWITSCH: Bei diesem ganzen verlogenen Getue von Gewalt gegen Frauen wurde vollkommen übersehen, auch von der Presse, dass eine 68-jährige Frau auf das Schwerste misshandelt wurde. Meine Frau nämlich. Zugunsten einer Person, von der ich doch mal stark vermuten möchte, dass sie, also, es hat ein bisschen so ausgesehen, als wäre sie doch eher asozial als eine konstruktive Bereicherung unserer Gesellschaft. Das Verbrechen meiner Frau ist, dass sie mich geheiratet hat und dass sie weiterhin zu mir steht. Sonst hat sie nichts getan. Und mein Vergehen ist, dass ich 45 Jahre lang Schauspieler war, meistens in der ersten Reihe gestanden habe, vorwiegend erfolgreich, über die Grenzen dieses Landes hinaus bekannt, geehrt, akzeptiert, beklatscht – und das scheint die Nation nicht auszuhalten. Ich habe von dem Zeitpunkt, da ich aufgrund der aus meiner Sicht etwas verunglückten Serie „Peter Strohm" einen hohen Bekanntheitsgrad besitze, seither den Eindruck, man testet meine Belastbarkeit. Na, wie viel hält er denn aus, ach, der macht den Stunt selber, da müssen wir auch keine Versicherung abschließen, und da müssen wir auch kein hoch qualifiziertes Gerät nehmen, sondern können alles ein bisschen billiger machen, das ist ja prima, denn wenn er auf die Fresse fliegt, ist es ja nicht ein Stuntman, sondern nur ein Schauspieler. Ich bin auch mal während Dreharbeiten ungesichert unter Hubschrauberkufen 60 Meter über der Ostsee geflogen. Hatte man vergessen, kann ja mal passieren. Es gibt offenbar das dringende Bedürfnis, mich hängen, mich im Dreck liegen zu sehen, was Justiz und die Öffentlichkeit, vertreten durch die Presse, daran gehindert hat, genau nachzuforschen, ob an den Beschuldigungen was dran ist oder nicht. Ich habe mir von Leuten, die von Berufs wegen gewohnt sind, Prozesse zu beobachten, sagen lassen, das, was sich in diesem Gerichtssaal abgespielt hat, ein absoluter Wahnsinn ist. Wenn dieses Urteil gegen mich nicht durch einen Freispruch aufgehoben wird, dann ist das für mich definitiv der Schlussstrich, dann bin ich fertig mit diesem Land. Diese unheimlichen Vorgänge, dass die Richterin totalitäre Willkür ausgeübt hat, indem sie Zeugen das Schweigen befohlen hat, sie ein anderes Verhalten ihnen abnötigen wollte, sie des Saales verwiesen hat, wenn sie sich nicht so verhalten haben, wie sie es gern gehabt hätte.

AUS DER BILD-ZEITUNG: Eklat beim Sex-Prozess. Richterin Ariane Faust verwies den Löwitsch-Freund Dieter Laser (59) lautstark des Saales. Der Schauspieler hatte seine Aussage nicht unterbrochen, als ihn die Richterin dazu aufforderte. Laser hielt es für ausgeschlossen, dass Löwitsch Claudia W. (43) sexuell genötigt hat: „Löwitsch ist wie ich ein Drei-Flaschen-Mann. Nach so viel Wein hat er kein Interesse mehr an Frauen."

AUS DER SÜDDEUTSCHEN ZEITUNG: Zum Streit kam es um einen Artikel aus dem Juli 2000 mit der Passage „verdämmert als kleines Schwein im Suff". Der „Welt"-Theaterredakteur wollte eigenen Angaben nach in seinem Porträt über Löwitsch zeigen, wie eng Genie und Wahnsinn bei so berühmten Schauspielern einhergehen können. Der Richter sprach im Urteil von einem „ausgewogenen Artikel" im Rahmen der Pressefreiheit.

KLAUS LÖWITSCH: Die Leute rechnen ja nicht damit, dass man dann doch nicht in die Knie geht, wenn man einen auf den Solarplexus gekriegt hat, aber dann atmet man tief durch und geht gestärkt in die nächste Runde. Harald Wieser schreibt seit anderthalb Jahren im Auftrag von Hubertus Meyer-Burckhardt an einem Buch für einen Kinofilm, und nun sind alle ganz unruhig, weil Hubertus Meyer-Burckhardt ja in den Vorstand des Springer-Konzerns gewählt wurde, ob er das trotzdem noch realisieren wird; das Buch liegt noch nicht vor, geplant ist jedenfalls ein Monolog, ich gebe ihm mal den

Titel „Abrechnung", eine Abrechnung soll es schon sein. Aber ich habe noch keine Zeile gelesen. Eine Abrechnung mit den Frauen sei es, hat Meyer-Burckhardt gesagt. Keine Ahnung. Rufen Sie ihn an.

Es kommt zu keinem aktiven Gespräch mit Hubertus Meyer-Burckhardt.

ANRUFBEANTWORTERMONOLOG: Hubertus Meyer-Burckhardt, um zwanzig vor acht vom Flughafen Paris. Ich bin den ganzen Tag vom Urlaub auf dem Rückweg gewesen und von Djerba nach Tunis und von Tunis nach Paris und fliege jetzt von Paris nach Hamburg. Also, mich zu erreichen heute ist ein Unding, wenn Sie etwas schreiben wollen über Löwitsch, hoffe ich, Sie werden ihm als Künstler gerecht, als der er mir nach zwei Filmen am Herzen liegt. Wenn es denn doch noch in irgendeiner Form eine Frage gibt – ich lande um Viertel vor zehn in Hamburg, und Sie können mich auf der Handynummer anrufen. Ich hab' es übrigens von Tunesien aus zweimal probiert, das hat irgendwie nie funktioniert. Ja, auf bald. Tschüß.

KLAUS LÖWITSCH: Ich hatte schwer zu tun, mich zu disziplinieren. Die Gefahr war nicht, dass mich die Richterin in die Knie zwingt, die Gefahr war, dass ich aufgestanden wäre und die Richterin in die Knie gezwungen hätte. Das wäre natürlich das Ende gewesen. Mein Anwalt und ich saßen ja einer feministischen Konstellation gegenüber: eine Richterin, zwei Schöffinnen, eine Oberstaatsanwältin plus die Anwältin der Nebenklägerin. Und diese lächerlichen zwei Schöffinnen und diese Richterin haben tatsächlich fünf Stunden über die Strafforderung der Staatsanwaltschaft beraten. Ich habe währenddessen ein Interview gegeben, das katastrophal war, für die „Bunte". Mit der Journalistin Patrizia Bartels, der gegenüber ich eine gewisse Verpflichtung hatte, da sie meinem Anwalt zwei, drei Hinweise gegeben hat, die zwar nichts genutzt haben, aber nun. Zum Beispiel, dass Geld geflossen ist zwischen der Nebenklägerin und der Bild-Zeitung, was „Bild" immer abgestritten hatte. Aber Frau Bartels hat uns informiert:

Die Nebenklägerin hat eine Forderung gestellt von 2.000 Mark, und die Bild-Zeitung hat das bezahlt. Das kam auch in der Verhandlung zur Sprache. Aber das macht ja nichts, es ist ja nach Meinung des Gerichts sowieso alles in Ordnung, was diese Frau gemacht hat.

AUS DEM INTERVIEW MIT PATRIZIA BARTELS. KLAUS LÖWITSCH (ÜBER DIE NEBENKLÄGERIN): Die Dame ist ein Kantinengroupie. Solche Frauen versuchen, sich Vorteile zu verschaffen. Die haben, ich will das mal vorsichtig sagen, als zielgesichertes und umsatzträchtiges Verhalten nur ein Ziel vor Augen.

AUS DEM URTEIL DES AMTSGERICHTS BERLIN-TIERGARTEN: Dass die Geschädigte als Witwe eines der großen Schauspieler der ehemaligen DDR eine Affinität zur Theaterwelt hat und sich Gesellschaft im Kreis von Schauspielern sucht, ist für sich betrachtet nichts, was ihre Glaubwürdigkeit negativ beeinflussen könnte.

KLAUS LÖWITSCH: Schommers von der Bild-Zeitung fragt: „Brechen Sie jetzt zusammen? Gehen Sie jetzt ins Sanatorium?“ Ich habe überhaupt keine Veranlassung, ins Sanatorium zu gehen. Ja doch, wegen der Hüfte, aber da geh’ ich auch nicht ins Sanatorium, sondern gehe vielleicht zu sehr guten Ärzten und schone mich. Die einzige Möglichkeit ist deshalb, mich auszuklinken. Ich sehe keine andere Chance, als etwas zu tun, was für die Leute nicht interessant ist. Meine Hörbücher zum Beispiel.

AUS DER DOPPEL-CD „OFFENBARUNG UND UNTERGANG, FÜHMANNS KONTROVERSE MIT TRAKL. VON UND MIT KLAUS LÖWITSCH“. CD I, 04:28 MIN.: Ich, Löwitsch, bin zu Trakl über Fühmann gekommen, über Franz Fühmann zu Georg Trakl. Erlebnis aus zweiter Hand. Franz Fühman, der enthusiastische Nationalsozialist in der SA-Reiterstandarte des Führers, der in den letzten Tagen der Menschheit seine große Begegnung hat mit dem Erfahren Georg Trakls, das ihn hebt und frei macht für die Korrekturen seiner Positionen, Weltbilder und Ideologien.

KLAUS LÖWITSCH: Interessiert Bild-Leser natürlich nicht. Habe ich stundenlang mit einem Redakteur drüber geredet, über Fühmann und Trakl. Interessant, hat er gesagt. Natürlich kein Wort darüber geschrieben. Interessant, haha! Dann hat einer angerufen und sagte, sie hätten da Informationen und ich wäre da bei einem Wunderheiler in Tirol und sie hätten Bilder davon. Das war totaler Quatsch, also so ist das überhaupt nicht zu sehen. Meine körperliche Konstitution ist so nicht zu erklären. Das ist auch kein Wunderheiler, sondern ein Facharzt für Neurologie und Psychiatrie, hat lange in Amerika und Asien gearbeitet und macht Naturheilgeschichten. Er macht also Teemischungen, hat eine unheimliche Aura, macht Handauflegen zum Beispiel, aber das ist alles abgesichert. Er misst vorher den Blutdruck und sieht sich Röntgenaufnahmen an. Er geht also das ganze Programm der Schulmedizin durch, und dann macht er das, was er sich denkt. Wunderbar, sehr sympathischer Mann. Aber ich habe gesagt: „Nein, ich setze mich mit niemandem zusammen. Ich weiß nicht, was da rauskommt. Ich will auch keine neuen Leute kennenlernen und habe kein Bedürfnis, meinen Bekanntenkreis zu erweitern. Aus, Schluss, Ende." – „Ja, da ist aber auch ein Journalist, und der will eine positive Geschichte machen." – „Nein, das kenn' ich schon." Jetzt kam der wieder, und ich hab' gedacht, o. k. Ich sitz' noch keine fünf Minuten mit den beiden zusammen, da sagt sie: „Das wäre doch eine ganz tolle, positive Geschichte, wenn wir den Klaus mit den Kühen auf der Weide zeigen würden." Da hab' ich gesagt: „Das bin ich doch nicht, aber o. k., soll er halt kommen." Das war ein gewisser Plockmann, der mit dem Bauer Verlag verbandelt ist. Und der sagte dann: „Ja, für die ‚Gala'." Es ist ja so, wenn ich als Schauspieler arbeiten will, bin ich auf die Scheiß Presse letztlich angewiesen in irgendeiner Weise. Das Gute am Fernsehen und beim Film ist ja, ich komme mit dem Publikum nicht in Berührung. Aber ich muss, um ein Publikum zu erreichen, der

Presse auf irgendeine Weise, sodass ich mir so wenig wie möglich weh dabei tue, immer ein bisschen den Arsch ablecken, die bedienen. Wenn ich jetzt sage, ich mache nur die elitäre Scheiße, also F.A.Z., SZ und so weiter, hilft das auch nicht weiter, das ist nur besser geschrieben. Und vielleicht nicht ganz so tief im Sumpf watend.

AUS DEM URTEIL DES AMTSGERICHTS TIERGARTEN: Der Angeklagte hat schon lange ein Alkoholproblem. Der Alkohol half ihm in der Vergangenheit oft, die mit seinem Beruf verbundenen Anspannungen und Fiktionswirkungen nach Dreh- und Aufführungsende abzubauen.

KLAUS LÖWITSCH: Mein Problem ist: Ich habe eigentlich den für mich falschen Beruf. Das wurde mir selbst mit 30 klar, und dann habe ich mich halb totgesoffen, und dann hab ich mit 37 entschieden, mich doch nicht totzusaufen, sondern ganz einfach das Beste draus zu machen. Ich habe ja auch nicht daran zu knacken, dass ich eventuell 27.000 Mark zahlen muss und fünf Jahre Vorstrafe bekomme, die noch nicht mal im polizeilichen Führungszeugnis auftauchen werden. Das ist egal. Ich scheue mich fast, das zu sagen, aber ich habe ein ethisches Problem – und ein orthopädisches, diese zwei, aber doch kein juristisches, ich bitte Sie! Ansonsten geht's mir ausgezeichnet. Ich brauche auch keine Freunde. Einen vielleicht, aber eher nein. Meine Frau ist mein Freund, sozusagen. Das reicht auch.

KLAUS LÖWITSCH IN DEM BUCH „COOLE TYPEN" ÜBER SEINEN ROTTWEILER JULIUS (†): Obwohl ich in den vergangenen Jahren immer den Wunsch hatte, wieder einen so treuen Freund zu haben, gab es nie wieder einen Hund an meiner Seite. Ich bin der Meinung, dass es mir nicht mehr zusteht. Weil ich kläglich versagt habe in der Beziehung zwischen Hund und Mensch.

KLAUS LÖWITSCH: Es gibt einen Zoologen, der das subjektive Weltbild erforscht und fragt, wie das Weltbild des Maulwurfs aussieht. Der krabbelt halb blind unter der Erde herum. Und so sieht auch das

Weltbild des Menschen aus. Es ist auf seine Bedürfnisse ausgerichtet. Wissen Sie was? Vergessen Sie es. Niemand kann das mehr geraderücken. Der Berufungsrichter könnte ein Zeichen setzen, aber ich befürchte, er wird es nicht tun. Und dann werde ich diese 27.000 Mark zahlen, und die Welt kann mich am Arsch lecken.

DPA-MELDUNG: Der Schauspieler Klaus Löwitsch (65) hat die Berufung wegen fahrlässigen Vollrausches zurückgezogen. Löwitsch habe die Hoffnung aufgegeben, bei der Justiz Schutz und Gerechtigkeit zu finden, teilte sein Anwalt Manfred Studier mit. Dies sei aber kein Schuldeingeständnis.

Klaus Löwitsch geht am Pförtnerglaskasten des Gerichtsgebäudes vorbei, hebt die Hand zum Gruß, und nachdem er zunächst schon im und nun vor dem Gebäude vergeblich eine Justitia-Statue gesucht hat, kommt er noch einmal zurück, fragt den Pförtner in Comic-Bayerisch: Wo habt's denn die Justizja hingschtellt?

PFÖRTNER: Die ham's abmontiert. Scho lang.

LÖWITSCH LACHEND AB: In Bayern sind sie wenigstens ehrlich.

Der Herausforderer

Berliner Abgeordnetenhaus, Sitzungssaal 311. Tote sind noch stiller, aber die CDU kann das auch nicht schlecht: kein Geräusch machen. Nix. Die erste Prognose kommt und – nichts und. Kein Ouh, kein Ahh, kein Puh.

„Diagonal halb-rechts ist die Bühne“, sagt der Sicherheitsmann dem schnellen Schrittes den Flur entlangverlierenden Pflüger, kurz bevor der den mit wartenden Enttäuschten gefüllten Saal betritt, „aber wenn du reinkommst, siehst du das auch gleich.“

Pflüger nickt, betritt den Saal und sieht – er sieht die Bühne, er sieht seine Mitstreiter, er sieht aus, wie Wahlverlierer immer aussehen: betont guter Dinge. Applaus. Pflüger verbeugt sich, tritt ans Pult, befeuchtet die Lippen, grinst. Dass Berlin mehr könne, steht auf dem Pult. Dass die CDU noch weniger kann als nach der letzten Wahl, steht auf den Großbildschirmhochrechnungen und in den Gesichtern der Menschen im Saal, „meine Freunde“, wie Pflüger sie gleich anreden wird. Der Applaus ist dünn, aber Pflüger versucht den Eindruck zu vermitteln, die Menschen müssten sich beruhigen, bevor er zu ihnen durchdringen kann, trotz Mikrophon, mehrfach setzt er an, aber es klingt nicht nach Applauserstickung, eher nach

Wortfindungsschwierigkeiten. Meine, meine, meine – Damen und Herren, na endlich. Geht doch. Nach fünf schweren Jahren, ge- und entschlossen, Wahlkampf auf Augenhöhe, Rot-Rot ist abgestürzt, Einbruch, CDU aber: Aufbruchsstimmung.

Pflüger kennt das Ergebnis auch, er weiß schon, dass es Unsinn ist, was er da erzählt, aber so macht man das eben nach einer Niederlage. Der Sicherheitsmann schüttet sich eine komplette Dose TicTac in den Schlund und guckt paranoid herum, wer weiß, wer weiß. Pflüger freut sich, sagt er, er freut sich auf „Jahre gestaltender Arbeit". Er möchte wahrscheinlich gern, dass alle aufschreiben, er gebe sich kämpferisch oder so ähnlich, und dann verheddert er sich niedlich: „Wie wollen wir eigentlich die Probleme dieser Stadt nach vorne bringen?" Zumindest das Wer ist ja nun beantwortet, er schon mal nicht, dabei war er doch so schön auf Augenhöhe, hat doch Wowereit sich aus lauter Angst gar auf ihn zubewegt, nicht wahr, liebe Freunde! Tempelhof, Einheitsschule, Industrieansiedlung, ja ja, natürlich.

Frank Steffel und Eberhard Diepgen kennen das Problem, das Pflüger jetzt hat. Sie müssen sich darauf konzentrieren, unbedingt bestürzt und teilnahmsvoll zu wirken und auf keinen Fall schadenfroh. Sie stehen zwischen Journalisten, Wahlkämpfern und Bistrotischen rum, und weil Pflüger gleich weitermuss, ins Fernsehen, fragt endlich sie mal wieder jemand was – wie sie das so sehen. Steffel warnt. Diepgen wiegelt ab. Und wen könnte man sonst noch fragen? Im rbb wird das Ergebnis Hertha BSC gegen Schalke – nein. Geraune. Das erste wirkliche Enttäuschungsgeräusch des Abends: Kurz vor Bekanntgabe des Fußballergebnisses stellt doch ein Idiot aufs ZDF um, denn da ist jetzt der Pflüger und erzählt wieder den Kram mit der Augenhöhe.

„Was ist denn nun eigentlich mit den Blumen?", fragt erschöpft eine Dame die paar hübschen Kostüm-Mädchen, die an diesem

Abend wohl für die Blumen zuständig waren, unter anderem. Oh, die Blumen. Fünf Sträuße, hinter einer Stellwand vergessen, mit einer Flasche Rotkäppchen-Sekt. Falls es was zu feiern gegeben hätte. Aber auch so, na logisch. Vergessen. Die Mädchen werden die Sträuße mit nach Hause nehmen, den rosafarbenen finden sie am schönsten. Und dann ist es genug, der DJ in der Ecke wringt seine Kuschel-Jazz-CD-Box aus, „The Thrill Is Gone", singt Julie London. In Gewinn und Verlust ausgedrückt heißt das: ein Bier, bitte. Die Berliner CDU kann nicht mehr. Aber Hertha hat gewonnen.

Der Regierende

1. STAATSBESUCH

„Der Himmel reißt auf – es wird, es wird, es wird!“, feuert Ben Wettervogel draußen, vor dem ZDF-Frühstücksfernsehcafé Unter den Linden, den Tag an; den Tag, die Sonne, die Stadt, die Menschen, das Land. Links und rechts von ihm braust der Hauptstadtverkehr, er steht auf dem mittig des Boulevards sich erstreckenden Trottoir und freut sich über diesen viel zu warmen Herbst, dann gibt er „zurück zu Patricia“, die im Café nun zwei Kaffeetassen verlost; zur halben und zur vollen Stunde gibt es Nachrichten.

Ein paar hundert Meter weiter, am Brandenburger Tor, steigt Klaus Wowereit aus einem dunklen Dienstschlitten, knöpft sein Jackett zu und sagt „So, na, dann woll'n wa mal.“ Was will er denn? Er will einen Staatsbesucher empfangen, den Präsidenten des Staates Benin. Aber der Gast ist noch nicht da. „Wie spät ha'm wa't denn?“, will Wowereit wissen, stolz, dass er selbst pünktlich ist. Kurz vor neun ham wa't. Sofort ist man dabei, sofort ist man „wa“ – wa, das heißt hier: wir, und es heißt in Berlin auch, am Ende eines Satzes, ansteigend intoniert: Hab' ich recht oder hab' ich recht?

Klaus Wowereit, das muss man immer mal wieder festhalten, ist homosexuell und regiert die deutsche Hauptstadt gemeinsam mit den verpeilten Kommunisten der Linkspartei. Nur mal so, als Hinter-, nein, Vordergrund.

Knallblauer Himmel, es ist geworden, es ist geworden, es ist geworden. Die Herbstsonne güldet auf die Hauptstadtpracht, „schön, wa?“, stellt Klaus Wowereit fest, und sogleich ha'm wa dieses Jefühl, das sich in seiner Nähe stets einstellt: Überschuldung hin oder her, so schlecht ist Berlin nicht. Läuft doch allet. Und weil beziehungsweise damit es läuft, rennt er, der Regierende Bürgermeister, durch die Stadt. Klaus Wowereit, denkt man, ist eher Psychologe als Politiker, und das so genannte Hauptstadtparkett ist seine Couch.

Gruppentherapie: Da kommt eine Touristengruppe, Wowereit dreht auf. Die Sicherheitsbeamtenaugen flackern lagecheckend, dieser Mann ist unbewachbar. Man muss aber ohnehin eher die Bürger vor ihm beschützen, er schüttelt jede Hand, sucht jedes erdenkliche Geplauder. Die Touristen haben einen Kreis um ihn herum gebildet und fragen sich, was sie ihn jetzt fragen sollen. Aber Klaus Wowereit braucht keine Fragen, morgens zieht er sich an, und Gott oder wer immer zieht ihn auf wie eine rasselnde Spielfigur, und dann geht es los, ohne Pause, ohne Gnade. Aus dem Kreis Warendorf kämen sie, sagen die Herrschaften und zücken ihre Fotoapparate. „Ach, und wo sind die Pferde?“, albert Wowereit, und die Touristen freuen sich, dass ihm zu Warendorf gleich die Pferde einfallen, das hätten sie jetzt nicht gedacht; aber Klaus Wowereit fällt zu allem und jedem immer gleich das dafür vorgesehene Wort ein. Das ist sein Trick. Als Kind ist er in einen großen Zuber mit sozialer Intelligenz gefallen, und seither plappert er sich unverdrossen und zielsicher durchs Leben.

Ein Foto, zweidreiviele Fotos, gerne doch.

„Ick steh' hier immer!“, prustet Wowereit.

„Dann mit 'm Hut demnächst“, kontert nicht so schlecht ein CDU-Rentnerkopf aus der Touristengruppe.

Vor ein paar Tagen unterlag die Stadt Berlin vorm Bundesverfassungsgericht mit ihrer Klage um mehr Geld, und gegenwärtig fragt sich jeder, wie der Hauptstadthaushalt nun zu kalkulieren sei. Jeder – außer Klaus Wowereit. Der erfolglosen Klage folgt kein Jammer, ein Psychologe kann ja nicht mitten in der Krisenintervention zum Patienten sagen: „Schwierig, schwierig, keine Ahnung, düster, düster, auch ich weiß nicht weiter." Also sagt er: „Ick hab' noch nüscht jefrühstückt, so früh schon uff de Beene, aber Glück mit dem Wetter ha'm wa, wa?" So kann man das natürlich auch sehen. „Na denn, schönen Tach noch und viel Spaß!", wünscht der Bürgermeister den Berlinbesuchern, die kichernd und winkend weiterziehen, angesteckt von der Bürgermeisterlaune, ob sie wollen oder nicht. Vielleicht kann ein Politiker gar nicht mehr machen, und vielleicht ist das, was Klaus Wowereit da macht, gar nicht mal so wenig – hier und da die Hand auflegen, und die mit Mühsal Beladenen werfen ihre Krücken hernach zumindest für einen Moment zur Seite und denken: Ich kann gehen. Es läuft.

Ein Mitarbeiter beugt sich informell in Richtung Wowereit-Ohr, der Staatspräsident von Benin sei nun gleich da, es gebe eine kleine Planänderung für die anschließende Vorfahrt am Roten Rathaus, da stehe ja ein Kran zurzeit: „Wir fahren Bordstein." Über Klaus Wowereit wird immer wieder berichtet, er sei nicht zimperlich, könne eisenhart agieren, hinter den so genannten verschlossenen Türen sei sein Stil ein einziges Spaß-beiseite. Ohne das Grinsen auszuknipsen, bellt er jetzt seinen Mitarbeiter an, dieser Kran stünde ja nun schon ein paar Tage da, es sei doch erstaunlich, wenn das jetzt erst in die Planung einbezogen würde. Rumms. Eine Kleinigkeit, ja. Aber der Mitarbeiter wird nun, so geknickt schaut er drein, sein Leben lang nie wieder einen Kran unterschätzen.

Nächster Mitarbeiter, nächster Fehler: Der Präsident von Benin ist neu gewählt, sagt Wowereit, da möchte ihn jemand aus seinem Stab berichtigen, sagt, nein, wiedergewählt sei der. Fehler!, weiß Wowereit, der immer alles weiß, irritierenderweise sogar mehr als seine

Referenten, und dabei dachte man doch, so ein Politiker bekäme alles auf den Punkt eingeflüstert, die wahren Materiekenner seien ebendiese Referenten, Aufgabe und Können des Politikers bestehe allein im Zusammenfassen, Aufsagen, Ablesen des ihnen portionsgerecht ins Ohr Geflüsterten. Nein! Quatsch wiedergewählt, neu, der ist neu! Der vorige war ooch schon dajewesen. Ach so, Verzeihung.

Zum Glück braust jetzt die Staatspräsidentenbeförderungskolonne heran. Wowereit spannt die Muskeln, wächst ein paar Zentimeter und schreitet auf den der Limousine entsteigenden Staatspräsidenten zu. Bonjour! Amtssprache von Benin ist Französisch, der Beniner französelt los, laut Dolmetscherin bittet er um Entschuldigung für die leichte Verspätung, den Grund dafür möchte Klaus Wowereit, halb spaßeshalber, nicht so recht glauben, und mit dem einmalig wowereitschen Mix aus Gutmütigkeit, Nachsicht, Misstrauen und Frivolität, der seine Stimme in Fällen besonderen Wohlbehagens wie im Stimmbruch gen Satzende ein paar Töne nach oben kieksen lässt, fragt er rhetorisch: „C'est vrais?“ Um dann schlagartig auf Staatsmann umzuschalten, Wowereit ist nun der regierende Stadtführer Berlins: Da, hinter uns, war die Mauer. Das Brandenburger Tor ist komplett restauriert. Siegessäule, Reichstag, na, dann mal los: durchs Tor schreiten, bisschen Staatsbesuchsnulltext brabbeln, mal in diese, mal in jene Kamera feixen, nie ohne den Schuss Bedeutung im Blick, dieses gleichzeitige Ausstrahlen von Amtslastschultern, Problemeanpacken und Heimspielstolz.

„Und hier wird jebaut. Kanzler-U-Bahn, wobei kein Kanzler und keine Kanzlerin jemals U-Bahn fahren wird.“

Der Präsident von Benin nickt, ja, das leuchtet ein, aber irgendwie auch nicht, was redet denn der Bürgermeister da, was soll denn das jetzt bedeuten, egal, ick bin ein Beniner, Händeschütteln, bis gleich; Limousinentür auf, und los, zum Roten Rathaus, zum Kran.

Seit ein paar Tagen ist es kurz vor zwölf im Roten Rathaus. Die Berliner Boulevardpresse hat es erstaunlicherweise noch nicht bemerkt, aber ziemlich genau seit dem Karlsruher Urteil steht die Turmuhr des Rathauses auf ganz kurz vor, nicht mal mehr fünf vor zwölf. Die Bauarbeiten, der Kran. Auch egal, Treppe rauf, Amtszimmer, Goldenes Buch, Klickklack, Blitzblitz. Was sollen eigentlich solche Staatsbesuche? Wann wird ein Politiker wahnsinnig oder muss er es eh schon sein ob des Wahnsinns, den er tagtäglich zu absolvieren hat? Dass er nicht ein einziges Mal aus der Rolle fällt, nicht ein Mal lachend zusammenbricht – schwer vorstellbar. Folgen wir also Klaus Wowereit ein paar Tage und Termine lang, ihm, dem Mann mit dem eventuell härtesten Programm aller deutschen Politiker, er steht der Stadt vor, in die jeder kommt, in der alles zu passieren und also besucht, begrüßt, eröffnet zu werden hat, die darüber hinaus so unregierbar pleite ist, diese mit Repräsentation und tatsächlichem Geschehen, mit Erwartung und Bedeutung so überladene Hauptstadt.

„Sehr geehrter Präsident, ich freue mich."

Die Dolmetscherin murmelt dem Gast ins Ohr, der nickt, und Wowereit freut sich weiter. Auch hier trifft er wieder den genau richtigen Ton, jetzt weniger kieksig als noch eben draußen in der Sonne, er klingt jetzt nach Holzdielen, goldenem Füllfederhalter, Fahne – mehr Meister als Bürger. Füllfederhalter und Tintetrockenroller werden wieder verpackt, der Präsident verabschiedet. „Viel Spaß!" Wowereit schickt jedem diesen Spaßwunsch mit auf den Weg, es wirkt manchmal weniger wie ein Wunsch, mehr wie ein Befehl.

2. BERLINER ABGEORDNETENHAUS

Regierungserklärung, konstituierende Sitzung! Klingt doch erst mal aufregend. Und dann ist es nur: elendigste Lokalpolitik. Berlin, ja, aber eben nicht Bundestag, nur das Berliner Abgeordnetenhaus.

Momper! Steffel! Und das sind noch die Stars. Frauennationalmannschaft, denkt man. Klar, auch wichtig und so weiter, dieselben Trikots und alles – aber man wäre gern woanders. Hier wird man zum ersten Mal schlapp machen und die Bürgermeisterbeobachtung vorzeitig abbrechen, weil es nicht zum Aushalten ist, was der so mitzumachen hat jeden Tag; und es wird nicht das letzte Schlappmachen bleiben.

Sebastian Kluckert, FDP, hat einen Änderungsantrag vorbereitet. Und Sebastian Kluckert, FDP, hat einen Sprachfehler. Drucksache 1, Absatz 1, blabla. Verfassungswidrig! Na, logisch. Mach du mal, Sebastian Kluckert, FDP. Das denkt sich vielleicht auch Wowereit, wie er da sitzt, mehr und mehr in seinem Stuhl versinkt, grinsend. Jemand verteilt „arm aber sexy"-T-Shirts. Wowereit, diese Ein-Mann-Werbeagentur, hatte Berlin so tituliert, immer wieder gelingen ihm solche dann flugs sprichwörtlich werdenden Klopper, und jetzt wollen sie ihn damit aufziehen, merken aber gar nicht, wie sie ihn dadurch nur stärken, ihm auf den Leim gehen. Dirk Behrendt, Die Grünen: grünes T-Shirt unter der Strickjacke, puh ja. Er stellt sein Wasserglas auf das abschüssige Rednerpult. „Das ist gefährlich, Herr Kollege", lacht ihn ein Routinier aus. Tja, da hat man sich nun extra kein Hemd und kein Sakko angezogen, weil man doch so unbequem und jung ist. Und dann kann man noch nicht mal vernünftig sein Wasserglas abstellen. Schnell weg. Ach ja, viel Spaß!

3. SPORTFORUM HOHENSCHÖNHAUSEN

Sonntag. Natürlich interessiert sich „Der Regierende" auch für Sport. Fußball, Eishockey, je nachdem, zur Not gewiss auch Handball oder Kegeln, Hauptsache, Balin is im Spiel – also wa, wa? Am Wochenende nimmt der Bürger teil oder wenigstens Anteil an Verrenkungen, und so tut der Bürgermeister dies natürlich auch. Hier nun schlittern die „Berliner Eisbären" gegen die „Kölner Haie" dem

Puck hinterher, in der Halle ist es sehr laut. Schlachtrufe, Sprechchöre, bedrohliches Geklatsche, Geraune und Gestampfe.

Schrrrrrp, machen die Kufen.

Ouh-ouh-ouh, machen die Menschen auf den Rängen.

Kurz vor Ende des ersten Spielzeitdrittels wird Klaus Wowereit an die Bande geleitet, wo der Spezialsender Premiere ein Expertenpult aufgebaut hat. Jemand legt Wowereit einen Eisbären-Fanschal um, und gleich sieht der Bürgermeister aus, als sei er mit diesem Schal am Hals praktisch auf die Welt gekommen.

Sportfanatiker in Zusammenrottungen sind ja ohnehin schon eine recht schwer zu ertragende Sorte Mensch; wenn sich diese dann noch speziell zum Eishockeyschauen versammeln, wird es ganz und gar schaurig. Männer, die aussehen wie Hüpfburgen, und Frauen, die aussehen wie Männer, dumpfen hier gemeinsam durch den Sonntag, RTL2en ihre Lebenszeit weg, bis später dann „Bauer sucht Frau" im Fernsehen kommt; hier hat jeder Bauer seine Bäuerin, jedes Schwein seine Kuh schon gefunden.

„Hauptstadt der Schwulen/Wir sind die Hauptstadt der Schwulen/Hauptstadt der Schwuuuuuulen/Wir sind die Hauptstadt der Schwulen", alkoholt es nun auf die Melodie von „Guantanamera" aus der Kölner Kurve, als sie Wowereit erblicken. Stolze Dummheit.

Der Schiedsrichter pfeift das erste Drittel ab, die Spieler staksen an Wowereit vorbei in die Kabinen, ein Unterunterhaltungsprogramm beginnt, und der Premiere-Mann fragt unseren Mann mit dem Fanschal, wie ihm das Spiel bislang denn so gefallen hat. Man versteht kein Wort, aber die Fernsehleute sind zufrieden, und Klaus Wowereit hatte einen Stöpsel im Ohr. Auf in die Lounge! Wie geht's, Herr Bürgermeister? Okeeee jeht's: „Spiegel"-Umfrage war ja auch janz jut, sagt er unvermittelt; Platz 5, nur einen hinter Merkel. Und wie groß ist das Kuchenstück „Dieser Politiker ist mir unbekannt"? Sieben Prozent bloß, freut sich Wowereit. Für einen Bürgermeister ist das als bundesweiter Wert ziemlich herausragend. Jut. Die Sicherheitsbeamten haben einmal mehr große Mühe, ihn in Auge und Griff zu behalten, dem Volksnahen ist das Volk hier sehr nah, und er mag das, bleibt stehen, signiert vollgeschwitzte Trikotrückseiten und lächelt in aus dem Knäuel um ihn hochgehaltene Handykameras. Nanu, bastelt da ein Besoffener einen Joint? Nein, er fummelt ratlos an einem Tombola-Los herum. Ist das alles traurig. Auch der Wipp-Bereich (dort, wo man zusammensteht und auf den Lackschuhen wippt, um nicht einzuschlafen beim Pflichtgespräch), hier Gasag-Lounge genannt: „Fühl die Energie". Machen wir. An so genannten Unternehmenstischen sitzen Sponsoren und deren Familien, Mitarbeiter und Freunde. Eine Westberliner Stimmung; wie überhaupt auch Wowereit ja das Westberlinerischste ist, das man sich vorstellen kann: blaues Sakko, einen Tick zu dick, gut gekämmt, ein Im-Bett-Frühstücker. Dampf steigt auf aus gasbefeuerten Trögen, Bierchen werden gezapft, Fach wird gesimpelt: Überzahl, Powerplay, Hertha in Cottbus. Bäuerchen sucht Mann und Frau. Prost erst mal. Man muss ihn hier ein weiteres Mal seinem (nicht auch: unserem?) Schicksal überlassen, das muss er jetzt allein zu Ende dritteln; wie er das aushält, mit einem Bier und drei Königsberger Klopsen, es bleibt vorerst sein Geheimnis.

4. ROTES RATHAUS

Aktuell ist das wohl Nervigste im Leben des Klaus Wowereit die Unbedingtheit, mit der jeder Trottel ihn dieser Tage mit einer für spitz gehaltenen Bemerkung zum Karlsruher Urteil ankumpelt. Höflich und abkürzungstaktisch geschult, wie er ist, tut er jedes Mal so, als sei dies nun der erste Spaß in dieser Richtung, der ihm zu Gehör kommt. Zeitloser und thematisch verwandt ist der Klassiker „in Zeiten leerer Kassen". Heute scheint die Sonne, was in Zeiten leerer Kassen mithin einer der wenigen Gründe ist, erfreut aus dem

Roten Rathaus zu blicken – so oder ähnlich geschraubt wird kommentiert, und warum denn auch nicht. Der Bürgermeister hat nüscht zu verschenken, und deshalb muss er alle paar Tage irgendeine Schenkung wenigstens beschirmherren, die Schenkung kann gar nicht klein genug sein, ein gutes Foto und ein gutes Gefühl springen dabei immer heraus.

Heute bekommt die Deutsche Lebens-Rettungs-Gesellschaft einen Gutschein für zehn Anfängertauchkurse überreicht. Und da stehen sie nun mit ihren signalfarbenen Lebensretterkostümen im Amtszimmer und strecken die Hände nach dem großformatig kopierten Symbolgutschein aus. „Wir tauchen den ganzen Winter hindurch", erzählt, weil die Fotografierzeit ja irgendwie durchlabert werden muss, ein Tauchausbilder, „da ist 'ne Heizung im Anzug drin." „Dit wünsch ick mia ooch ma'", kichert Wowereit. Obwohl wir uns nun im Amtszimmer befinden, ist er eher kicherig aufgelegt, genau richtig für die sich hier ohnehin fehl am Platz fühlenden Neoprenmännchen um ihn herum. Wowereits Kunst ist die Niedrigschwelligkeit und eine umgebungsflexible Wandlungsfähigkeit, wie man sie nur aus Naturfilmen über ganz besonders geschickt codierte Pflanzen und Insekten kennt. „Und im Winter dann am Seil entlang, unter Eis, wa, weil: einfach hochkommen is' ja dann nich", gluckst er nun vergnügt, und die Tauchausbilder stimmen ihm staunend zu. Das ist, auch wenn sie nicht schwul sind und die SPD für einen Deppenverbund halten, ihr Mann. „Und wie kommt man auf die Idee, eine Tauchschule zu eröffnen?" Gegenfrage: Herr Bürgermeister, wie, um Himmels willen, kommt man auf die Idee, solch eine Frage zu stellen?

Tja, dann. Viel Erfolg der DLRG und dem Unternehmen (den Namen der Tauchschule hat er schon vergessen, Staunen macht seine Fähigkeit, den Zwischenspeicher momentgenau zu füllen und dann auch wieder zu leeren).

Danke, dass Sie sich die Zeit genommen haben.

Och, war'n ja nur 'n paar Minuten. Tschüß, alles Gute, viel Spaß, jaaaaa?

Ja doch.

Im Flur wartet gleich die nächste Abordnung, durchaus stimmig vor dem Gemälde „Fotografierer" von G.L. Gabriel: „Ich weiß natürlich nicht, wie laut Herr Wowereit spricht. Das hallt tierisch hier." Zwei bis drei Sätze soll er in eine Kamera sprechen, in seiner Funktion als Schirmherr der Deutsch-Russischen Festtage. Was es nicht alles gibt! Und wie vieler Schirme ein Mann Herr sein kann!

Standort Berlin, ich freue mich, im Mittelpunkt steht die Kultur, aber wir brauchen auch die Wirtschaft im Boot. Wichtige Belange für den Austausch. Ich lade Sie herzlich ein. Reicht das, oder braucht ihr noch mehr?

Er könnte noch, so ist es ja nicht. Aber wieder mal hat er alles in einem Rutsch erledigt, zur vollsten Zufriedenheit aller. Man möchte applaudieren, es ist so schockierend, wie ihm das gelingt, eben noch die Tauchausbilder bestens bedient („Mit Schnorchel seh' ick aus wie Alfred Tetzlaff"), jetzt direkt umgeschaltet auf den offenarmig willkommen heißenden Schirmherr wovon noch mal? Ach richtig, den der Deutsch-Russischen Festtage. Die Deutsch-Russischen Festtage! Nicht zu fassen. Immer zum Anfassen. Tschüß die Herren – und, genau: viel Spaß!

Auf diese Spaß-Idee muss man auch erst mal kommen, zumal in Zeiten, nicht wahr?, leerer Kassen. Die Praxis Wowereit steht seit jeher im Ruf der Scharlatanerie; aber, das ist zur Kenntnis zu nehmen, es funktioniert. Die Menschen wirken geheilt und erlöst, wenn er sie entlässt, allesamt. Und die nächsten Termine kommen schubweise, im Bündel: Wowereit geht jetzt die neuesten Einladungen durch, vorsortiert zwar, jedoch immer noch zu viele, denkt man. Aber man denkt falsch, er wird das schaffen, freut sich jetzt schon.

Wie kaputt muss man eigentlich sein, um ein „Abendessen zugunsten von“ zu veranstalten? Wowereit muss solchen Reichenselbstbefriedigungsabenden regelmäßig beiwohnen. Man wünscht der Stadt Berlin schon deshalb ganz viele Milliarden, damit die politikseitige Hofierung dieser perversen Schmeißmichrausstelldicheins ein Ende hat. Ach, Sabinchen, murmelt Wowereit und hakt eine Einladung zum jährlichen Get-together (oder wie so was heißt) von Sonntagabend-APO-Führerin Sabine C. ab. Und die für die Bond-Premiere. Und die und die und die und – viel Spaß, man.

5. BUNDESRAT

Früh am Morgen, man sieht den eigenen Atem, die Sonne fängt aber immer noch zu heizen an, wenn auch langsam und mit nachlassender Kraft; es will nicht, aber es wird Herbst werden. Und Winter. Und irgendwann wird wieder gewählt werden. Vielleicht sogar wiedergewählt. Vor dem Gebäude stehen Tierschützer und sind gegen irgendwas. Christian Wulff eilt an ihnen vorbei, bleibt im Flur des Aufgangs zum Versammlungsraum stehen, und wie eine Siedlung um eine Wasserquelle bildet sich nun ein Kamerahalbkreis um Niedersachsens Ministerpräsidenten herum.

Kann mal einer die Tür zumachen, es zieht kalt rein, sagt Wulff.

Lachender Kamerahalbkreis, menschlicher Wulff.

Heute Nacht wurde ein Durchbruch erzielt, teilt Wulff jetzt mit, ein Durchbruch beim Wohngeld für Hartz-IV-Empfänger. Er ist einer der ersten eintreffenden Ministerpräsidenten, wahrscheinlich hat er sich heute extra beeilt, um der Erste zu sein, der den Durchbruch vermeldet. Wulff ist der Anti-Wowereit, ein Streber, immer zur Stelle, immer gewissenhaft, nie interessant, gehobenes Mittelmaß, und wenn es weiter „so gut läuft“, wird er Ansprüche nicht laut machen, nein, er nicht, Wulff wird leise, in logisch nachvollziehbaren Etappen, befördert werden. Wenn es schwierig wird, ist Wulff keinesfalls zu gebrauchen, aber auch Schuld wird bei ihm nie gesucht werden. Eine Art VfB Stuttgart, der Typ. Danke schön, meine Herren. Wenig Spaß!, wünscht er unterschwellig.

Da kommt Herr Müller aus dem Saarland, das Spiel wiederholt sich, vielleicht kriegt er es noch bündiger hin als Wulff, die Kamerateams sind da gnadenlos. Bundesratsfoyertür auf, Typ rein, Kameras drauf, Tür zu – Tür auf, nächster Typ, Kameraschwenk. Der windige Schmiss-Hesse Koch! Jetzt Kurt Beck! „Naa, ich stell mich doch nicht da hinten beim Müller an!“, entweicht es ihm im gemütlichen Blutwurstslang, und ein bisschen beleidigt, dass nicht alle Kameraleute gleich den Müller da stehen lassen und sich um ihn scharen, stapft er die Treppe rauf, langsam genug, dass die Kameraleute es sich noch mal überlegen können, da löst sich das Knäuel um Müller, und gnädig bleibt Beck stehen und sagt den schönen Satz: „Ich kann nur noch mal sagen: Ich wundere mich.“ Und dann, endlich mal wieder, die Zeiten leerer Kassen: „Es ist jetzt nicht die Zeit, um Geschenke zu verteilen.“ Da, Stoiber! Er dirigiert die Kamerakameraden in Richtung Fahnenständer, „das schaut besser aus“, und nun kommt endlich Klaus Wowereit! Drinnen hat Herr Ringstorff schon zu sprechen begonnen, Wowereit hat es eilig, und Wulff wird das nie lernen: Man muss auch mal knapp zu spät kommen und lässig, aber eilig an allen Fragern vorbeischnurstracksen, nicht ohne zu grüßen. Das ist Macht.

Weil das Ministerpräsidentenhufeisen alphabetisch nach Bundesländern aufgereiht ist, sitzt Wowereit (Berlin) neben Stoiber (Bayern). Und Wowereit scheint Stoiber einen Witz nach dem anderen zu erzählen, und der würde gerne nicht lachen, aber die Witze scheinen gut zu sein. Man denkt ein paar Abende zurück: Alfred Biolek präsentierte im „TIPI-Zelt am Kanzleramt“ die schönsten Momente seiner Fernsehkarriere, und nach der Pause bat er Wowereit zum kurzen Gespräch auf die Bühne. Ein paar Pseudopingpongs waren spürbar einstudiert und leider nicht sehr komisch, aber wie bei jedem Auftritt wich Wowereit bald vom Plan ab und wurde außerordentlich unterhaltsam. Er nahm Biolek für ein paar Minuten sanft die Abendregie ab, und die bis dahin rührende, zeitgeschichtlich unbedingt beachtenswerte, hier und da aber etwas zähe Veranstaltung geriet zum applausumtosten Spektakel. Am nächsten Tag stand in der Zeitung „Bio tröstet Wowi“, aber in Wahrheit war es genau andersherum. Beim Gratulieren hinterher duzte man Wowereit und wollte gern in seine Partei eintreten, nein, in den Campingurlaub wollte man mit ihm fahren. Man wollte ihm gern die Hand schütteln, mit ihm rumstehen und sich freuen. Und irgendwie erschrak man – zwei Tage nach dem Karlsruher Urteil war das – bei dem Gedanken, dass dieser Stehaufkomödiant etwas mit Politik zu tun hat. Hat er doch? Hat er, sitzt da neben Stoiber. Allerdings Witze erzählend, möchte man schwören.

6. ROTES RATHAUS RELOADED

Berücksichtigt man, dass Wowereit einen nur zur Hälfte seiner Termine überhaupt mitnimmt, momentan ohnedies wegen andauernder Berliner Koalitionsverhandlungen viel weniger Termine als sonst „wahrnimmt“ und angeblich jeden Abend geradewegs vom Schreib- oder Koalitionsverhandlungstisch ins Bett fällt (Die Koalitionsverhandlungen!, sagt sein Büroleiter – ja ja, deine Mudder, denkt man. Es ist ja klar, dass Wowereit, sobald man eine teilnehmende Beobachtung ankündigt, ganz plötzlich überhaupt nie nächtens ins Amüsement zu springen vorgibt und einen mit immer noch härteren Langeweileproben täuschen möchte, denn über den ausschweifenden Teil seines Alltags ist ja in der Vergangenheit nicht gerade zu wenig berichtet worden) – berücksichtigt man also all dies, so steigert sich die Rätselhaftigkeit seiner Kraftreserven ins Unermessliche.

Dass man selbst verweichlicht ist – geschenkt. Man tut, was man kann, aber was *der* tut, kann man doch als normaler Mensch gar nicht können! Und dann wirkt Wowereit doch auch noch stets wie der normalste oder gar einzig normale Mensch unter lauter Zombies, ob sie nun Sporttaucher sind, Ministerpräsidenten oder Eishockeyzuschauer. Oder ehemaliger polnischer Wirtschaftsminister, Jacek Piechota mit Namen. Der bewirbt sich um das Amt des Stadtpräsidenten von Stettin, das ist so was wie Bürgermeister, seine Partei ist so was wie die SPD, und Stettin ist nicht gar so weit weg von Berlin, erklärt Wowereits Büroleiter. Ja ja, mag sein, aber da könnte ja jeder kommen! Der Witz ist: Es kommt jeder. Nun also Herr Piechota. Mit Kamerateams aus der Heimat, damit die Menschen dort erfahren, was für bedeutende Buddies der Kandidat so hat.

Sie haben ein paar Minuten zusammengesessen und gewartet, bis man, draußen wartend, denkt, jetzt haben die bestimmt eine Menge besprochen, und dann tritt Wowereit vor die Kameras, wünscht eine erfolgreiche Wahl und dass sich anschließend noch bessere Voraussetzungen zur Zusammenarbeit ergeben mögen. Und dann, das geht in der Dolmetscherzentrifuge bedauerlicherweise garantiert unter, schwingt Wowereit sich zu dadaistischer Höhe empor (beziehungsweise Tiefe hinab): „Probleme lassen sich gemeinsam prima gestalten."

Alles Gute, bonne chance, thank you very much!

Was heißt denn noch mal „Viel Spaß" auf Polnisch? Tschüssikowsky?

7. ANNE-FRANK-ZENTRUM

Bei all den drängenden Fragen der Gegenwart und all den Versuchen, der Zukunft den Schrecken zu nehmen, muss ja immer auch noch die Vergangenheit bewältigt werden. Wowereit ist auch im sprunghaft und abrupt zu vollziehenden Wechsel der Zeitebenen –

zunehmend ermattet und kaum noch überrascht nehmen wir dies zur Kenntnis – ein Spagatkünstler. Im Anne-Frank-Zentrum in Berlins Mitte ist eine sehenswerte Ausstellung zu eröffnen. Bestürzung und Beklemmung stellen sich schnell ein an diesem Ort, wie passt da der immer frischwärts rasende Bürgermeister hinein?

In der Garderobe befürchtet man, es könnte dieses Mal misslingen: Auf den Stand der Koalitionsverhandlungen angesprochen, sondert Wowereit automatisch purzelnden Statementmüll ab („Inhalte sind durch, jetzt kommen die Ressorts, das ist ja immer das Spannendste. Und dann die Personalien, das wird ja immer noch spannender!"), doch ein paar Treppenstufen später wirkt er wie neuformatiert, anlassgerecht ernst und kämpferisch. Das schaffen nicht alle, aber doch einige. Nur Wowereit jedoch gelingt es, solch einen Saal mit brillantem Gespür für situativ entstehenden Witz zu einem befreiten Lachen zu bringen, um dann wohlformuliert und – ja, tatsächlich! – glaubwürdig die Ausstellung und ihre Macher in dieser Stadt willkommen zu heißen. Nicht ranschmeißerisch, nie provinziell. Auch wenn er sich abends zumeist so gibt, dass man ihn duzen möchte (genauer: zurückduzen; er selbst duzt natürlich eh, abends, nachts), so ist in den unterschiedlichen Umgebungen, in denen man ihn nun beobachtet hat, kein großer Verhaltensunterschied zu erkennen, immer erscheinen Mimik, Gestik und der jeweils angeschlagene Soziolekt situationsadäquat, nie aber wirken sie aufgesetzt, kaum unterscheidbar ist, was wir von ihm sehen und hören, egal wo und wann – seine Verstellung ist so umfassend wie unfassbar. Vielleicht passt nicht er sich an seine jeweilige Umgebung an, vielleicht ist es umgekehrt. Das wäre dann die höchste Stufe der Macht.

Und doch denkt man als Bürger dieser Stadt, auch wenn man das Wählen längst aufgegeben hat, dieser Mann und kein anderer soll mich bitte, wenn es schon sein muss, regieren.

Sein Vorredner hatte sich etwas verhaspelt und seiner Familie gedankt für die Nachsicht, dass sie keine Zeit hatte für ihn. Alle bis auf den Redner selbst hatten diesen Versprecher mitgekriegt und Mühe gehabt, dem jetzt als unangebracht empfundenen Lachimpuls nicht nachzugeben, nur Wowereit, dieser A- und Effektprofi, erwähnt den Versprecher und – Bingo: befreites Lachen, dann zurück zur Sache, geeint durch dieses kollektive Sozialerlebnis.

Viel Spaß, sozusagen, sagt jetzt so: Klaus Wowereit, nie um eine Variante verlegen.

8. HOTEL INTERCONTINENTAL

Also doch noch ein Abendtermin, na bitte! Leider wieder nur ein Trick: Eine Brachwiese wurde plattgemacht, und nun steht da ein Glaskasten, Verzeihung, ein Pavillon. Muss auch eröffnet werden, klar. Und man kann ja zur Sicherheit mal den Bürgermeister einladen. Und der kommt dann auch noch!

Er saß heute Morgen witzelnd mit Stoiber im Bundesrat, er hat diesen Jacek Piechota aus Stettin abgefertigt, die Anne-Frank-Ausstellung erst eröffnet und dann in Ruhe durchschritten, danach gab es „interne Besprechungen“, die nur deshalb spannend klingen, weil man nicht dabei sein durfte, aber so oder so, man hätte das ja doch keine halbe Stunde ausgehalten, man war vielmehr ganz froh über ein bisschen Zeit zur Zerstreuung – und da kommt er auch schon, bestens aufgelegt, und auf irgendwie bedauernswerte Gestalten magnetisch wirkend, zack, haben sie ihn eingekesselt, er schüttelt jede Hand, hört sich den ganzen Kram geduldig an.

Ein paar Meter weiter steht, dramatisch unbehelligt, Friedbert Pflüger. Dieser war vor ein paar Wochen auf die schlechte Idee gekommen, als CDU-Spitzenkandidat in Berlin gegen Wowereit anzutreten. Friedbert Pflüger steht also da und sieht aus wie die Stadt, aus der er kommt: Hannover. Stellen wir uns vor, Hannover würde sich mit seiner Innenstadt um die Anerkennung als Weltkulturerbe bewerben. Oder Friedbert Pflüger eben für das Amt des Regierenden Bürgermeisters von Berlin. In seiner grauen Busfahrerhose, seinem karierten Hemd, herrje, der Mann macht aber auch alles verkehrt. Wowereit hat sich seit heute Morgen nicht umgezogen, sein Anzug ist wie er: ein Rätsel an Universalperfektion.

Ein Reporter des kuriosen Berliner TV-Senders FAB kommt, sieht Pflüger – und drängelt sich durch das Gewusel um Klaus Wowereit hindurch, eine persönliche Frage, Herr Bürgermeister! Was ist Ihnen wichtig in einem Hotel?

Na, der Service natürlich.

Wowereit kann gleichzeitig lachen und sprechen. Friedbert Pflüger kann bestimmt auch irgendwas, aber es lässt ihn keiner.

Ein älterer Herr, ernst dreinblickend, nähert sich Wowereit und fragt ansatzlos: Tertiärer Bereich, wie sieht es damit aus?

Und natürlich kann Klaus Wowereit auch das genau erklären, wie es also damit so aussieht, mit dem tertiären Bereich.

Auf der Bühne steht eine Kostümchentante und lallt: „Genauso wie Madonna ist das Interconti immer dabei, sich neu zu erfinden, zu re-inventen. Und jetzt viel Spaß beim Netzworken!"

Sie sagt das genau so. Perfekte Rampe für Wowereit, nach einem – nun ja, es war doch ein harter Tag, oder nicht? Er sieht immer noch aus wie nach einem verlängerten Wochenende in einem Schlappschwanzhotel. Auf der Bühne wird jongliert und musiziert, es werden die Hotelköche interviewt, der Direktor natürlich – und dann, endlich, spricht Wowereit. Man ist ja inzwischen Fan. Egal, wohin man ihn begleitet, sein Auftritt ist der Höhepunkt. Da hört man zu, da kann man folgen, da muss man lachen: Herr Wulff hat gesagt, Niedersachsen schickt uns immer die besten Männer, nicht wahr, Herr Pflüger?

Paff, der saß. Armer Pflüger, er bewegt die Lippen und streckt den rechten Arm aus, er tut so, als sei ihm jetzt was Schlagfertiges eingefallen, als könne man das nur nicht hören, weil er ja kein Mikrophon hat. Aber er bewegt nur die Lippen. Er könnte ein Headset tragen und ein Megaphon in der Hand halten, Wowereit könnte derweil draußen auf der Straße stehen und flüstern. Immer noch würde man nur Wowereit hören.

Berlins Regierender Bürgermeister wird nun drei totgeschlagene Stunden an einem Stehtischchen mit dem rbb-Chef plaudern. Drei Stunden. Mit dem rbb-Chef. Schon wieder gibt man auf, selbst wenn hier noch was passiert, der Preis wäre zu hoch. Morgen früh müssen wir doch beim Tierschutzbund aufkreuzen, Herr Bürgermeister, schon vergessen? Wenn hier einer ins Schlappschwanzhotel muss, der Bürgermeister ist es nicht.

Am Ausgang des Pavillons stehen recht hot aufgestrapste Hostessen und fragen, ob man etwa schon gehen möchte.

Ja!, sagt man, unbedingt gehen, jetzt, aber dalli!

Dann noch einen schönen Abend, wünschen sie und drücken einem einen kleinen Plastikwürfel in die Hand. Weil man ja auch in einem würfelförmigen Kackpavillon gefeiert hat und damit man sich erinnern wird können an diesen offenbar nicht mal vom Veranstalter für unvergesslich gehaltenen Abend.

9. TIERSCHUTZBUND HOHENSCHÖNHAUSEN

Wieder ein Jubiläum, erneut eine Schenkung, ein Paradetermin für Wowereit. Nicht schlimm, dass wir hier am Arsch der Welt sind. Kein Problem, dass es saukalt ist. Ganz wichtig, dass der Tierschutzbund 125. Geburtstag feiert und fünf Autos von zwei Tierfutterherstellern geschenkt bekommt. Ja, für einen Bürgermeister mag sich das alles so darstellen.

„Der polnische Ministerpräsident lässt sich nicht mehr im Profil fotografieren“, ruft Wowereit lachend einer Fotografin zu – und dreht sich ins Profil, lachend; früh morgens, in knochiger Kälte, vor dem bunkerartigen Hatdochalleskeinenzweckbau des Tierschutzbundes. Hat nachts länger durchgehalten und trotzdem offenbar schon die Zeitungen gelesen heute früh. Und da kommt ja auch Renate Künast! Die Respektskala, auf der Wowereits Nehmerqualitäten eingetragen werden, muss eine nach oben offene sein. Jetzt kommt ihm wieder jemand mit einer Karlsruhe-Andeutung, der etwa vierhundertste in dieser Woche. Und Wowereit? Lacht höflich, klar.

Weiter: Sarah Wiener ist die Schirmherrin irgendeiner Kükenbefreiungsaktion. Männliche Geschwister-Küken werden geschreddert, weil sie männliche Geschwister-Küken sind, also werden jetzt Plüschkükenschlüsselanhänger verteilt. Sarah Wiener Schirmherrin? Det is jut, da kommen die gleich inne Küche, die Küken, gackert Wowereit. Da sehen die Kükenschlüsselanhängerverteiler ein, dass sie besser ihn als Schirmherren ausgewählt hätten. Ein paar Tage später wird bekannt, dass Wowereit nun auch Kultursenator wird, eine Zeitung bebildert diese Meldung mit dem aktuellsten Wowereit-Foto: lachend, den Kükenschlüsselanhänger in der Hand.

Eine Art Vogelgrippe-Terzett, drei erwachsene Menschen in Vogelstraußkostümierung, springt nun um Wowereit herum, quält sich, seine Instrumente und die Ohren der Umstehenden. Aber Klaus Wowereit gefällt auch dies. Drinnen wird Suppe ausgegeben, und da steht auch ein Rednerpult. Rednerpulte, das weiß man inzwischen, sind so etwas wie die Lunge Wowereits.

Sein Begrüßer sagt, weiter geht's, nach einem schönen Abend gestern, zum Teil wurde es ja recht spät, bitteschön, Herr Wowereit!

Und der stellt sich hinters Pult und greift selbstverständlich das Naheliegendste auf: War lang gestern Nacht, hab ich jehört. Ick kann jar nich verstehn, wie man so lange feiern kann.

Und schon hat er sie wieder. Mit einem Schwung hat er: sie zur

Kenntnis und sich selbst auf die so genannte Schippe genommen. Aber er geht auf Nummer sicher, setzt noch einen drauf, spielt an auf das mit schmucklos noch beschönigend beschriebene Gebäude, in dem wir uns hier befinden:

Es gibt auch Pflanzen, die nackten Beton verschönern können.

Applaus.

Für Wowereit ist jeder Applaus nur Ansporn für noch größeren Applaus, also wird er schnell ernst:

Aber wichtig ist schließlich nicht, dass dieses Gebäude uns Menschen gefällt, wichtig ist, dass die Tiere hier gut aufgehoben sind.

Tosender Applaus.

Dann kann er jetzt ja risikofrei das anlassgemäß dröge Redemanuskript abfeuern:

Ich erinnere nur an die Gründungsgeschichte des Berliner Tierschutzbundes.

Versatzstücke kommen einem bekannt vor, Anne-Frank-Pavillon-Schutzbund – alles verschwimmt, es ist warm, man döst weg, bis Renate Künast dran ist.

Keiner ist so schnell wie Knöterich, sagt sie.

Und man denkt, wenn noch mal einer kommt und Politiker „Die da oben“ nennt, lach ich mich tot.

10. WINTERWELT

Am Nachmittag ist die Kunstschneepiste auf dem Potsdamer Platz einzuweihen. Es regnet, und ein österreichischer Trachtenverein tut sein Bestes. Dass immer alle denken, ihr Bestes zu tun sei automatisch gut für alle anderen. Es würde einen nicht wundern, Friedbert Pflüger am Glockenspiel zu entdecken. Es würde einen an der Seite von Klaus Wowereit überhaupt nichts mehr wundern. Ein Mädchen mit ansprechend überquellendem Dirndlinhalt hält Wowereit ein Kissen hin, da liegt eine Schere drauf, damit ist nun ein rotes Band zu durchschneiden, und dann hätten wir also auch das geschafft. In einer Holzhütte geht es dann weiter. Irgendwelche Österreicher setzen sich um den Bürgermeister herum und stoßen an mit ihm.

Tschüß, Herr Wowereit. Und danke.

Ach, kommen Sie nicht heute Abend mit in die Akademie der Künste?

Nein, muss man sich da geschlagen geben. Man würde recht bald kollabieren, wenn man ihm weiter folgte.

Och, schade, lächelt er, und jetzt fühlt man sich endgültig so, wie Friedbert Pflüger aussieht.

Zu Hause besichtigt man die Zettel, Broschüren, Schlüsselanhänger, Kugelschreiber und all den anderen Krempel, den man beim Wowereit-Verfolgen so zusammengeklaubt hat. Ach, der Pavillon-Plastikwürfel. Da ist ein Schalter dran, klick: Der Würfel glimmt farbig, erst violett, dann blau, türkis, grün, gelb, orange, rot, pink, wieder violett – und dasselbe von vorn. Ein Wowereit für daheim. Mal gucken, wie lang die Batterie hält.

Paradenvorbereitung

Im Sonnenlicht heißt der DJ mit dem Künstlernamen WestBam schlicht Maximilian Lenz. Er fährt selbst vor, und zwar tatsächlich in einem Toyota. „Familienkarre", sagt er mit dem schuldbewusst-liebevollen Grinsen, mit dem spät oder überraschend zu Familienvätern gewordene Rabauken die Neuordnung ihres Lebens kommentieren. Keine Sonnenbrille. Auf seinem T-Shirt steht „Low Spirit. Rec or Dings. Since 1985". Ein alter Hase. Ein Tiefstapler, immer schon gewesen.

Maximilian Lenz war einer der Ersten, die in den 80er-Jahren das so genannte Auflegen, das DJ-ing, von ihm selbst damals „Record-Art" genannt, in Deutschland praktiziert haben: zwei Platten gleichzeitig laufen lassen, deren Laufgeschwindigkeit verändern, anpassen, aus Konserven etwas Frisches, Neues anrichten – und damit Menschen zum Toben, Wogen, Einswerden antreiben.

Vor Urzeiten, 1985 eben, gründete WestBam die Plattenfirma Low Spirit und damit eine Urzelle, eine erste Adresse der DJ-Revolution, die bis heute besteht. WestBam: ein Urvater des Techno, Superdaddy aller DJs, der geistige Vater der Bewegung. Seine geistige Fitness drückt sich unter anderem darin aus, dass er die beinhärtesten und – wie sagt man? – „unkommerziellsten" Tracks produziert, die es trotzdem mit schöner Regelmäßigkeit in die deutschen Charts schaffen. Logisch, dass so einer vor der Siegessäule auflegt, wenn die Loveparade nach zwei Jahren Pause wieder über die „Fanmeile" des Berliner Tiergartens zieht. Wir schauen ihm bei der Vorbereitung, beim Packen seines Plattenkoffers zu.

Lenz springt die Wendelfreitreppe zu seinem Berliner Studio hinauf, dort stehen Computergebirge, sogar ein Schlagzeug und ein Konzertflügel. In Regalen, auf dem Boden: meterweise Schallplatten. Vielleicht würden sie, ins Format MP3 umgewandelt, nur zwei bis drei zigarettenschachtelgroße iPods füllen, aber der DJ, inzwischen selbst ein Klassiker, braucht keine Dateien, er braucht richtige, echte, alte Schallplatten, und davon möglichst viele, um dann die paar für den Moment genau richtigen auswählen zu können.

Ein ernsthafter DJ wie WestBam – und einen ernsthafteren findet man im ganzen Land wohl kaum – hat gegenüber keiner und jeder Musiksparte seine Vorbehalte und daher aus allen ein paar Muster im Schrank. Er zieht eine mit „obskur" beschriftete Schublade hervor: William S. Burroughs, Jimi Hendrix, „The Rocky Horror Picture Show" und eine russische Märchenplatte. Auch die Rolling Stones. Sein Set wird 20 Minuten dauern, und bei allem Variieren und Ineinanderfließenlassen legt er, der Choreograph der Masse, sich doch einen genauen Plan zurecht, gerade auch, um davon dann abweichen zu können, sich von der Situation, der Musik, der Reaktion darauf und von einer Eingebung überraschen zu lassen.

Es gilt, wie auf jeder Bühne, die goldene Unterhaltungsbranchenregel von Kurt Felix: Um etwas aus dem Ärmel zu schütteln, muss man vorher etwas hineingetan haben. WestBams Ärmel ist seine Plattentasche: schwarz, aus Nylon und, natürlich, quadratisch. Er brauche für die 20 Minuten, so erklärt er, eigentlich bloß sechs Platten. Aber vor so vielen Menschen sei da nichts mit ganz locker mal improvisieren und dann mal gucken.

Aus jedem Regalfach nimmt er nun Platten, beguckt sie, auf den Etiketten sind handschriftliche Notizen zur Anzahl der Beats pro Minute zu finden. Hier beginnt seine Kunst: in der Auswahl, im Weglassen, in der Komposition – und die ist immer eine momentane. Und so hat er noch nie die Platten dann auch wirklich in genau der geplanten Abfolge gespielt; er packt Ausweichmöglichkeiten dazu, zehn bis fünfzehn Zentimeter in der Tiefe, sagt er, reichten aber aus. Er habe, sagt er und lässt die nun halb gefüllte Tasche auf den fleckigen Studioteppichboden sinken, unter Auflegen immer verstanden, nicht nur den Menschen die Musik, sondern auch der Musik die Menschen zu übersetzen; das, was durch die Musik hervorgerufen wird, gleichsam zu reflektieren in der Richtung, die er ihr im weiteren Verlauf gibt: ihr, der Musik, und ihr, der Masse. Ein Dirigent könne zwar nicht tanzen, und so sei es falsch, sich den DJ als Cheftänzer vorzustellen. Andererseits müsse er, um die Wirkung beim Publikum zu erzielen und gleichzeitig auch zu überprüfen, natürlich schon in Maßen mithüpfen.

Das Feiern, Mithüpfen betreibt er seit mehr als zwanzig Jahren, auf allen Kontinenten, vor jeder Art Publikum. Der Ausnahmezustand der Masse ist ihm Routine. Und deshalb auch hält sich seine Nervosität vor dem großen Auftritt in engen Grenzen. Als letzte Platte legt er in jedem Fall die „Road Rage Dub"-Version der wie jedes Jahr von ihm komponierten offiziellen Paradenhymne auf, in diesem Jahr heißt sie „United States of Love": ein bebendes Meisterwerk, jeden zum Tanz ladend, man hört es und sieht dabei schon die Abertausend Hände zu diesem Wohlklang sich euphorisch in den Himmel strecken.

„Gerade jemand, der einer Masse in gewisser Weise vorsteht, darf in keinster Weise der Massenhysterie anheimfallen", dekretiert er streng. Das Lied ist die Party, die Hymne handelt nicht von der diesjährigen, sondern von der Loveparade überhaupt.

Das Einzige, was ihn und seine Musik stoppen kann, im Sommer und unter freiem Himmel, sind – Insekten. Im Dunkeln werden auch sie vom beleuchteten Plattenteller angezogen. Da hilft nur: „Pusten. Und zwar immer von der Nadel weg."

Er steigt ins Auto, er muss die Kinder abholen – in diesem Fall sind es die eigenen. Und so wird es kurz darauf schön laut im Wagen, und Maximilian Lenz ist der Kutscher einer kleinen, ganz privaten Liebesparade.

Musikantenstadl (auf der Alm)

Die ARD muss sich warm anziehen. Das sagt die Konkurrenz, das sagt der Bund der Gebührenzahler – und in der vergangenen Woche teilte dies die ARD auch einigen ihrer Mitarbeiter mit. Am Tag vorher, erzählt Rudi Küffner, Pressechef des Bayerischen Rundfunks, habe es eine interne Warnmail gegeben: Achtung, es wird kalt werden auf der Zugspitze, alle zum „Pressegipfel mit Andy Borg" Abkommandierten mögen an Pullover und festes Schuhwerk denken. Und so trägt Küffner, als er morgens in den Bus steigt, unter seiner nachtblauen „Das Erste"-Windjacke noch ein Trachtenjankerl; das wärmt und passt ja auch thematisch. Er hat es vor vielen Jahren beim Münchner Hertie gekauft, aus irgendwie ironischen Gründen, und er guckt ein bisschen spöttisch durch seine Nickelbrille, als er nun seine selbst gedrehte Zigarette aussohlt und zur Fuhre Journalisten in den Reisebus klettert. Für ein Foto „mit'm Andy", sagt er, müsse man doch passend gewandet sein.

Volksmusik-Fanatiker ist Küffner nicht, auch nicht unbedingt Andy Borgs glühendster Verehrer. Aber die Leute, „die Leit'"! Die Leit' lieben Volksmusik, lieben die Schunkel-Dirndl-Betäubung, schalten ein, wenn „der Stadl" läuft, und darum geht es nun mal. Im

Bus dudelt Servus-Kram aus dem Bayern-Radio, doch Rudi Küffner schunkelt nicht, er liest das Feuilleton der „Süddeutschen Zeitung".

Oben angekommen, formiert sich auf der Aussichtsplattform gegenüber dem Gipfelkreuz eine Hundertschaft Fotografen. Durch motivversauenden Nebel und humorlosen Schneeregen hindurch sehen sie, wie ein Zweiergespann zum Kreuz hochkraxelt. Einer der beiden, der mit dem weißen Helm, das ist angeblich Andy Borg. „Servus mitanand", ruft es jetzt unterm weißen Helm hervor, winke, winke – kein Zweifel, das ist Andy Borg.

Angeleint an einen Bergführer, steht Borg der Meute gegenüber, zwischen ihm und ihr eine tiefe Schlucht, die Fotografen schreien ihre Kommandos:

Hierher gucken, Andy!

Noch mal winken!

Bisschen Action, Andy!

Borg weiß, was zu tun ist, er breitet die Arme aus, umarmt die Luft, streckt die Siegerdaumen aus, lächelt und turnt dicht am Abgrund herum, so wie er das in Tausenden Bierzelten seit Jahrzehnten gelernt hat. 1982 hatte er mit „Adios Amor" seinen ersten Hit, etliche in ähnlicher Stoßrichtung betitelte Dienstleistungsdreieinhalbminüter folgten, außerdem moderierte er zehn Jahre lang die „Schlagerparade der Volksmusik" im Ersten Deutschen Fernsehen.

„Ein Scheiß ist das", schimpfen die Fotografen im Nebel. Volksmusik braucht blauen Himmel, auf den Objektiven tauen Schneeflocken zu unfröhlichen Tropfen.

„Scho' recht", sagt Andy Borg und krabbelt vom Gipfel herunter, posiert noch mal auf der Aussichtsplattform, mit „Musikantenstadl"-Schild in der Hand, dann umrahmt von einer Blaskapelle in Lederhosen und mit Gamsbart am Hut, die kurz mal was hintuschen wollte, doch es schneit ihnen in die Instrumente und den Fotografen verhagelt's die Laune, was der hier unter Borgs Anleitung präsentierte Soziokosmos ausdrücklich nicht vorsieht, ja wogegen er sich wendet.

Die Pressekonferenz findet im Trockenen statt, in der „Panoramalounge", es gibt Kaffee, Bier und Brotzeit. Pressesprecher Rudi Küffner hat die Trachtenjacke abgelegt und begrüßt unverhohlen ironisch zu „diesem epochalen Ereignis", zu dem das Erste Deutsche Fernsehen gemeinsam mit dem Österreichischen und Schweizerischen geladen hat, an diesen Ort „mit dem 3-Länder-Blick, der aber heute ja leider nicht möglich ist".

Die Vertreter der drei Sender verleihen im jeweiligen Dialekt ihrer Freude Ausdruck, dass die große Samstagabend-Institution „Musikantenstadl" nun renoviert wurde. Ende September wird Andy Borg die Moderation der Sendung erstmalig übernehmen, nach nicht ganz friedlicher Trennung von deren Erfinder und Verkörperung Karl Moik, der ihr 24 Jahre lang vorgestanden, zuletzt aber Ausfallerscheinungen gezeigt und Gunstverfall zu beklagen hatte. „Da bestand Handlungsbedarf", umschreibt Rudi Küffner Moiks Rauswurf in Regierungsviertelslang. Frischer Wind, konzeptionelle wie verpackungstechnische Modernisierung, vereinte Kräfte, Verjüngung bei gleichzeitiger Traditionswahrung, blablabla – der gegenwärtig angezeigte bundesdeutsche Reformeifer hat nun sogar den „Musikantenstadl" erreicht, ist also bis ins Innerste der Republik vorgedrungen.

In der Mitte des Auskunftstischs sitzt und grinst Andy Borg. Über den kann man lachen, ja, dünkelhaft lachen. Aber eigentlich ist Andy Borg ganz lustig; selbstironisch, mit wienerischem Killercharme munitioniert und ein Meister des fintenreichen Monologisierens. Ob sein Hit „Die berühmten drei Worte" nicht korrekter „Die berühmten drei Wörter" hätte heißen müssen, wird er gefragt. Keineswegs, widerlegt er eilfertig. Im Urlaub habe er bei Bastian Sick nachgelesen, dass „es Worte heißt, wenn es sich auf Poetisches bezieht“. Na, da schau her. Die Journalisten öffnen ihr drittes Bier. Nüchtern könnte man allerdings durchaus konstatieren, dass Andy Borg seinen Weltausschnitt verantwortungsbewusst und angenehm verwaltet, würdevoller gewiss als beispielsweise Mario Barth seine kleinstbürgerliche Männerumkleidekabinenwelt. Wer lieber andere als volkstümliche Musik hört, wird selten eine Sendung mit Andy Borg anschauen, aber auch VIVA oder MTV guckt ja mittlerweile niemand mehr, der halbwegs alle beieinanderhat, und die dort zwischen Klingeltonbombardements sich Verrenkenden sind allesamt nicht ein Zehntel so charmant und variantenreich wie Andy Borg, so informiert und einsichtig, was ihren Auftrag, ihr Dasein und dessen Begrenzung betrifft. Sehr wohl können zehn Millionen Menschen pro Sendung irren, gar keine Frage. Aber der Feind moderiert anderswo.

Andy Borg ist gelernter Handwerker. Er spricht jetzt von irgendwelchen Alu-Konsolen in der Dekoration. Und schwört, zum hundertsten Mal heute, dass er sich noch nie verstellt habe. Na ja, klar. „Andy bleibt Andy, der Stadl ist kein Kostümfest“, sagt ein ARD-Mitarbeiter, neben dem Tisch postiert sich derweil die Trachtenkapelle. Warm angezogen, für die ARD. Und für die Leit’. Servus mitanand.

Blutspende

Deutschland braucht frisches Blut, das ist ja klar. Besonders bei Großereignissen, sagt Professor Rüdiger Scharf. Er steht mit seiner Frau und einigen Journalisten vor dem Eingang zur Blutspendezentrale des Universitätsklinikums Düsseldorf und wartet. Er trägt einen weißen Kittel, seine Frau ein hübsches rotes Stehempfangskleid, sie tippelt von einem Fuß auf den anderen.

Am letzten Wochenende hat der – von der Boulevardpresse so genannte – Amok-Stecher in Berlin eine „800 Meter lange Blutspur durch das Regierungsviertel" gestochen, und die Angst der Deutschen vor der Weltmeisterschaft gilt nun nicht mehr nur den brasilianischen Stürmern. Falls irgendwo rund um die Stadien Blut fließen sollte während des Turniers, muss vorher welches geflossen sein. Das ist wichtig, dafür muss man werben, und dafür braucht man Leute, auf die man sich verlassen kann. Ein Porsche biegt um die Ecke, der Professor federt zum Parkplatz, wo der Porsche gerade sanft ausblubbert. Es steigt aus: Berti Vogts. Na endlich.

Schön, dass es geklappt hat, sagt der Professor, und Berti Vogts bekommt einen Button ans Revers gepinnt, „Mein Blut tut D'dorf gut".

Sie streiken ja gar nicht, sagt Berti Vogts.

Nee, nee, lacht der Professor.

Na dann, nickt Berti Vogts und fragt, ob er denn auch direkt an eine Kanüle angeschlossen werde.

Er ist wie früher auf dem Platz, Ärmel hochkrempeln und grätschen, bis Blut fließt. Aber sie wollen sein Blut erst mal nicht, sie wollen seinen Namen. Er solle heute nur Fußbälle signieren, „nur" in Anführungsstrichen, sagt der Professor und lacht wieder.

Doch Vogts lässt nicht locker: Kann ich denn überhaupt noch spenden, in meinem Alter?, fragt er.

Wie für vieles, so wurde auch die Altersgrenze für Blutspender hochgesetzt, bis zum 68. Lebensjahr ist das nun möglich.

Dann geht das ja, sagt Vogts.

Im Blutspenderaum liegen ein paar Freiwillige, denen schon die Arme abgebunden wurden, zwischen ihnen stehen fünf Jungs in Trikotmontur, mit Fußbällen in der Hand, dazwischen wuseln Fotografen umher, Blitz, Blitz, erst mal die Fotos. Berti Vogts ist der Einladung der Agentur Special Key gefolgt, hier heute „Cause Marketing" zu betreiben, was früher mal „Guter Zweck" genannt wurde.

Das ist Frau Vis, sagt der Professor und deutet auf eine der liegenden Personen, Frau Vis spendet regelmäßig bei uns, sie ist Lehrerin.

Frau Vis hat zwei Fußbälle dabei, die sie sich signieren lassen möchte für ihre Schüler. Ein Autogramm von Berti für einen halben Liter Blut.

Ich muss doch die Kanüle anlegen, jammert die von Fotografen zur Seite geschobene Krankenschwester, die an der Ellenbeuge von Frau Vis rumfuhrwerkt.

Vogts malt Eddingkringel auf die Lederbälle, höchstwahrscheinlich heißt, was er da kringelt: Berti Vogts. Es könnte aber auch „Blut Spenden" heißen. Oder „Düssel Dorf" – es sind eben richtige Autogramme, die er da aufs Leder quietscht.

Jetzt mal mit den Kindern reden, fordert ein Fotograf, obwohl Vogts längst spricht.

Los, Berti!, ruft der Fotograf.

Warum glaubst du denn, dass wir nicht Weltmeister werden, fragt Vogts einen 13-Jährigen im Ballack-Trikot.

Weil die Spieler zu schlecht sind, sagt Manuel, Mittelfeldspieler bei Teutonia St. Tönis.

Wart mal ab, die werden über sich hinauswachsen, sagt Vogts, pustet seine Signatur trocken und gibt Manuel den Lederball zurück.

Wir haben's dann so weit, danken die Fotografen, und die Meute zieht einen Raum weiter, endlich kann die Blutentnahme bei Frau Vis beginnen. Sie knetet einen Gummiball, damit das Blut schön pumpt.

Nebenan bedankt sich der Professor bei Berti Vogts und erklärt, dass bei Großereignissen wie der WM natürlich – mit so viel Welt zu Gast bei Freunden – auch mehr als sonst passiere, dass aber gerade in solchen Zeiten die Spendenbereitschaft sinke, daher die Aktion. Er lasse zur WM eine Großbildleinwand installieren, um die Menschen vom Sofa in die Blutspendezentrale zu locken; Hilfsslogan: „Steht auf, wenn ihr Spender seid".

Vogts, stehend, spricht kurz von der Sonnenseite des Lebens und vom Rand der Gesellschaft und all so was, und da es keine Fragen mehr gibt, fährt er mit dem Signieren fort. Von allen Stationen hat sich Personal zusammengerottet, Fußbälle und Blutspendengummiknetbälle werden ihm angereicht, und Vogts kringelt und kringelt, erzählt dabei, dass er zuletzt vorgestern, beim Rasieren, Blut verloren habe, dass das Eröffnungsspiel sehr wichtig sei, dass 1974 alles noch nicht so schlimm war mit den Medien und dass sein Favorit Italien sei. Nur die könnten Brasilien schlagen. Außer, pardon, Deutschland natürlich.

Er selbst werde während der WM Spiele beobachten und sie „analysieren“ und diese Erkenntnisse dann dem DFB zugänglich machen. Denn da sei viel verpasst worden, vor allem im Nachwuchsbereich. Deutschland braucht frisches Blut.

Ein Arzt möchte dem Professor einen signierten Ball abschwatzen.

Die sind für Spender gedacht, sagt der Professor, lassen Sie sich doch Ihren Kittel signieren.

Der Arzt zieht beleidigt von dannen.

Berti Vogts will die Sache nun zu Ende bringen und sein Blut loswerden.

Aber auch ein Weltmeister muss sich testen lassen, bevor er spenden darf, sagt der Professor, heute wird das nichts mehr.

Melden Sie sich?, fragt Vogts nachdrücklich; auf dem Platz wurde er Terrier genannt.

Der Professor nickt.

Und weil Berti Vogts ein Mann ist, auf den man sich verlassen kann, wenn es hinten eng wird, deshalb wird der graue Porsche in ein paar Tagen wieder vor der Blutspendezentrale parken. 500 ml Blut sind abzuliefern, und ein paar Autogrammkarten für die Intensivstation. Wie vereinbart.

Atelier Deutschland

Hinterhof, natürlich. Mietshausklingel; nix Klopfknauf, wie man hätte denken können. Ob der einen Hund hat? Nein, Hund, das ist eher Lüpertz. „Immendorff" steht auf dem Klingelschild. Wahnsinn. Bei außergewöhnlichen Persönlichkeiten ist das Gewöhnliche ja immer überraschend. Insofern eine überraschende Umgebung, in der Immendorff hier in Düsseldorf überlebt, weitermalt, durch Schicksalstiefschlag zu Kunsthöhenschwung genötigt werden konnte. Was für eine verschissene Gegend. Nix Industrie, nix Villen, nix Besonderes. Die Eisentür ist schön, da blättert so ein Ehemalsblau gräulich ab, bald, in Waben trennt sich der Lack langsam vom Tor.

Draußen ist Weltjugendtag. Der Herbst kommt, aber gerade will es der Sommer noch mal wissen, der Sommer, die katholische Kirche und die SPD und die CDU. Es ist mächtig was los in Deutschland. Zeit, hinter die Stahltür zu entwischen. Deutschland übertreibt immer so. Erst wochenlang Februarsommer, jahrelange Atheismuspflicht, Stillstand genanntes Parlamentsgehühner. Und nun plötzlich: 30 Grad, der Papst, Wechselstimmung, alles auf einmal. Das wird doch wieder nichts.

Noch mal Luft holen, mit Nikotin drin, über die Stirn wischen, den Kragen zurechtzuppeln, vielleicht geht es gleich hinter der Eisentür los? Immendorffs Innenhof, Atelier, ojemine: Tür geht auf, Märchenfrau steht drin, ist sie das, ja, das ist sie; die, die alle so super finden und zu der mit jedem Mann, egal was er so immendorffbezüglich zu melden hat, ein Gespräch über den Maler sich verlässlich hinverirrt: Oda Jaune. Auch Malerin, ehedem Schülerin des Professors. Schon klar, sagen alle, denen immer alles klar ist. Und da stehe ich nun, mit einer Gerbera in der Hand, weil die Sonnenblumen so scheiße aussahen, am Bahnhof, wo fahnenschwenkende Irre Weltmeisterschaft oder Olympiade oder Jugendtag spielten, aber superfriedlich und all so was.

Wie in der DDR, wird Immendorff später sagen. Er sehe es im Fernsehen, er müsse gar nicht hingucken. Er malt die besten Bilder seiner Laufbahn, er muss gar nicht den Pinsel berühren. Er dirigiert, die Arme hängen schlaff zu Boden.

Und noch eine Stahltür, hinter der Ehefrau her, sie hatte sich schon zum Voranmarschieren umgewandt, als meine Begrüßungshand nach vorn geschnellt kam, die dann lasch im Hinterhofabfalleimerdunst rumhing und so tat, als hätte sie was anderes vorgehabt. Es wird ruhiger, jetzt hört man keine Christen mehr, es geht kühle Treppen hinauf, überall Kameras und Bewegungsmelder, die natürlich im Hause Immendorff dieser Tage einer gewissen Tragik nicht entbehren; an den Wänden Plakate aus großer Zeit, von hartem Scharfsinn, bestem Humor. Die Gartenarbeit macht uns fertig oder so – da muss man lachen, und Oda guckt sich eh nicht um, kann man also ruhig lachen, alles kann man machen, nur kein Bild von der Wand ab, denn dann piept's bestimmt. Und noch eine Treppe, ganz hoch, sagt Oda – und ist plötzlich verschwunden. Da hört man ihn schon. Er schreit, nein, er ordnet an, mürrisch nicht, aber doch sehr unlächelnd. Es riecht natürlich nach Farbe. Die Blume, was wird jetzt mit der Blume sein, die guckt auch schon zu Boden, und da sieht sie Farbflecken, Zigarettenstummel und Bilder und Kinderschuhe. Da kommt eine Dame, da hinten stehen ein paar Leute zwischen Leinwänden, ein hoher Atelierraum, da hängt eine Lederjacke, und wo – na, immer der Stimme nach!, da sitzt Immendorff auf einem Rollschreibtischstuhl und macht Ansagen.

Vor ihm liegt ein schnurloses Telefon, aus dem es rauskleinlautet; Immendorff sagt „Ja ja", er sagt „Nein", er sagt, es passe jetzt eh nicht so gut. Entschuldigung, bückelt es aus dem Telefon, und zwar zu Recht. Schwierig: Mitleid wäre falsch, Normaltun idiotisch, und in solche Theorieerwägungen verschlungen, vergisst man, sich überhaupt zu verhalten, und das ist erst recht unverschämt.

„Äh, Tag."

Wer ist hier behindert? Hand, was ist jetzt mit der Hand, mit seinen ist es doch so: die linke, die Malhand, war erster Etappensieg dieser grauenhaften Schleichendlähmung, die rechte, war zu lesen, hat mittlerweile – sprechen wir über den Körper wie über ein Auto – auch den Geist aufgegeben. Immendorffs Geist aber ist luzide – und da er selbst den Pinsel nicht mehr halten kann, lässt er malen. Durch seine „Leute", wie er sagt.

„Sie kriegen von mir keine Hand!"

Hängt da wieder meine Begrüßungshand in der Luft rum. Kann man denn hier niemandes Hand schütteln?

Die Krankheit probiert's mit all ihren Mitteln. Wer aber willens ist, Kunst und Künstler urteilsoffen zu betrachten, muss und darf sehen, dass Immendorffs Geist Resistenzen bildet, durch die Angriffe permanent gestärkt wird und Statistik, Prognostik und all das mit der Rotzfrechheit des Präzedenzfalls, des Ausnahmefalls, des – eben – Genies auf Abstand hält. Entscheidend ist auf der Leinwand. Und eine Erkrankung dauert so lange – wie sie dauert. Wollen wir doch mal sehen.

„Gucken Sie mal“, sagt Immendorff, sein Kinn schnellt nach vorn, macht die Arbeit der Zeigefinger, ist zugleich natürlich die aus Männerfilmen vertraute Geste für: „Hast du was gesagt? Willst du mich anmachen?“ Oder eben auch: „Was sehen Sie da?“

Auf den Boden soll ich gucken, was sich mit meinen Plänen deckt. Eigenartige Bastschuhe, mit denen er da durch Auslese-Kippen scharrt; ein Stückchen entfernt liegt eine Reihe Fotos: schwarz-weiß ursprünglich, nun monochrom grünlich und in die Länge gezerrt, zeigen sie einen jungen Mann, der aussieht, als gebärdendolmetsche er gerade relativ schlechte Nachrichten oder demonstriere Schauspielschülern, wie sie es nicht machen sollen.

„Was fällt Ihnen dazu ein?“

Das will er natürlich nicht wissen. Testen will er mich damit! Das kenn ich aus dem ersten Otto-Film, die Szene in der Harley-Stinkebrüder-Suffstube: „Wie pinkelt ein Eskimo?“ Und dann der über die Eiswürfel lachende, arme Otto, denn: „Scheißwitz! Und außerdem rassistisch!“ Aufpassen also.

„Kalt“, benotet Immendorff die Antwort, die mir offenbar entwischt ist.

„Großer Diktator“, rate ich weiter.

„Nein“, sagt er.

„Der echte Hitler?“

„Eben nicht!“ Er, Immendorff selbst, sei das. Fotos, die Hitler bei Radioansprachen zeigen, seien ihm kürzlich wieder in den Sinn gekommen, und – urplötzlich brüllt er: „Vitamine!“ Dann klingelt das Telefon. „Geht’s gut, ja?“, fragt Immendorff den Anrufer. Dem Inhaber der aus dem Telefonhörer blechenden Stimme geht’s so einigermaßen, kein „Und selbst?“, für so was hat Immendorff keine Zeit. Worum es gehe, fragt er. Wegen „der Sache“, geheimnist es aus dem Hörer. „Verstehe kein Wort“, sagt Immendorff. Es sei ohnehin gerade schlecht. „Natürlich, natürlich“, entschuldigt sich die Person, die wegen „der Sache“ anruft und jetzt für mindestens eine halbe Stunde eine Scheißlaune haben wird.

„Ja, tschüß“, sagt Immendorff abrupt.

„Auf Wiederhören, Herr Professor, und entschuldigen Sie die Stö...“

„Drücken Sie mal auf den Knopf?“

„Den roten?“

„Ja ja, den in der Mitte.“

Tuttut – und weg. So. Die Bilder also.

„Was sehen Sie da?“

Von mir keine Antwort.

Dafür er, mit Nachdruck, belehrend, zu einem Gehilfen: „Vitamine, Wasser, Blutdruck, Kreislauf, Zigaretten, Dextro Energen”; und dann zu mir: „Den großartigen Diktator, mich.“

„Wollen Sie noch eine Zigarette?“, frage ich zögerlich. „Soll ich Ihnen ...?“

„Ja ja. Einfach in den Mund rein!“

Jetzt geht das Feuerzeug nicht, das Papstfeuerzeug, vorhin am Bahnhof gekauft, da kommt nichts raus, der Feuerstein britzelt Funken in die staubige Atelierluft, mehr nicht. Der Funke sei übergesprungen, sagte Kardinal Meisner im Fernsehen. Mag sein, aber. Egal. „Haben *Sie* mal Feuer?“ Auf Immendorffs Tisch liegen mehrere, und die funktionieren alle.

Huch, das Telefon schon wieder, sehr laut. Bald hat man es raus, welche Knöpfe hier zu drücken sind, welche Gläser wie anzureichen, und gemeinsam rauchen können der Professor und ich jetzt auch schon recht gut. Also, den grünen Knopf drücken.

Wie er „Jaaaa?“ in Richtung Telefon ruft, das ist wirklich kaum nicht als „Nein!“ zu verstehen. Aber wenn jemand mit so was insofern umgehen kann, dass er einfach unbeirrt weiterredet, dann doch wohl dieser Anrufer: „Peymann hier.“

Es geht um eine Gala, wobei, Immendorff sieht auch das ganz klar, „Gala“ kein gutes, auch kein angemessenes Wort ist.

„Jedenfalls, dass wir da was machen gegen diese Scheißkrankheit, Mensch“, sagt Peymann. Immendorff sagt nichts, Peymann aber gibt sich zur Not auch gern selbst recht, da ist er nicht kleinlich: „Ja ja, das ist so, wir müssen was machen.“

Peymann siezt zu Beginn immer und schwenkt im Mittelteil – wenn es um die Wurst oder das Theater geht, in seinem Fall ja dasselbe – in rhetorisches Ärmelaufkrempeln um, und, egal wie allein sein Gegenüber auch ist, es wird dann im Plural angeduzt. „Kommt ihr da vorwärts?“

Immendorff lässt die Zigarette auf den Holzfußboden fallen, tritt sie aus, behält den Schuh eine Weile lang auf der Zigarette und verlagert den breitbeinigen Sitz auf dem Drehstuhl, stupst sich mit dem Zigarettenlöschfuß so ab vom Boden, dass er auf der Sitzfläche hin- und herkarussellt wird. Der Stuhl sagt: Nein. Immendorff sagt nichts, aber wie auch, ist doch Peymann am Telefon. Der erzählt gerade was von „Vorlauf“ und „Zeitproblemen“: „Wir haben ja grad dies scheiß, also Entschuldigung, aber Brechtjubiläum, ich kann euch sagen. Und für unsere Sache jetzt, da müssen wir natürlich im Grunde, wenn das im Mai oder was sein soll, nicht, dann müssen wir da jetzt ran. Ich selbst bin nicht so, ich könnt das nicht, aber ob das der Grass ist, der Schröder, nicht, die planen ja alle, auch der Reich-Ranicki, also, die sind ja auf Jahre im Voraus ausgebucht und verplant, nicht, da können wir dann nicht einfach kommen, also, das ist der Wahnsinn, aber, Kinder, was soll's, ich mein, wenn wir das jetzt anpacken, nicht, dann – sehen wir uns denn bei der Ausstellung in der Nationalgalerie, wann ist die denn überhaupt?“

Immendorff guckt den Hörer an, als sei der gerade durchs Fenster hereingeflogen und würde brennen oder ein Kleid anhaben. „Übernächsten Sonntag“, sagt er.

„Ja, Sonntag. Sonntag, Sonntag“, rappt Peymann weiter, „was war denn da noch mal, was ist denn Sonntag, Mensch, ja, Sonntag – aber das müsste gehen, das ist notiert, da komm ich dann und dann zurren wir das fest, mein Lieber, nicht? Ich mein’, das wird ’ne dolle Sache, da geben wir richtig Gas, also, da muss ja auch was zusammenkommen.“ Und dann sagt Peymann noch: „Wir müssen aufpassen, dass da keine Scheiße hinterher bei rauskommt, nicht, hinterher stehen wir da, schlagen die Hände überm Kopf zusammen und keiner will’s gewesen sein, also, das wäre die Katastrophe schlechthin, nicht wahr?“

Immendorff schweigt, Peymann redet aber sowieso ohne Pause: „Sie wissen, was ich meine, oder, mein Lieber, habt ihr es auch so schwül da, wie wir hier?“

Immendorff schweigt, und Peymann fällt sich selbst ins Wort: „Wo war ich stehenge-, ach, genau, wegen Zusammensitzen dann hier. Find ich gut, so machen wir das. Also, das muss alles in euerm Sinne sein, nicht dass da jetzt eine bekloppte Agentur oder was da einen Stuss verzapft, da habe ich ja die dollsten Dinger schon erlebt, da sind wir uns ja einig, das ist ja völlig klar, dass wir uns da nicht hinstellen können und so, wenn das dann, also, jetzt mal den Teufel an die Wand gemalt, dass die das dann aufziehen da wie ’nen CDU-Parteitag oder was, das ist ganz einfach der Punkt, aber da hab ich ein Auge drauf, ganz in euerm Sinne, nicht, und deshalb, davon abgesehen, dass mich natürlich die Ausstellung auch interessiert, müssen wir uns hier sehen vorher, bald, vor Ort und so, also, das möchte ich alles genau mit Ihnen abstimmen, nicht, sonst ist die ganze Sache tot, ehe sie begonnen hat, also das muss man klar sehen.“

Unklar, was genau Peymann da gerade klar sieht, aber klar ist, dass aufgepasst werden muss, dass er das klärt, der Peymann, und dass das dann klar geht:

„Alles klar, ich klär das, das mach ich, das hab ich mir jetzt hier aufgeschrieben, das kriegen wir schon hin. So! Also dann ...", quatscht es noch aus dem Telefon. Dann: der rote Knopf.

Ich stecke Immendorff eine Zigarette in den Mund, damit er bloß nicht wieder mit dieser irgendwie kompliziert erscheinenden Hitlerbildsache anfängt. Zigarette also, Feuer, dann das Glas mit dem Strohhalm, das klappt nun alles prima hier, aber so langsam muss ich ihn wohl mal fragen, ob wir morgen weitermachen sollen, das hatten vorherige Besucher berichtet und geraten. Aber Immendorff ist nicht erschöpft. Der macht einen fertig.

Es ist wie im Ohnsorgtheater, kaum ist jemand zur Tür hinaus, kommt das nächste Problem auf zwei Beinen aus dem Schrank, durchs Fenster, wo immer her. Nicht unbedingt aus dem Nichts, zweifellos aber eben in ein solches hinein, in eine vakuöse Situation. Einer aus Immendorffs Malexekutive fragt jetzt, wie er den Hitler malen soll. „Mach ihn grün", sagt Immendorff. Und also geht der so Instruierte den Hitler grün machen, schwups, steht da wieder jemand. Es gehe um den Stuhl. Was damit sei, fragt Immendorff nicht, er fragt vielmehr, was damit sein solle, ob denn das nicht warten könne, man sehe doch, dass er hier im Gespräch sei. Das also ist ein Gespräch? Von mir aus gern. Wenn man irgendwo zum Beobachten rumlungert, wünscht man sich ja immer, alles ginge den gewohnten Gang und man selbst würde nicht beachtet, stattdessen diese quälende Fragerei, die ja die Situation zerstört und durch beiderseitige Verstellung viel zu früh abstrakt wird. Das Formulieren und Zurechtportionieren der Idee und Reißbrettannahme, mit der man gekommen ist, um sie widerlegen, bestätigen oder vertiefen zu können, das bindet Kräfte und versperrt Augen und Ohren für das, was als Wirklichkeit angeboten wird.

Ob der Stuhl jetzt da sei?

Ist er. Unten.

Warum ist er nicht oben?

Weil er unten ist. Und, nein, er sei nicht schwarz, blau sei er, blau, unten und noch nicht der genau Richtige.

Ja, und jetzt?

Die Sache sei ganz einfach (und das ist sie natürlich, wie immer bei dieser Einleitung, genau nicht): Der Stuhl, irgendein Spezialstuhl, müsse aufgeschraubt werden oder hochgebockt oder so was und könne dann ausgetauscht werden, wenn der ursprünglich bestellte endlich eingetroffen sei, umtauschen könne man den jetzt vorübergehend zur Verfügung gestellten zwar nicht mehr, wenn man ihn eben so zurechtbasteln würde, wie er sein solle, aber –

Die Ärzte, verrät Immendorff, geben ihm soundso lang, also kurz. Die Ärzte! Wir kennen das aus Witzen und Hollywood: Sagt der Arzt zum Patienten, soundso sieht's aus, Drama aus der Tüte, und dann geht eben irgendwas los, weil's bald aufhört, so hätten wir das gern. Das innere Auge, der nachgeholte Kindheitstraum, die letzte Zigarette; Weltreise, Banküberfall, Massenmord. Auch auf Partys oder beim Jemanden-Kennenlernen wird das ja gern mal „durchgespielt". Kompromisslos sein! Der Traum, die Rache, das letzte Wort, die Pointe des Lebens. Allen die Nase zeigen. Hat Immendorff doch alles schon gemacht.

„Keine Kompromisse", das klingt so tapfer und mutig, aber eigentlich sehen sich dabei doch alle bloß mit ausgebreiteten Armen nach hinten weg auf eine Düne sinken, weil sie die Antwort auf alle Fragen entdeckt haben: eine Flasche friesisch-herbes Bier.

Ein schneller, plötzlicher Tod – nicht lange leiden. Weil's bis dahin wirklich Spaß gemacht hat, nicht wahr?

„Mal gewinnen, mal verlieren / Im echten Leben musst du auch mal was riskieren", sang mal jemand, und als Kind glaubte ich allen und so auch dem Sänger dieses Werbeliedes, das endet mit der Zeile „Bahlsen – der Keks fürs Leben".

Immendorff wird ja gelebt: gefüttert, bedient, gewaschen, geschoben, gestützt, geschont – und nichts daran ist angenehm, romantisch, würdevoll, oder sogar heldenhaft bekämpfbar. Fügen muss er sich, wie jeder, aber er nimmt nicht, was da kommt. Er gibt. Allen, die wir in diesem Atelier hier gerade ungemütlich schleichen, flüstern, anreichen, aufpassen – wir belästigen ihn mit unserer eigenen Todesangst. Wir zünden ihm die Zigaretten an, aber Feuer gibt Immendorff uns.

Ruhrtriennale

In einem Beispielbereich befänden wir uns hier, sagt Jürgen Flimm und bestellt Pommes mit Bratwurst, dazu eine Cola. Kleine Pommes, eine richtige Cola, nicht diesen Light-Kram, bitteschön. „Wird gemacht, Chef", sagt der hinterm Tresen im „Profi-Grill" in Bochum-Wattenscheid.

Flimm setzt sich in die Ecke, neben ihm wünscht Kreideschrift auf einer Tafel „Guten Appetit". Der Geruch mischt sich aus den Zutaten Toilette, Grill und nasse Regenkleidung, draußen donnert der Verkehr, wir sind im Ruhrgebiet. Hier könnte ein Film von Helge Schneider spielen, gebeugte Menschen kommen rein, halten sich am Bier fest, warten auf in Fett Geschmortes.

Als Intendant der Ruhrtriennale muss es Jürgen Flimm hier gefallen, und am meisten, so scheint es, gefällt ihm, dass man annimmt, es könne ihm hier eben nicht gefallen. Er stimmt das Loblied an, auf Region, Menschen, deren Kulturverständnis – und die Wurst. Fabelhaft, die Wurst, das sieht doch wunderbar aus! Er nimmt einen

Schluck Cola, gurgelt die erste Fett-und-Salz-Portion hinunter. Mahlzeit.

Der Imbisschef ist ein bisschen aufgeregt, seine Bude kommt in die Zeitung, das kennt er zwar schon, aber ebendrum; an der Wand hängen wurstessende Unterhaltungsgesichter, Oliver Pocher und Norbert Lammert hat es im „Profi-Grill" also ebenfalls schon geschmeckt. Das Regionalfernsehen war auch schon mal da, denn hier brät ein Sternekoch. Man kennt es aus Berlin: dieses ewige Currywurstgefresse, um Bodenständigkeit zu vermitteln. Manchmal brauche ich das, sagen die Leute dann. Flimm putzt sich mit einer Papierserviette die Reste aus dem Bart und preist sein Festival an. Gute Leute! Tolle Stücke! Verrückte Spielorte! Reges Interesse!

Ein Beispielbereich also. Flimm sagt, auch hier kämen gute Leute rein. Menschen mit ihren Geschichten. Geradeaus und ehrlich und so weiter. Da kommt einer mit Werkzeug in der Gürteltasche, auf dem Heimweg: Machst mir 'n Pils?

Wäre doch toll, wenn jetzt einer „von der Schicht" käme. Aus dem Stollen! Mit Kohlenstaub im Gesicht und aus dem Hals wehender Fahne. Aber mit der Industrie läuft es ja nicht mehr so: Von der körperlichen Arbeit, die diese Gegend geprägt hat, ist nur noch die Kulisse übrig. Die Kultur ist in die Fabrikhallen eingezogen, immerhin. Früher wurde Kohle gefördert, heute wird der Abbau des Steinkohleabbaus be- und die Kultur gefördert. Der Geldabbau immerhin läuft super im Ruhrgebiet. In einem Helge-Schneider-Film würde jetzt jemand eisen-, ja stahlhart zusammenfassen: „Wat will ma' machen?"

Jürgen Flimm will Kultur machen. Das will er immer. In Hamburg, Salzburg und wo denn eigentlich nicht. Er ist Handlungsreisender. Es gibt einen Betrieb, der – anders als jene rund um den „Profi-Grill" – niemals Ruhe gibt, das ist der Kulturbetrieb. In dessen Dickicht ist es Standard, Jürgen Flimm als dazugehörige

Nudel zu bezeichnen, als Betriebsnudel. Überall die Finger mit drin, mafiös verbandelt, mehr Funktionär als Visionär? Papperlapapp.

Hier im „Profi-Grill“ sitzt einer, der es ernst meint mit der Kultur. Klar, es ist ein bisschen kitschig, wie er mit flimmernden Augen das Publikum und die Schauspieler, Autoren, Musiker und Mitgestalter anpreist. Trotzdem hat er etwas Frisches, Mitreißendes. Er kann auf ein umfassendes Begeisterungswerk zurückblicken und tut das aber nicht, er macht immer weiter, als Intendant, Aufreißer, Zuhälter, Skandalanzettler, Motivator, und zwar überall, wo man ihn lässt, und man lässt ihn überall. Unverzichtbar ist er, ein Kulturmalocher, und einer muss es schließlich machen: sich mit Künstlern, Politikern, den Herren der Wirtschaft an einen so genannten Tisch setzen. An wie vielen Tischen so ein Flimm schon gesessen hat! Betriebsnudel? Quatsch mit Soße.

Im Vergleich mit einer Kultureintrittskartenvorverkaufsstelle hat ein Imbiss mehrere Vorteile: Er kann mit Geruch ein Laufpublikum anziehen. Und essen muss man schließlich. Aber natürlich braucht der Mensch auch Kultur, nicht wahr?

Flimm braucht jetzt erst mal eine Zigarette. Er schiebt den Teller zur Seite, Ellenbogen auf den Tisch, er beugt sich nach vorn und blinzelt listig. Er ist ein guter Verkäufer. Die Frikadellen hier seien fast so gut wie die seiner Frau, fällt ihm ein. Eine Fliege landet auf der Wachstischdecke, Flimm wedelt sie weg und hebt nun seinerseits ab. Gefragt, welches Stück er hier, im Imbiss, aufführen würde, wird es endlich irr: Etwas von Hölderlin müsse man hier vorlesen lassen. Besser noch: „Romeo und Julia“ anzetteln, hier, im „Profi-Grill“. Flimm läuft heiß. Hauptsache, kein Routinier, sagt er und lacht – routiniert.

Draußen wartet sein Fahrer mit einer sponsorennamenbeklebten Limousine, weiter geht’s, nach Gladbeck, zur Hauptprobe des Ruhrtriennale-Stücks „Das Leben ein Traum“, einem – Flimm ist immer auch Programmheft auf zwei Beinen – „Musiktheater nach Pedro Calderón de la Barca, in der Fassung von Koen Tachelet, mit Musik von Peter Vermeersch".

Flimm guckt aus dem Limousinenfenster, schreit plötzlich, man solle mal gucken, da: Neben dem Bahnhof verhängt ein Transparent ein Gebäude, wirbt für die Ruhrtriennale. Alles drauf, jubelt Flimm. Die Ruhrgebietsmenschen gehen – so sind sie eben – ungerührt am Transparent entlang, aber daran vorbei kommen sie nicht, an Flimms Spektakel. Es riecht nach Kultur im Ruhrgebiet.

Dreharbeiten

Rafael möchte nicht nach vorne, er versteckt sich in der Ecke der Eckkneipe „Laternchen" im Düsseldorfer Nordend, ganz hinten, am Glücksspielautomaten. Dahinter sind nur noch die Toiletten. Zwar hatte Rafael diese Musikvideo-Statisten-Rolle auf der Internetseite der Plattenfirma gewonnen, doch hat er sich das alles offenbar etwas glamouröser vorgestellt – oder wenigstens etwas weniger peinlich. Wie er darauf nur kam? Schließlich wird hier ein Musikvideo mit Hape Kerkelings Figur „Horst Schlämmer" gedreht, diesem Doornkaat ausdünstenden Regionalzeitungsreporter-Monster mit Vogelnest-Perücke, verrutschtem Gebiss, Herrenhandtäschchen, Plauze, von Kerkeling so genanntem „Schnappatem" und den weitergehenden körperlichen Malaisen „Rücken" und „Kreislauf". Das muss doch kaputt, bemitleidenswert und, wenn man denn so will, peinlich werden. Das ist doch der Witz, Rafael! Der Regisseur Gerald Grabowski, der sich – da er Regisseur ist – natürlich lieber „Gerri" nennen lässt, schimpft nun mit Rafael, er solle da vom Automaten wegkommen und mitdeppen. Sich also gewissermaßen, ach daher kommt diese Redewendung!, „zum Horst" machen.

Die anderen Statisten sind prima gecastet, sehen sehr nach Eckkneipe aus und können das auch darstellen: Sie stehen im Hintergrund herum, vor sich ein Bier und neben sich einen Saufkumpel, und mithilfe dieser beiden erörtern sie die Weltlage, sobald Gerri

„Und bitte!“ ruft; sie tun dies mimisch und gestisch, ohne Ton, damit Kerkeling im Vordergrund ungestört brabbeln, schnaufen und, oh ja, singen kann, Kerkeling als Horst Schlämmer. Das Lied heißt „Gisela“, und Gisela, eine Mischung aus Mutter Beimer und Petra Gerster, ebenfalls gespielt von Kerkeling, wird in diesem Lied von Schlämmer nach allen Regeln des Nichtkönnens angebaggert:

– In jedem Mann steckt ein Terrier – nur meiner darf nachts raus.

– Sind die Zähne erst mal raus, hat die Zunge freies Spiel.

– Ich bin vom ADAC. Weißte, wegen Abschleppdienst.

– Trinken Se denn einen mit oder sind Se verheiratet?

– Die ganzen jungen Hühner, die kannste doch alle inne Tonne kloppen, weißte, du hast gelebt!

Hape Kerkeling ist, wenn keine Kamera läuft und er in keiner Verkleidung steckt, die angenehmste Sorte Mensch; er ist klug, aufmerksam, höflich, freundlich, bescheiden und eher zurückhaltend. Sobald er sich mittels Perücke, Klebebart, Gebiss, allerlei Polsterungen, grauem Kaufhausmantel und schwarzer Herrenhandtasche in Horst Schlämmer verwandelt und demzufolge eine Kamera läuft, ist er das genaue Gegenteil. Das, lieber Rafael, ist er, der Witz.

Während diese Figur eine sehr schlaue Rache Kerkelings ist an den Leuten, die ihn über die Jahre gequält haben mit Dummheit, Distanzlosigkeit, Dreistigkeit, ist er „in echt“ eher so wie Gisela. Seit Harald Schmidt mal in seiner Show vielgestaltig lächelnd verkündet hatte, Kerkeling habe ihm verraten, welche drei Journalisten die Echtweltvorlagen für den Mix-Charakter des Monsters Schlämmer bildeten, wollte man natürlich unbedingt wissen, wer nun gemeint ist. Man muss Kerkeling das nicht fragen, er wird es nicht sagen. Und die Stärke der Figur Schlämmer ist ja auch, dass sie nicht wie in verunglückten Kolportage-Verrenkungen von frustrierten Ex-Nutten des Betriebs nur bloßstellen will, per allein juristisch motivierter Tarnung enttarnen, ohne dann jedoch den künstlerischen wie aufklärerischen Wert von Kantinengeschwätz zu übertreffen. Nein nein, Horst Schlämmer finden auch Menschen lustig, abartig und also gut getroffen, die sich nicht – nur weil sie halt selbst völlig unabstrakt darin anschaffen – abstrakt „für die Medien“ interessieren.

Im „Laternchen“ ist es viel zu warm, da es heute auch draußen warm ist und außerdem die Scheinwerfer prächtig heizen. Sobald Gerri wieder was im so genannten Kasten hat und umgebaut und nachgeschminkt wird, fliehen alle hinaus; allerdings trinken die Statisten vorher noch schnell ihre Requisiten aus, und das gibt dann Ärger mit Gerri, der Anschlüsse wegen!

Eben war das Glas noch gefüllt, im nächsten Bild dann, ohne dass sichtbar getrunken wurde, plötzlich leer oder eben wieder ganz voll – Kinder, so geht es nicht.

Ist doch egal, sagen sie da, die Statisten, und gegen solch zwingende Eckkneipen-Logik fällt auch einem erfahrenen Regisseur kein überzeugendes Argument mehr ein.

Also schenkt der Barmann nach. Im Video heißt er „Günni“, steht angemessen bräsig am Zapfhahn und ist ganz klassischer Barmann, nämlich Trauzeuge eines wunderbar entgleisenden Aneinandervorbeis. Im wahren Leben hat er als Geschäftsführer der Werbeagentur Special Key auf der anderen Seite des Tresens zu stehen, aber da es heutzutage bei Plattenfirmen ja durchs Dach regnet und für nichts mehr Geld da ist, organisiert eben seine Firma diesen Dreh.

Auf der Straße bleiben jetzt ein paar Polizisten vor dem „Laternchen“ stehen. Die Techniker werden hektisch, wollen rasch ihre „in der zweiten Reihe“ abgestellten Nutzfahrzeuge umparken und beim Einsteigen unterwürfige Entschuldigungen in Richtung der Amtspersonen rufen, die jedoch in friedlicher Absicht den Ablauf stören: Sie wollen bloß ein Autogramm von Kerkeling. Oder von Schlämmer. Wenn er den Schlämmer-Kram trägt, unterschreibt Kerkeling mit dessen Namen. Einen Gisela-Schriftzug gibt es vorerst noch nicht.

In jeder Drehpause trauben sich Anwohner und Vorbeispazierende um Kerkeling. Der deutsche Passant ist natürlich BND-würdig ausgestattet mit Elektronik, hier ein Foto, da eins, bitte noch die Mailboxansage aufsprechen und – noch ein Foto. Kerkelings Trick, sich vor Zudringlichkeit zu schützen, ist so paradox und doch wirkungsvoll wie die Gegenfeuer, die Brandbekämpfer in von herannahenden Feuerwalzen bedrohtem Gehölz legen: Die ihm zu Leibe Rückenden nimmt er richtig in den Arm, atmet ihnen ins Gesicht, was ihm natürlich vor allem in der Schlämmer-Verkleidung schnellstens wieder Distanz verschafft.

Mein Nebendarsteller-Kurzeinsatz als Blumenverkäufer ist Teil der Schlussszene, noch sind wir irgendwo mittendrin, im Lied. In Schlämmers „Grevenbroicher Tageblatt" würde der Reporter jetzt wohl feststellen, dass Dreharbeiten „vor allem aus Warten" bestehen. Es ist, wie gesagt, sehr warm, und laut Drehplan wären wir, so gehört es sich, seit Stunden fertig, und mal wird der eine, dann der andere unleidig, vor wie hinter der Kamera – der einzige, der durchgängig freundlich und geduldig bleibt, ist Kerkeling. Ein Vollprofi, natürlich.

Und wieder setzt das Playback ein, dudelt die Gainsbourg-Puff-Orgel los, die letzte Szene, in der Kerkeling Schlämmer ist, und noch mal und noch mal, dem Regisseur reicht es schon, aber Kerkeling möchte lieber noch einen Durchlauf. „Take" heißt das, wissen die Statisten, die zwischendurch fachmännisch mit ihrer „Dreherfahrung" angeben. Sie sind mittlerweile richtig besoffen.

Dann geht Kerkeling sich in Gisela verwandeln, und damit am Bildrand trotzdem weiterhin Schlämmer rumdelirieren kann, wird nun der so stämmige wie unerschrockene Statist Robert in Schlämmer verwandelt. Als er so aus dem „Laternchen" spaziert kommt und sich stolz vor seinen Statisten-Kollegen im Kreis dreht, kommen ein paar Passanten auf ihn zu und wollen ein Autogramm. Etwas unsicher guckt Robert zu einer Mitarbeiterin aus Kerkelings Büro, und da diese aufmunternd nickt, gibt also Robert als Horst Autogramme, weil er für Hape gehalten wird.

Und nun Gisela, die umworbene Schabracke. Lustig, natürlich. Aber doch auch rührend und tieftraurig. Ach! Kerkelings Spießer-Parodien sind im Vergleich zu dem, was den zahl- wie trostlosen Komödianten im Fernsehen zu diesem Topos so einfällt, umso vieles genauer, härter und dennoch gütiger. Kerkeling selbst hatte das „Laternchen“ als Spielort dieses Videos ausgekundschaftet, sein Blick, sein Ohr – also: sein Sinn für Soziotope, Soziolekte und Soziopathen ist immer wieder bemerkenswert. Nun also der Beichtstuhl all der Alltags-Geschundenen, die sich noch nicht im Internet verheddert haben: die Eckkneipe.

Kerkeling ist wohl Deutschlands Woody Allen. Unbeirrt setzt er Werkteil für Werkteil, Figur um Figur, Erzählung um Erzählung in die Welt, die ihrerseits darauf mal mehr, mal weniger begeistert reagiert; die manchmal etwas nicht gar so Gelungenes überschätzt, hin und wieder auch ein Juwel missachtet – doch der Künstler Kerkeling ist durch dieses variable Bombardement vollkommen frei. Er reitet tote Gäule wie Dukatenesel nie länger, als er es möchte. „Nein, ich möchte nicht“ – Giselas Verweigerungs-Mantra erinnert in seiner stoischen Radikalität an Herman Melvilles Bartleby („I would prefer not to“) und ist kurioserweise auch ein Grundzug Kerkelings; denn macht der nicht überall mit, sah und sieht man ihn nicht durch nahezu alle vom Fernsehen übertragenen Idioten-Stadl, mit Ausnahme vom Bachmann-Wettbewerb vielleicht, marodieren? Doch, freilich. Nur kommt er jedes Mal in anderer Absicht und Tarnung. Als Einziger bleibt er so in diesen Geistvernichtungsspiralen unbeschädigt. Funkenschlagend überlebt er im Arm von Nina Ruge, am

SPD-Stehtisch mit Peter Struck, im Quiz-Sessel von Jauch, auf dem „Wetten dass"-Sofa neben Claudia Schiffer, bei der Bravo-Boy-Wahl und sogar auf dem Kamel von „Stars in der Manege", wo regelmäßig nur die allertraurigsten Ex-Irgendwasse, selbst ganz und gar erloschen, durch (immerhin noch) brennende Reifen springen. Bevor anderen die Figur Schlämmer fad werden könnte, ballert Kerkeling eben Gisela hinterher. Und so ist er der vitalste Dauererneuerer der tristen, toten deutschen Fernsehunterhaltung. Quatsch Jakobs-, Kerkeling geht den Königsweg.

Dann ist es Nacht geworden in Düsseldorf-Nord, die letzte Szene, „Und bitte!". Statist Robert als Schlämmer ist am Tresen eingeschlafen, den Kopf knapp neben dem Aschenbecher, Gisela „möchte nicht", weder länger diesem Elend beiwohnen noch die ihr aufgedrängten Mittrink-Schnäpse bezahlen, und so stürmt sie jetzt empört aus dem „Laternchen", läuft mir in die Arme, in denen ich einen pieksenden Rosenstrauß halte und mich nun verdutzt umgucken soll, was ich recht gut kann, mich verdutzt umgucken, kaum etwas tue ich lieber und häufiger. Plastikblumen, Spielautomaten, spelunkigstes Interieur, da stehen die Requisiten, Verzeihung, die Statisten, da liegt Schlämmer – und Kerkeling ist längst weg. „Und aus!", ruft Gerri.

Vorruf auf Walter Kempowski

Auf dem schwarzen Flügel liegen Choral-Noten: „Herzliebster Jesu, was hast du verbrochen / Dass man ein solch hart Urteil hat gesprochen? / Was ist die Schuld, in was für Missetaten / Bist du geraten?“

Hildegard Kempowski steht neben dem Flügel an der lang gestreckten Fensterfront des Saals, der für Seminare und Lesungen ans Wohnhaus in Nartum, Niedersachsen, angebaut wurde. „Walter hat gesagt, Sie kommen bestimmt, um dann beizeiten einen hübschen Nekrolog zu verfassen“, sagt sie und guckt hinaus auf die Felder. Sie erzählt von der Krebserkrankung ihres Mannes, dass er inzwischen weitgehend künstlich ernährt wird, dass er an fester Nahrung nur noch Apfelmus und Melonen zu sich nehmen kann. Und die Melonen hätten aber bitte reif zu sein, allerdings auch nicht zu reif. Sie lacht. In Kempowskis Tagebüchern ist öfter zu lesen, dass andere Menschen häufig fragten, wie sie es überhaupt aushalte an der Seite eines solchen Egozentrikers. Hildegard Kempowski hat es gut ausgehalten. Ohne sie, auch darüber geben die Tagebücher Auskunft, hätte er sein umfangreiches und in jeder Hinsicht beeindruckendes Werk nicht in die Welt stellen können. Einer der Lieblingssätze

Kempowskis ist dieser: „Kempowski gilt als schwierig“ – nur echt mit Schulterzucken und unschuldigem, extra dämlichdurchsichtigem Blick.

Momentan schlafe er, sagt sie, sie gehe dann mal nach oben, ihn zu wecken.

Aber er schläft gar nicht, und oben ist er auch nicht, er sitzt nur ein paar Meter weiter, im an den Saal angrenzenden Turm, in sich versunken – vielleicht, wahrscheinlich sogar, hat er uns belauscht. Jetzt kommt er angeschlurft, trägt einen Rucksack in der rechten Hand, aus dem ragt ein Schlauch, dessen Ende unters Hemd führt, so ernährt er sich. Listig, vergnügt, skeptisch – so hat er immer geguckt, so wird er immer gucken. „Na, mein Herr? Sie sehen aber gut aus, machen Sie Sport?“ Nein, niemals. Das, sagt Kempowski, das sei auch gut so.

Und weil man bei ihm bitte immer direkt sein soll, sagt man es eben: Sein gesamtes Werk ist durchwoben von der brutalen, dabei niemals hämischen Variation über das Päckchen, das ein jeder zu tragen hat, welche Schuld, welches Schicksal einer mit sich auch herumträgt, in welche Missetaten er geraten ist – Kempowski war immer der Rucksack-Experte, den vor allem interessierte, wie dieser jeweils geschultert wurde. Es ist so tragisch wie komisch – und wenn einer für diese Art Komik einen Sinn hat, dann doch: Kempowski! –, nun trägt also dieser spätestens durch sein Mammut-Collage-Werk „Das Echolot“ zum Paradeschulterer des Landes Gewordene seinen Defekt, der gleichzeitig seine Rettung ist, so prosaisch mit sich herum, in diesem Nylon-Rucksack.

Ohne seine Haftzeit in Bautzen von 1948 bis 1956, das hat er immer wieder gesagt, hätte er all seine Bücher weder schreiben müssen noch können. Und er findet diese Banaldeutung auch gar nicht albern; es ist ja ein Missverständnis, dass man mit ihm nicht reden kann, dass man bei ihm vorsichtig sein muss, nein, mit Kempowski konnte und kann jedermann jederzeit reden, außerhalb der bitte zu beachtenden Mittagsruhe. „Ja, Päckchen tragen, stimmt, das ist gut. Man muss dankbar sein. Leicht gesagt, aber das ist eben meine Erfahrung: Je monströser das Leid, das man zu tragen hat, desto leichter ist es vielleicht. Wenn einem die Frau wegläuft, ist das im Grunde kein Problem. Aber dass man die großen schrecklichen Einbrüche im Leben umdrehen kann – darum geht es."

In der Vorbemerkung zum „Echolot" beschreibt Kempowski ein Erlebnis, das als Urknall seines Gesamtwerks erscheint: Ein „eigenartiges Summen" vernahm er beim Hofgang in Bautzen, und der nach der Geräuschquelle gefragte Wärter erklärte dem Häftling Kempowski, „das sind ihre Kameraden in den Zellen, die erzählen sich was". Jede drittklassige Demonstration in Deutschland richtet sich „gegen das Vergessen", wirklich ernst gemacht mit diesem Leitspruch hat aber hierzulande niemand so wie Walter Kempowski, beeindruckt, ja traumatisiert davon, dass in Bautzen damals dieser „babylonische Chorus ausgesendet wurde, ohne dass ihn jemand wahrgenommen oder gar entschlüsselt hätte". Und so ist seine „Chronik des deutschen Bürgertums" mit all ihren Seitenarmen eine Art Fangnetz, ein Abflusssieb des 20. Jahrhunderts. All denen, die er zitierte und montierte, gab er mit seinem Werk eine Stimme, und begonnen hat er damit in Bautzen, wo er tatsächlich eine Weile den Posten des Häftlingschorleiters innehatte. Seine Bücher lenken den Blick auf jeden erdenklichen so genannten Nebenkriegsschauplatz. „Faction" nannte er es und trieb ein Verfahren auf die Spitze, dessen sich auch Thomas Mann, Karl Kraus, Georg Büchner und natürlich Goethe schon bedient hatten, aber da Dummheit hierzulande keinen direkten Straftatbestand darstellt, kamen natürlich auch gegen Kempowski immer mal wieder Plagiatsvorwürfe auf. Oder er wurde gefragt, wann er denn endlich mal wieder „was Eigenes" schreiben werde.

Wir nehmen Platz im Teepavillon, draußen scharren die Hühner im Dreck, beziehungsweise Futter. Auch wieder sehr Kempowski-literarisch, diese Verfahrensweise. Teegeplauder: eine schöne, dicke Osterhenne da draußen. Kempowski nickt, schüttelt dann angewidert den Kopf: „Neulich war eine furchtbar dumme Studentin hier, die fragte doch im Ernst, ob das alles Hähne seien. Das ist doch nicht zu fassen! ‚Laufen die nicht weg?', fragte sie noch, darauf ich: ‚Wo sollen die denn hinlaufen?' ‚Na, in den Wald'. ‚Nein, mein Fräulein, im Wald wartet der Fuchs.' Na ja, die jungen Menschen, die sind heutzutage völlig denaturalisiert, oder wie das heißt."

Zwischen Messingstövchen und Lesebrille liegt ein Notizbuch auf dem Tisch, Kempowskis Tagebuch. „Gucken Sie ruhig rein!" Veröffentlicht hat er bislang seine Aufzeichnungen der Jahre 1983 („Sirius"), 1989 („Alkor") und 1990 („Hamit"), als Nächstes folgen die von 1991 („Somnia"). Kempowskis Werk wird – aus zwar erklärbaren, dadurch aber nicht weniger unsinnigen Gründen – häufig für vergangenheitsbesessen, gegenwartsabgewandt und anstrengend gehalten (eben: „gilt als schwierig"); doch tun dies Leute, die ernsthaft behaupten, gern, oft und mit Genuss etwa Christa Wolf und Günther Grass zu lesen, und auf Nachfrage zugeben, keine einzige Zeile Kempowski je gelesen zu haben. Andernfalls wüssten sie ja auch, dass seine Bücher zum Amüsantesten, Anrührendsten und Bedeutendsten gehören, was in Deutschland nach dem Zweiten Weltkrieg geschrieben wurde. Im Besonderen gilt dies für seine Tagebücher, die sein übriges Werk so glänzend unterfüttern und verbinden, in denen er sich erklärt, verklärt, stilisiert und infrage stellt, so intim wie distanziert, so ironisch wie ernst. Der Editionssicherheitsabstand zum Entstehungsjahr hat dem erhellenden Lesevergnügen nie geschadet, im Gegenteil. Und da nun also *in actu* reingucken? „‚Ich habe so wenig Zeit, dass ich, wenn ich pinkele, mir dabei die Zähne putze' – so was würden die meisten doch nie in ihr veröffentlichtes Tagebuch hineinschreiben, weil sie sich damit einen Zacken aus der Krone brächen. Aber das gehört doch zum Leben dazu. Goethe hat das auch gewusst, dass man ab und zu mal furzen muss. Der hat das nicht verschwiegen."

Er guckt auffordernd, ist ja auch sehr schnell beleidigt, das ist bekannt. Also, Buch auf, und da steht heute: „Früh auf, wg. Tröpfelmann". Er guckt spöttisch: „Und nachher schreibe ich dann: ‚Heute war Herr v. Stuckrad-Barre da und machte einen sehr ordentlichen Eindruck'." Jetzt will er mich quälen, bitteschön, warum nicht, wenn das einer darf, dann doch wohl er: „Was steht denn da heute?" „Nun ja – vom Tröpfelmann, heute Morgen." Er zeigt unerschrocken auf den unterm Hemd verschwindenden Schlauch: „Ich habe hier oben ein Loch, da kommt eine Nadel rein, und dann tröpfelt das. Man muss oft pinkeln davon. Dann kommt früh morgens ein Herr Schulze vom Diakoniewerk und hilft mir bei den diversen Verrichtungen. Der kam neulich eine Stunde zu spät, das habe ich stark gerügt. Ich sagte: ‚Ich habe ja auch zu tun. Ich bin ja kein Faulsack.'" Nein, faul war er wirklich nie. Penibel und stolz hat er immer mitgezählt, wie viele Druckseiten er schon zur Welt gebracht hat, Menschen, die in den Urlaub fahren, sind ihm suspekt, legendär seine Laisser-faire-Skepsis: „In einer Bar war ich noch nie."

An seinem „Echolot" hat er 25 Jahre gearbeitet, und in den Tagebüchern formuliert er immer wieder die Sorge, vor Fertigstellung von der Erde abberufen zu werden, seine letzten Romane trugen mit „Letzte Grüße" und „Alles umsonst" schon Kempowski-typisch lakonisch winkende Abschiedstitel, der große Bogen war ihm immer wichtig. Und nun – „reicht es auch, jetzt ist Schluss", sagt er, aber das hat er oft, seit Jahrzehnten schon gesagt, gerade so, als wollte er dem hinter irgendeiner Ecke jedes Menschenlebens ja lauernden Tod schon mal von Weitem zurufen: Ich sehe dich, komm ruhig raus, erschrecken kannst du mich nicht.

Nun ist das Ende nah, die Ärzte gaben ihm im vergangenen Herbst mit der Krebsdiagnose eine Prognose von „noch drei Monaten". So gesehen befindet Kempowski sich längst im Bonusbereich. „Eine Chemotherapie in meinem Alter, das ist doch albern, was soll man denn das Leben so künstlich verlängern? Ich wäre gern noch 80 geworden, schon wegen der Thomas-Mann'schen runden Lebenszahl. Der hat sich dazu Gedanken gemacht, als er 75 wurde: ‚Aha, ich werde über 80, das ziemt mir', so ungefähr. Ja, 80 wäre ich schon gerne geworden, aber nun werde ich wohl", er klopft grinsend dreimal mit dem Gehstock auf den Boden, „immerhin noch 78, da kommt die ‚8' ja wenigstens drin vor."

Hildegard Kempowski guckt zur Tür herein, wie es und ob es noch gehe. Es geht: „Jetzt reden wir gleich über die Beerdigung, Hildegard!", verscheucht er seine Frau. Man möchte ihn küssen, so albern-egozentrischliebenswert, wie er ist. Und tut es natürlich nicht, dafür sind wir beide zu norddeutsch. „Das Schlimmste ist, wenn Menschen, von denen man das gar nicht geglaubt hätte, jetzt in meiner Gegenwart plötzlich fromm werden. Da gibt es so einen rechtslastigen Lyriker, der nicht mal Mettwurst von Leberwurst unterscheiden kann, und der sagte neulich am Telefon: ‚Ich bete für dich.' Da dachte ich, ich werd' nicht mehr! Was bedeutet denn ‚beten'? Was es da alles für verschiedene Arten gibt, die Laudatio, die Adoratio und so weiter. Da kann man doch nicht einfach sagen: ‚Ich bete für dich.' Ja, was denn nun? Was betet er denn? Ich sterbe doch gerne. Ich freue mich doch darauf."

Diese letzten beiden Sätze hat er schon mal gesagt, das merkt man, er kennt ihre Wirkung, freut sich am Platzen der Bombe und heimst für ein besonders gelungenes Bonmot auch einfach gern mehrmals Applaus ein, wie etwa für das folgende, bei unseren zwei letzten Treffen dreimal (und einmal noch am Telefon) untergebrachte: „Neulich war ein Pastor hier. Ich fragte: ‚Ist das eigentlich frivol, wenn ich sage: Ich freue mich darauf?' ‚Nein', sagte er, ‚das ist nicht frivol.' Aber weiter hat er nichts dazu gesagt. Gut, nicht?" Er freut sich über Unbeholfenheiten, Unzulänglichkeiten und Fehler, er sucht, notiert und betont sie.

Abends liest er jetzt manchmal in der Bibel („So ein herrliches, großes Epos ist das. Wie das schon anfängt, Herrgott noch mal! Wer mag das geschrieben haben? Ein Unbekannter, ein Aramäer. Aber Kirche? Ich bitte Sie"). Kirchenmitglied ist Kempowski nicht mehr, „leider nicht. Das ist für die Beerdigung ein Problem, aber ich habe eine nette Pastorin aus Frankfurt am Main, die will das machen. Eine gewisse Form muss es schon haben." Gern, sagt er, würde er hier auf seinem Grundstück begraben werden. Besonders gern wahrscheinlich, weil er weiß, dass das „nicht geht", so würde er es in Anführungsstriche setzen, weil er eigentlich ein Punk ist, umso mehr, da er sich am liebsten als Spießer verkleidet. Er hat Spaß an Verboten, an Regeln und Bürokratie – man kann so schön dagegen anschimpfen. Sowieso sein Schönstes: Er schimpft auf die gestern gehörte Johannes-Passion („Mit 80 Sängern und Trompeten, so ein Alarm, furchtbar!"), auf seinen Bruder („Im Grunde kann ich ihn nicht ausstehen"), die gegenwärtige RAF-Hysterie („Ich neige zu ‚Schwamm drüber'") und natürlich immer schon gern auf Günter Grass („Na ja, er wird jetzt 80. Da ist man schon ein bisschen gaga"). Er testet Provokationsballons, legt den Kopf schief. Wer darauf reinfällt – selber schuld. Ein Hustenanfall, ein Schluck Tee, und weiter geht's. Noch. „Natürlich wird die Sache mit jedem Monat kritischer. Jetzt habe ich dauernd so tolle Fieberschübe mit 40 Grad Fieber. Zwei Tage geht das, und dann weiß ich gar nicht, wer ich bin. Aber ich will nicht klagen."

Natürlich arbeitet er, so lang es geht. Die Tagebücher, auch ein weiterer Roman („‚Kleine Liebe zu Trompeten' wird der heißen, hübscher Titel, nicht? Ich diktiere jeden Tag ein paar Seiten, mal sehen, ob es noch mehr als ein Fragment wird“); gerade überarbeitet hat er außerdem einen Gedichtzyklus über seine Haftzeit in Bautzen, 80 Poeme. „2003 habe ich damit angefangen. Plötzlich meldete sich die Einzelhaft in Bautzen. Ich hatte meine ganze Haftzeit im ‚Block‘ so ein bisschen grotesk beschrieben, fast ein bisschen lächerlich. Da wurde mir klar, dass das so nicht stehen bleiben kann, und dann habe ich, ohne dass ich es eigentlich wollte, Gedichte darüber gemacht, die sich nicht reimen, die nur so, ganz ernst, die Institution darstellen.“ Sie sollen posthum erscheinen, er hat seinen Verlag aber gebeten, jetzt schon mal drei Exemplare des Gedichtbandes zu drucken, „damit ich ihn noch zu sehen kriege“. Nachruhm hin oder her – er will sich das Wehklagen und die Anerkennung schon noch möglichst realistisch ausmalen und, so gut es geht, steuern. Als ihm Ende letzten Jahres immerhin das Bundesverdienstkreuz („Das große, mit Stern! Die großen Literaturpreise habe ich ja alle nicht bekommen“) verliehen wurde, wusste er schon von seiner Erkrankung. Viele andere wurden im Rahmen dieser Sammelehrung ebenfalls ausgezeichnet, aber als er aufgerufen wurde, erhoben sich alle Anwesenden, und das hat ihn sehr gefreut: „Bei den anderen sind sie nicht aufgestanden. ‚Du bist ein guter Kerl‘, das bedeutet das doch, nicht? ‚Du hast was Tolles gemacht.‘ Aus, Schluss.“

Die Tagebücher will er „im Krankenhaus dann“ weiter korrigieren und zur Veröffentlichung vorbereiten. Einschüchtern lässt er sich von der Krankheit nicht: „Vorgestern waren hier 70 Leute zu einer Lesung. An dem Tag hatte ich aber 41,2 Grad Fieber. Da führten mich meine süße Tochter und meine Frau runter, vor die Gesellschaft. Die waren natürlich vollkommen verblüfft. Und da habe ich gefragt: ‚Ist hier ein Pastor?‘ Da stand einer auf: ‚Ja, ich!‘ Ich sagte: ‚Lesen Sie bitte den ersten Teil, und den zweiten liest meine Frau.‘“

Es ist lustig, was er da und wie er es erzählt, das weiß er, er schmunzelt, als er an das ratlose, schockierte Publikum denkt. Und mein Lachen über seinen geglückten Streich und die schmissige Geschichte feuert ihn an, sie und sich mit der nächsten noch zu übertreffen. Oder, noch besser, jetzt die Stoßrichtung ändern, abrupter Witzelei-Stopp – und schließlich Auflösung mittels Rührung. „Aber ich meine: Irgendwann scheißt man sich auch mal ein. Das ist das letzte Stadium. Und das ist dann die Sache meiner Frau. Wir sind jetzt 50 Jahre zusammen, eine so schöne Zeit wie jetzt mit meiner Frau habe ich in meinem ganzen Leben noch nicht gehabt. Es wird immer schöner, inniger. Das ist unglaublich."

Wie bei jedem Besuch schiebt Kempowski nun sein Poesiealbum rüber, da muss jeder Besucher was reinschreiben und sich selbst zeichnen. Es ist immer eine Qual, das weiß er, und das ist ihm durchaus ganz recht so. Während ich mich abmühe, stellt er noch eine indiskrete Frage, und um mich hernach wieder aufzurichten, möchte er jetzt ebenfalls etwas Unangenehmes beisteuern, Kempowski mag als schwierig gelten, aber fair ist er immer gewesen: „Jetzt dürfen Sie auch mir indiskrete Fragen stellen. Aber bei mir liegt ja meist alles offen." Das stimmt wohl. Und er legt trotzdem was in die Waagschale: „Mit dem Geld wird es bei mir langsam knapp, das könnte ich Ihnen erzählen als Indiskretion. Ich habe ja zum Großteil von meinen Lesungen gelebt. Wenn ich nicht 30 Jahre lang Schulmeister gewesen wäre, hätte ich keine Pension. Und jetzt lebe ich praktisch von meiner Pension. Für meine Bücher kriege ich fast nichts. Ich habe für das letzte halbe Jahr 3.500 Euro vom Verlag gekriegt. Es ist auch wieder mal ein Erlebnis, dass etwas aus ist." Der Kaufmannssohn Kempowski kann auch diese Unannehmlichkeit in ein Schmunzeln erlösen: Richtig verdienen würde ein Autor ja nur an Hardcover-Ausgaben, und seine Verachtung kenne kaum Grenzen für „Frauen mit Goldschmuck", die es tatsächlich wagten, ihm ein billiges Taschenbuch zum Signieren vorzulegen, er verstehe wirklich nicht, was das für Menschen sind.

Anfallsweise kommt bei ihm, im Gespräch oder in Selbstauskunftspassagen seines Werks, diese Wut auf das Zukurzgekommensein – nicht ernst genug genommen, nicht ausreichend beachtet, gelobt, ausgezeichnet und gekauft worden zu sein. Da muss man ihn schnell unterbrechen, das geht ganz einfach: mit Lob. Ihm danken für bestimmte Bücher, am besten aus dem Gedächtnis einige Passagen, möglichst genau, zitieren. Sofort wird sein Blick wieder weicher, und er fragt, ob man noch einen Tee möchte. Er hat immer darunter gelitten, speziell von jüngeren Autoren und Kritikern als „liberales Schwein" rechts liegengelassen zu werden; seine biographisch ja nun wirklich fundierte Abneigung gegen das andere, von vielen westdeutschen Linksspießern kurioserweise jahrzehntelang als „das bessere" bezeichnete Deutschland hat ihn ins Abseits gestellt, und da stand er und wunderte sich.

Wir gehen zurück in den Saal, da steht der Flügel, da liegen diese Noten, was ist denn mit denen? „Ja, ich spiele immer gerne morgens und abends einen von diesen Bach-Chorälen. Die haben bei einer gewissen Leichtigkeit doch einen hundertprozentigen Effekt." Tja, der Text – Urteil, Schuld, Missetaten, das sei wohl wahr, unbedingt aufbauend sei der nicht gerade, manchmal singe er ein bisschen mit, „und dann fange ich meist an zu weinen".

Drei Wochen später, Kempowskis 78. Geburtstag. Ihn hat immer die Gleichzeitigkeit, das Nebeneinander inspiriert, die Polyvalenz historischer Daten, und wer weiß, vielleicht fragt der pensionierte Lehrer Kempowski einen ja auch unvermittelt ab, das tut er manchmal. Im Tagebuch des Jahres 1991 zum Beispiel eine Buchhändlerin, die ihm am 30. Januar, Jahrestag der Hitler'schen „Machtergreifung", eine Quittung ausstellt: „‚Interessantes Datum?', sagte ich. ‚Wieso?', fragte die Buchhändlerin. – Sie verbinden mit dem 30. Januar nichts. Die phraseale Überfütterung mit Politik (‚Tag der Genossenschaftsbauern und der Arbeiter der sozialistischen Land- und Forstwirtschaft‘) hat auch die erinnerungswürdigen Daten gelöscht.“ Also, besser vor dem Besuch noch mal nachschlagen, was außer Kempowskis Geburt sich heute, am 29. April, noch jährt: Hitlers Hochzeit mit Eva Braun, die Befreiung des Konzentrationslagers Dachau, Andre Agassis Geburts- und Alfred Hitchcocks Todestag. Neben so viel anderem. Außerdem ist heute der Internationale Tag des Tanzes – das wird ihm, dem erklärten Nichttänzer, gefallen.

Derselbe Choral liegt auf dem Klavier. Das kann heißen, dass Kempowski seit unserem letzten Treffen nicht mehr Klavier gespielt hat – oder immer wieder dieses Stück. Beide Möglichkeiten machen sofort traurig.

Ich habe einen Strauß Spree-Nelken dabei, weil er sich doch so nach Berlin sehnt (dort wird im Mai in der Akademie der Künste die große Kempowski-Ausstellung eröffnet, und er hofft doch so sehr, bei der Eröffnung dabei sein zu können; außerdem spielt ja sein gerade entstehender Roman in Berlin), und drei Bilder, die ich den Hamburger Maler „4000“ anfertigen ließ, darauf sind in krakeliger, bunter Kinderschrift alle Werke Kempowskis untereinander aufgelistet, ein Triptychon.

Herr und Frau Kempowski schlafen noch, Treffpunkt ist, natürlich!, das Archiv, es empfangen der Sohn Karl-Friedrich und die Mitarbeiterin Simone Neteler, beide sind dem Kempowski-Leser aus den Tagebüchern bestens bekannt, als „KF“ und „Simone“. KF also kümmert sich um die Blumen und um Kaffee, Simone sortiert die korrigierten Gedichte. Sie wird, dafür hat Kempowski gesorgt, noch mindestens zehn Jahre das Archiv pflegen, weiterhin werden hier Biographien gesammelt und sortiert, das Haus wird weiterleben, ganz wie Kempowski sich das immer erträumt hat, und norddeutsch wie er nun mal ist, hat er dafür Sorge getragen, dass diese Träume keine bleiben; das Feld ist bestellt. Hier, im „Haus Kreienhoop", werden auch nach seinem Tod regelmäßig Lesungen stattfinden, Frau Kempowski hat da mithilfe des örtlichen Fremdenverkehrsamtes etwas ausbaldowert, und so wird Kempowskis Haus, das er selbst immer als seinen zehnten Roman bezeichnet hat, auch in Zukunft, sozusagen, gelesen werden.

Die Stimmung ist gedrückt, es geht Kempowski seit ein paar Tagen deutlich schlechter. „Und jetzt hängen ihm sogar schon die Thomas-Mann-Tagebücher zum Hals raus", sagt KF. Wir schneiden den Kuchen an und rühren wie bescheuert im Kaffee, gerade so, als würde das irgendwie helfen. Mein Triptychon finden sie schön, nachdem sie erst mal argwöhnisch kontrolliert hatten, ob darauf auch kein Titel fehlt; er hat sie wirklich gut abgerichtet. Am Morgen hat KF wie jedes Jahr die alte Mecklenburg-Fahne aus dem Keller geholt und vor dem Haus aufgeflaggt. Dann erscheint Hildegard Kempowski, sagt, er habe weiterhin Schüttelfrost, die Medikamente würden nicht anschlagen, sie müsse jetzt den Arzt anrufen. Sie stellt die Spree-Nelken in eine Vase, lobt sie und bringt mich dann nach oben, denn aufstehen wird er heute nicht können.

Und da stehe ich vor dem Bett, halte gemeinsam mit Frau Kempowski die Bilder hoch, er liegt zitternd unter der Decke, bleich, versucht zu grinsen. Kempowski schickt seine Frau weg, wir hätten jetzt von Mann zu Mann zu sprechen, sagt er.

Wohl ist mir nicht. Vielleicht geht das alles jetzt zu weit. Ich setze mich neben das Bett, Kempowski spricht mit dünner Stimme vom „nun kommenden biologischen Abschied", dem er „fröhlich nicht, aber doch heiter" entgegensehe. Er glaube, dass er „da drüben nicht unwillkommen" sei, und mehr könne und wolle er auch gar nicht mutmaßen, alle menschlichen Vorstellungen über das Jenseits seien schließlich „so kinderbibelartig, da wird es dann albern".

Schweigen.

Ob ich was Bestimmtes wolle, fragt er.

Nein, sage ich, ob er vielleicht einen Schluck Wasser wolle?

Gute Idee, sagt er, und ich reiche ihm das Glas.

Im Flur telefoniert seine Frau mit dem Arzt. Wir reden über Glenn Gould, dieses spinnerte Genie, da kennen wir uns beide aus, da gibt es immer was zu schmunzeln. Kempowski: „Rätselhaft ist ja das Verhältnis zu seiner Cousine. Die hat er mal im Klo eingesperrt und hat dann ihr Aufsatzheft zerrissen und die Schnipsel unter der Tür durchgeschoben, um sie zu ärgern." Schön warm sei es draußen. Er deutet zum Fenster: Die merkwürdig einsame Kuh da hinten auf dem Acker, die habe irgendwie den Anschluss an ihre Gruppe verpasst.

Wenn er am Thema vorbeispreche, müsse ich einfach Bescheid geben, sagt er, schließt die Augen und erzählt von seiner Zeit als Dorfschullehrer, wie er die Kinder dazu gebracht hat, ihm zuzuhören: einfach etwas an die Tafel schreiben. Oder einen Ohnmachtsanfall vortäuschen. Zur Not auch mal einen Störenfried hochheben und ins Bücherregal legen. Oder fragen, wer lieber Vanillepudding mag und wer lieber Rote Grütze; oder nach den Vornamen der Großväter. Immer als Erster in die Klasse kommen und als Letzter gehen – sich Zeit nehmen nachzudenken, was man heute falsch gemacht hat.

Schweigen.

„Verehrter Kempowski – puh!"

„Ja ja", sagt er.

Wie verabschiede ich mich jetzt? Hand schütteln geht nicht, seine Hände liegen unter der Bettdecke. Umarmung würde ihn erschrecken. Ich tätschele unbeholfen seine Schulter. Ihm jetzt „viel Kraft" zu wünschen wäre ebenso töricht wie die Fürbitte des Leberwurst-Lyrikers. Ich murmele: „Danke."

Und im Zug fällt es mir ein, ich hatte alles dabei, war auf die Minute pünktlich, hatte ein sauberes Hemd an, eine Krawatte, sorgsam ausgewählte, schmeichelnd Werkkennerschaft verratende Geschenke hatte ich dabei, nur habe ich, so peinlichst darauf bedacht, alles richtig zu machen, peinlichsterweise vergessen, ihm zu gratulieren, also dann jetzt, hier: Herzlichen Glückwunsch, lieber Walter Kempowski, auch, aber nicht nur zum Geburtstag! Nachträglich – und als Vorruf. Wer weiß, ob Sie es sonst noch zu hören kriegen, auf Gott ist schließlich irgendwie kein Verlass.

Gespräch zwischen Walter Kempowski und Benjamin v. Stuckrad-Barre zur Erstveröffentlichung dieses Buchs, moderiert von Adriano Sack für die „Welt am Sonntag", im Januar 2002

ADRIANO SACK: Herr von Stuckrad-Barre, Ihr neues Buch heißt „Deutsches Theater". Wer sind darin die Hauptdarsteller?
BVS-B: Im Grunde jeder. Zum Teil Prominente, die allerdings nicht porträtiert, sondern als Prototypen untersucht werden. Andere Texte kommen ohne bekannte Personen aus – bei der Montage aus Zeitungsmeldungen über Hakenkreuzschmierereien beispielsweise geht es um Rituale: der jugendliche Schmierer, der erschütterte Bürgermeister, die erregte Presse, das „Spiegel"-TV-Team, das so lange Vorgärten filmt, bis ein Nachbar mit der Hand die Kamera wegschiebt. Jeder findet das Bild, das er sucht.
WALTER KEMPOWSKI: Für mich steht diese Hakenkreuz-Collage im Zentrum Ihres Buches. Ich habe mich gefragt, vielleicht ärgert Sie dieser Ausdruck, ob Sie ein Moralist sind. Ob Sie aus einer Art Verzweiflung heraus schreiben, weil Sie sich die Welt besser vorstellen.
BVS-B: Unbedingt. Das Nicht-einverstanden-Sein ist ein Hauptauslöser.

WK: Was mir imponiert hat, ist Ihr Fundus an Zeitwissen. Sie müssen doch mindestens zehn Zeitungen lesen und den ganzen Tag fernsehen.
BVS-B: Fern gucke ich ausgesprochen wenig.
WK: Erstaunlich: Ich gucke jeden Abend zwei Stunden fern, aber ich könnte nicht so akkurat übers Fernsehen schreiben wie Sie.
BVS-B: An eine Sendung mit Ihnen erinnere ich mich sehr gern: Sie waren bei Sabine Christiansen eingeladen und sollten mit Christoph Schlingensief, Karl Dall und Alexa Hennig von Lange über den Schlagersänger Guildo Horn diskutieren.
WK: Ich wusste gar nicht, wer das ist, niemand hatte mich informiert. Deswegen war Frau Christiansen hinterher verärgert und sagte: „Den lade ich nie wieder ein."
BVS-B: Irgendwann hatten Sie Ihr Hörgerät abgeschaltet, wippten mit den Füßen und wandten Christiansen den Rücken zu. Großartig. Der Zorn der Top-Moderatorin war nur allzu verständlich. Wenn jemand unerwartet nicht mitspielt beim Meinungskreischen und grundsätzlich wird: Worum geht es hier eigentlich? Sind Sie sicher, dass Sie nicht komplett spinnen? Da wurde kurz deutlich, dass Christiansens lächerliche Karteikarten von buchstäblich nichts handeln, dass das ganze Gerede vollkommen nichtig ist. Ach, man bräuchte ständig Außerirdische auf der Erde, die alles relativieren.
AS: Was ist an dem Theater, das Sie beschreiben, spezifisch deutsch?
BVS-B: Alles, worüber ich schreibe, ist spezifisch deutsch, und daher muss ich die Franzosen auffordern, so eine Analyse für ihr Land selbst zu erledigen. Aber ich glaube, dass sich Phänomene ähneln.
AS: In Ihrer Sendung „Lesezirkel" auf MTV gab Herr Kempowski Literaturtipps, und Sie haben im „Spiegel" sein letztes Buch „Alkor" hymnisch rezensiert. Was imponiert Ihnen an ihm?
BVS-B: Zunächst die Stringenz. Der Wahnsinn des Gesamtwerks.

Und das manische Sammeln als Fortbewegungsart. Bei der Arbeit an dem Buch begann ich nachzuvollziehen – natürlich in einem erheblich kleineren Maßstab –, wie Ihre Arbeit am „Echolot“ Sie gepackt haben muss. Es hat mir nicht gereicht, auf der Chinesischen Mauer hinter dem Aktionskünstler HA Schult herzulaufen, denn zeitgleich war in Deutschland der Kirchentag, und da wollte ich auch sein. Das war kräftezehrend, aber auch ein großes Glücksgefühl, als die Arbeit eine solche Sogwirkung entwickelte.

WK: Was ich mich frage: Die Dichte Ihrer Texte – wie wollen Sie das durchhalten? Nirgendwo kriegen Sie auch nur eine Rasierklinge zwischen die Sätze. Kein Wort ist überflüssig. An einigen Stellen dachte ich: Donnerwetter. Das wäre eigentlich dein Thema gewesen. Umso schöner, dass Sie es besser gemacht haben, als ich es heute könnte.

AS: Wie haben Sie sich kennengelernt?

WK: Er tauchte als Anonymus bei einem meiner Schriftstellerseminare auf – mir war das gleich nicht geheuer, wie er da auf dem Stuhl saß.

BVS-B: Zu der Zeit wurde ich in den Feuilletons als unmöglichster Mensch des Kulturbetriebs dargestellt und meldete mich deshalb unter fremdem Namen an, um Komplikationen vorzubeugen. Als ich bei Kempowski ankam, diskutierte eine Gruppe von Hobbyautoren auch prompt über diesen fürchterlichen Stuckrad-Barre. Ich stellte mich dazu und zog nach Kräften über mich her. Auch deswegen blieb ich unerkannt. Irgendwann kam Kempowski zu mir und sagte: „Mein Herr, jetzt wollen wir uns mal ein bisschen unterhalten.“ Da dachte ich: „Jetzt hat er mich.“ Dann wollte er aber nur fragen, ob der Kuchen schmeckt.

AS: Hatten Sie vorher von ihm gehört?

WK: Ganz ehrlich: Nein. Mein Lesepensum ist derartig enorm, dass ich kaum auf Gegenwartsautoren reagieren kann. Und da ich meistens nicht in Buchhandlungen gehe, sondern in Antiquariate, ist die Chance, einen jungen Autoren zu finden, relativ gering. Manchmal bedaure ich das. Es gibt da diesen Kollegen, „Abfall" heißt sein Buch ...

BVS-B: ... Rainald Goetz ...

WK: ... der ist inzwischen auch schon 50, glaube ich. Das Buch habe ich mit größtem Interesse gelesen. Es hat Schwächen, das ist auch klar, weil er es quasi live geschrieben hat, aber es war ein neuer Ansatz. Ich habe ihm einen Brief geschrieben, wollte ihn in Berlin treffen, doch er hat nie geantwortet. Das ist nun schade: Warum verweigert er das Gespräch?

AS: Was verbindet Sie mit Stuckrad-Barre?

WK: Ich habe den Kontakt zur 68er-Generation nie gefunden. Die Überflutung der Schulen durch Böll und andere Graumänner war mir immer unverständlich. Zu meinem großen Erstaunen gibt es jetzt ein Gespräch mit der nächsten Generation. Das war für mich ein neues Erlebnis, dass das Politische gar keine Rolle spielt.

AS: In den 70ern und 80ern wurden politische Äußerungen geradezu erwartet?

WK: Man muss ja immer wissen, was man will: Will ich meine Bücher schreiben, oder will ich mich selbst an den Pranger stellen? Wo es nicht nötig ist, muss man den Mund halten. Aber in meinen Büchern werden Sie niemals eine kapitulantenhafte Haltung finden. Und Herr von Stuckrad nimmt eine uralte Erzähltradition auf, der ich mit ganzem Herzen anhänge: Er kommt vom Bild her.

BVS-B: Um es mal bewusst niedrig zu hängen: „Deutsches Theater" liefert die Grundlage für Peter Handkes „Bildverlust".

AS: Der durch ein Übermaß an Bildern entsteht.

BVS-B: Idee meines Buches ist eine Beschreibung all der Bilder, die wir selbst täglich füreinander inszenieren und die wir vorgesetzt bekommen. In Berlin wohnend, war es mir kaum möglich, nicht jeden Tag so einem Schauspiel beizuwohnen: Politiker, die irgendwas eröffnen, überreichen, plakatieren. ARD, ZDF, RTL, Sat1 saugen diese Bilder auf und filmen einander beim Filmen. Was lösen diese Bilder bei uns aus? Was an ihnen ist überhaupt echt? Das sind so Fragen.

WK: Sie schildern diese Vorgänge ohne Verachtung.

BVS-B: Die Menschen, die lässig drüberstehen und zu allem gleich eine Meinung haben, sind mir verdächtig.

WK: Und wie sollte es auch anders sein? Nehmen wir Schröder: Trägt er einen teuren Mantel, wird er dafür kritisiert, aber ein schäbiger wäre uns auch nicht recht.

BVS-B: Je näher ich Schröder kam, desto mehr habe ich erwartet: Jetzt entgleitet es ihm mal, jetzt setzt er dieses Gesicht ab. Aber nichts: Er geht vollkommen in sich auf. Ich fand das faszinierend und erschreckend.

AS: Der Versuch, zwischen Maske und „Authentizität", wie Schröder selbst es formulieren würde, zu unterscheiden, ist vergeblich.

BVS-B: Schwierig wird es, wenn jemand wie Guido Westerwelle nur noch mit der Produktion von Bildern beschäftigt ist. Im Grunde wissen wir 24 Stunden am Tag, was er macht, wogegen er gerade ist. Meistens wissen wir es kurz vor ihm.

WK: Wer ist denn dieser Westerwelle?

BVS-B: Auch eine Art Schlagersänger. Und FDP-Politiker.

WK: Ist das der Mann mit den Narben? Wie der Koch, der hat auch ein Signum. Was wäre die Welt ohne Narben ... Es tut mir leid, die Politiker sind für mich austauschbar. Jetzt der Stoiber mit seinem Tirolerhut – was soll der arme Kerl denn machen: Da sind die Gewerkschaften, da ist die CDU. Er kann keinen Schritt nach links und rechts machen. Dass Menschen überhaupt Politiker werden wollen ... ich glaube, die Frauen stecken dahinter. Und man unterschätzt die Verlockung der Macht.

BVS-B: Die Gesichter der Politiker sind Hilfeschreie: Man will endlich auch mal was sagen dürfen und dafür braucht man das Amt, die Position, die Rolle. Die Wahlplakate zum Beispiel – auf denen sagen sie doch nichts anderes als: „Hallo, Mutti, dein Sohn, jetzt hier, an der Wand, guck doch."

WK: Das ist der Kern Ihrer Arbeit. Sonst könnte ich gar nicht verstehen, was Sie schreiben. Dieses Mitleid grenzt ans Theologische.

AS: In Ihrem Vorwort schreiben Sie, dass Sie ursprünglich 11.000 Seiten abliefern wollten. Wann merkten Sie, dass es genug war?

BVS-B: Auch wenn es paradox klingt: Das Fehlen vieler Teile hat es mir ermöglicht, das Buch zu beenden. Als ich mich bei dem Gedanken ertappte „Es fehlt noch ein Meteorologe und ein Katholik vielleicht", wusste ich: „Wunderbar. Eigentlich fehlt alles. Jetzt kann ich aufhören."

Verlag Kiepenheuer & Witsch, FSC®-N001512

Ein Großteil der Texte ist in ähnlicher Form schon veröffentlicht in *BZ, FAS, FAZ, jetzt, Park Avenue, Der Spiegel, Stern, Tempo, Welt am Sonntag, Die Woche*

2. Auflage 2021

Umschlaggestaltung: 4000
Buchgestaltung: Walter Schönauer, Pentagon
Grafik-Assistenz: Eva-Maria Bolz
Fotos: Benjamin von Stuckrad-Barre
Gesetzt aus der Adobe Caslon
Satz: grafik & sound, Köln
Druck und Bindearbeiten: CPI – Clausen & Bosse, Leck
ISBN 978-3-462-03991-7